敬　启

尊敬的各位老师：

感谢您多年来对中国政法大学出版社的支持与厚爱，我们将定期举办答谢教师回馈活动，详情见我社网址：www. cuplpress. com 中的教师专区或拨打咨询热线：010 -58908302。

我们期待各位老师与我们联系

•北京市高等教育精品教材立项项目•

公司法教程

主　编｜刘远景

副主编｜胡建生　赵　江

撰稿人（按撰写章节先后顺序）

刘远景　赵　江　刘继兰

王雨静　胡建生　张　文

王希亮

中国政法大学出版社

作 者 简 介

刘远景　女，法学硕士，北京政法职业学院教师，副教授，兼职律师。从事法学教育和兼职律师工作二十余年，具有丰富的理论和实践经验。

胡建生　男，法学学士，北京政法职业学院教师，副教授，兼职律师。从事法学教育和兼职律师工作二十余年，具有丰富的理论和实践经验。

赵　江　男，法学硕士，北京政法职业学院教师，讲师，兼职律师。从事法学教育和法律实践工作多年，具有丰富的理论和实践经验。

刘继兰　女，法学硕士，北京政法职业学院教师，讲师，人民陪审员。从事法学教育和法律实践工作多年，具有丰富的理论和实践经验。

王雨静　女，法学硕士，北京政法职业学院教师，讲师，兼职律师。毕业后一直从事法学教育和兼职律师工作，有多篇论文发表。

王希亮　男，北京市通州区人民法院副院长，主管民事审判工作，北京政法职业学院兼职教授，北京政法职业学院专业指导委员会委员。

张　文　女，北京市朝阳区人民法院副院长，主管民事审判工作，北京政法职业学院兼职教授，北京政法职业学院专业指导委员会委员。

说　　明

本教材是经北京市精品教材建设项目批准的立项项目，根据法学高等职业教育教材应紧密联系经济与社会实践的要求组织编写而成，其突出特点在于：

一、在编写体例上突破传统教材的编写模式，大胆创新。本教材以人才市场对高职高专学生的需求为导向，以公司法基础原理为中心，以实例训练的多样性为突破口，提高学生的思辨能力和操作水平，提高对公司法的灵活应用技巧，增强公司法实践能力，实现从注重知识传授向更加重视能力和素质培养的转变，紧紧围绕用人单位岗位技能的实际需要。

二、在编写人员方面紧密依托政法行业，聘请具有丰富实践经验的行业专家参加编写，注重教材内容的实践性、开放性和职业性。在教材组织编写过程中，我们聘请了北京市通州区人民法院王希亮副院长、北京市朝阳区人民法院张文副院长参加编写，援用了《中华人民共和国公司法》（以下简称《公司法》）修订后北京市通州区人民法院、北京市朝阳区人民法院审判实务中大量鲜活、生动的典型案例，以促进学生对公司法基本原理和基本法律规定的理解和融会贯通，奠定学生实践技能的坚实基础。

本教材在组织编写的过程中难免会有不足之处，希望广大读者批评指正，我们将继续努力为学生组织编写更多更好的教材。

本书作者写作及具体分工如下（按撰写章节先后顺序）：

刘远景：第一章、第十二章；

赵　江：第二章、第十一章；

刘继兰：第三至五章；

王雨静：第六章、第七章

胡建生：第八至十章

张　文：第一至六章案例及分析

王希亮：第七至十二章案例及分析

刘远景

2008 年 5 月

目　录

第一章　公司法概述

【本章学习指引】

　　本章涉及公司法学的基本知识，是学习公司法的基础，主要解决学生必须掌握的公司和公司法的基础知识问题。以此为出发点，本章阐述了公司的概念、特征、作用和种类，在此基础上重点介绍了各种类型的公司特征，并进一步分析讨论了我国现行《公司法》规定的主要公司类型以及这些公司类型之间的关系及其与其他企业组织之间的联系和区别。在对上述内容进行阐述的基础上，对公司法的涵义、特征及其表现形式作了概括性介绍。

　　本章的重点是公司和公司法的基本含义、特征以及我国法律和理论对公司的不同分类及其基本功能。学习难点是主要公司类型的不同功能作用以及公司同其他企业组织形式之间的区别与联系。

第一节　公司概述

一、公司的概念

　　《中华人民共和国公司法》（以下简称《公司法》）第 2 条规定："本法所称公司是指依照本法在中国境内设立的有限责任公司和股份有限公司。"第 3 条规定："公司是企业法人，有独立的法人财产，享有法人财产权。公司以其全部财产对公司的债务承担责任。有限责任公司的股东以其认缴的出资额为限对公司承担责任；股份有限公司的股东以其认购的股份为限对公司承担责任。"

　　根据上述法律规定，我国的公司是指股东在中国境内依照公司法的规定出资设立，股东以其认缴的出资额或认购的股份为限对公司承担责任，公司以其全部资产对公司债务承担责任的企业法人。

二、公司的特征

(一) 公司是以营利为目的的企业组织，即具有营利性

所谓营利，就是通过经营获取利润，以较少的经营投入获取较大的经营收益。公司以营利为目的，存在于公司创设、存在、发展的全过程。

公司的营利性是其与生俱来的本性，是它的根本属性。营利性不仅指公司自身营利，还包括向其成员分配利润。公司的营利性是通过经营（营业）行为获利，是经营行为反映出的特征，也即是公司经营行为的特征。

以营利为目的是一切企业组织的基本动机和目的。没有这一目的就不能被称为企业。因而，以营利为目的是公司和国家机关、社团组织和公益法人相区别的特征，但不是区分公司和其他非公司企业的特征。

(二) 公司具有独立法人地位，即公司具有法人属性

法人是具有民事权利能力和民事行为能力，依法独立享有民事权利、承担民事义务的组织。法人的地位特征在于其具有独立的人格（作为民事主体的独立资格）、独立的组织机构、独立的财产和独立承担民事责任。公司的法人地位特征，具体表现在以下方面：

1. 公司拥有独立的财产。独立财产是公司进行业务经营的物质条件，也是承担财产责任的物质保证。我国《公司法》对公司财产有法定的要求，尤其是规定了公司的最低资本额制度。公司的财产主要由股东出资构成，公司的盈利积累或其他途径也是形成公司财产的来源。传统公司法理论一般认为，公司是其财产的所有人，对其财产享有法律上的所有权。虽然这些财产是由股东出资构成，但一旦出资给公司，所有权即归公司享有，股东只享有股权，也即股东权或股份权。

我国《公司法》虽未明确规定公司对其财产享有所有权，但《公司法》第3条规定："公司是企业法人，有独立的法人财产，享有法人财产权。公司以其全部财产对公司的债务承担责任。"这里的"法人财产权"，即可理解为公司对其财产享有的所有权。

2. 公司设有独立的组织机构。公司内部组织机构包括公司的管理机构和业务活动机构。公司法所规定的组织机构，主要是指公司的管理机构，包括股东会、董事会、监事会等，分别承担公司的决策、执行和监督职能，以实现建立权责分明、管理科学、激励和约束相结合的内部管理体制。这种组织体系和内部管理机制不同于个人独资企业、合伙企业和传统的国有企业内部组织机构。

除了管理机构之外，公司还有自己的业务活动机构，包括公司的科室、会计、审计、供应、销售机构等。业务活动机构是隶属于公司经理的机构。

公司内部组织机构如下图：

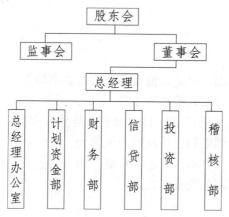

3. 公司独立承担财产责任。公司的独立责任是以自己的名义独立承担民事责任。它是公司财产独立、组织机构独立的最终体现，是公司具有独立的权利能力和行为能力的最终体现，是其独立人格的标志，是其具有法人地位的必然结果和集中表现。

（三）公司是以股东投资行为为基础的股权式企业

所谓股权式企业，是指股权式结构的企业。

在股权式结构的企业中，资本的所有者为追求利润向公司进行永久性投资，基于其投资行为成为公司的股东，各股东在公司中的权利和义务取决于在公司所持有的股权。

资本所有者的投资行为导致了两个主体（股东和公司）、两种权利（股权和公司法人财产权）和两种责任（股东的有限责任和公司的独立责任）的产生，并同时存在。在这一结构中，股东以转移其投资的所有权给公司为代价而享有股权，并基于股权对公司进行监督管理和获取收益；公司对股东投资形成的公司财产独立享有公司法人财产权，其性质为所有权，表现为公司对公司财产的占有、使用、收益和处分的权利。在股权与公司法人权利并存的公司经济组织模式中，它们相互独立，同时又相互依存，相互制衡。公司因此成为以股东投资为基础的股权式企业，并以此而区别于其他企业形态。

（四）公司是依照法定条件和程序成立的企业法人

依照《民法通则》的规定，一切法人均须依法成立，即应当依照法定的条件和程序成立，公司也不例外。但公司依法成立的要求较为严格，除了应符合《民法通则》的规定外，还应符合公司法的专门规定，即应依照法律规定的公司种类、设立地点、依据、条件、程序设立公司。这样设立的公司必然是：主体资格法定、种类法定、组织结构法定、设立条件和设立程序法定。

三、公司的作用

（一）获取投资收益

这是公司最基本的作用，也是其他企业形式最基本的作用。从这个作用来讲，公司本质是投资者可以选择的股权式的投资工具。

投资者向公司投资的性质属于股权式投资。与债权式投资相比较，主要区别在于：债权投资风险小，收益受到限制；股权投资风险大，但收益也大。股权投资的收益是由公司的经营业绩决定的，具有不受限制的扩展空间，它适应了多数投资者的需要，因而成为被广泛采用、最受欢迎的投资形式。

（二）限制投资风险

1. 控制风险。公司本身的独立责任和股东的有限责任，使投资者的责任被限制在其投资额的范围内，从而割断了公司责任与股东责任的连带，使投资风险得到有效的控制。由此避免了投资于独资、合伙企业的巨大风险。

2. 分散风险。投资者可以通过在不同公司之间进行分散投资来分散投资的风险，从而在不改变投资总量的情况下，实现利益与风险的合理分配。

（三）募集经营资金

公司是筹集资金最为有效的组织形式。组建和设立公司本身可以实现资本的聚集和联合，实行共同管理、同享利益，发掘投资者的投资热情和持久的投资动力。公司成立后具有优越的融资能力。公司的资合性使其具有融资的优势，可以通过发行股份和公司债券，达到融资的目的。

（四）实行科学管理

企业的现代化有两个特点：一是企业的独立经营，二是管理的科学化和民主化。公司组织形式是现代化企业管理的典型组织形式。

以股东投资行为为基础，传统所有权在公司中转换为股权和公司法人权利，二者相互独立又相互制衡。股东以股权为依据，按照公司法规定的方式参与公司经营管理，对公司实行间接控制；而公司的股东会、董事会以及监事会作为公司的权力机构、经营管理执行机构以及监督机构，依公司法的规定行使职权，各机构的产生和权限的规定充分贯彻了分权与制衡、权利、义务和责任统一的原则，使公司的管理达到了高度的民主化和科学化。在我国社会主义市场经济体制下，公司组织形式为国企的改革提供了途径、方向和目标。

四、公司法人人格否认制度

(一) 公司法人人格否认制度概述

公司法人人格否认制度,是指为防止公司独立人格的滥用,依据具体法律关系中的特定事实,否认公司的独立人格与股东的有限责任,责令公司的股东对公司债权人或公共利益直接负责的一种法律制度。

公司法人人格否认制度具有以下特征:①公司必须具有独立法人人格;②只对特定个案中公司独立人格予以否认;③该制度主要是为了保护债权人的利益。

我国《公司法》明确肯定了公司法人人格否认制度。《公司法》第 20 条规定:"公司股东应当遵守法律、行政法规和公司章程,依法行使股东权利,不得滥用……公司法人独立地位和股东有限责任损害公司债权人的利益……公司股东滥用公司法人独立地位和股东有限责任,逃避债务,严重损害债权人利益的,应当对公司债务承担连带责任。"《公司法》第 64 条规定:"一人有限责任公司的股东不能证明公司财产独立于股东自己的财产的,应当对公司债务承担连带责任。"对一人有限责任公司财产混同下的人格否认问题,确立了举证责任倒置的原则。

(二) 公司法人人格否认适用的情形

从各国公司法的理论和实践看,公司法人人格否认适用的情形主要有以下几种:

1. 公司资本显著不足。资本显著不足,是指公司成立时股东实际投入公司的资本额与公司经营所隐含的风险相比明显不足,其判断的依据是经营的需求而非法律的具体规定。

2. 利用公司逃避合同义务。主要包括:①为逃避契约上的特定不作为义务而设立新公司从事相关活动,如竞业禁止义务、商业保密义务、不得制造特定商品的义务等;②通过成立新的公司逃避债务,主要是将公司资产转移到新公司而逃避原公司的债务;③利用公司对债权人进行欺诈以逃避合同义务。

3. 利用公司规避法律义务。利用公司规避法律所规定的强制性义务,如为了逃税、洗钱等非法目的而成立公司等。这种行为有损社会公共利益,有违法人制度的根本宗旨,缺乏其存在的合法性和正当性,因而也成为适用法人人格否认的情形之一。

4. 公司法人人格的形骸化。即公司与股东完全混同,公司成为股东行为的工具,失去独立存在的价值。在实践中,公司形骸化主要表现在公司被股东不当控制以及公司与股东之间财产、业务与组织机构的混同。

(三) 公司法人人格否认的适用后果

1. 对公司的适用后果。在具体、特定的法律关系中否认公司的独立人格,追究滥用法人人格的股东的责任,实现利益补偿,并非意味着全面、永久、彻底否认公司的人格。在法律规定的情形不再存在时,公司仍然具有独立的人格。

2. 对股东的适用后果。公司法人人格否认所追究的责任主体应限于实施滥用行为的股东，而不应扩及其他所有的股东。《公司法》第20条明文规定，滥用人格时，公司股东"应当对公司债务承担连带责任"，即债权人可以向公司追偿，也可以直接向滥用公司人格的股东追偿。

第二节 公司的种类

一、以股东责任形式为标准，公司可分为无限责任公司、有限责任公司、股份有限公司、两合公司与股份两合公司

（一）无限责任公司

无限责任公司，简称无限公司，是指由两个以上的股东组成，全体股东对公司债务负无限连带责任的公司。无限公司是由合伙企业直接发展而来的。我国《公司法》没有关于无限公司的规定。

（二）有限责任公司

有限责任公司，简称有限公司，是由一定数量的股东出资组成，每个股东以其认缴的出资额对公司债务承担有限责任，而公司以其全部资产对公司债务承担责任的公司。

（三）股份有限公司

股份有限公司，简称股份公司，是指由一定人数以上的股东组成，公司全部资产分为等额股份，股东以其所认购的股份对公司承担有限责任，公司以其全部资产对其债务承担责任的公司。

（四）两合公司

两合公司，也称一般两合公司，是由无限责任股东与有限责任股东共同组成，无限责任股东对公司债务负无限连带责任，有限责任股东对公司债务仅以其出资额为限承担责任的公司。

两合公司是大陆法系国家公司法中规定的公司形式。由于两合公司中，无限责任股东承担着巨大的风险，故其多是实际的经营管理者，并有良好的信誉；而有限责任股东多是不参加管理，且有一定财力并希望限制投资风险的人员，他们享有监督权。我国《公司法》中没有关于两合公司的规定。

（五）股份两合公司

股份两合公司是两合公司中的一种特殊形式，也称特殊两合公司，兼具股份有限公司和无限公司的特点。

目前各国普遍采用的公司形态是有限责任公司和股份有限公司。

二、以是否公开发行股份为标准，公司可分为封闭式公司与开放式公司

（一）封闭式公司

封闭式公司又称不上市公司。其特点是公司的股份只向特定范围的股东发行，即股东有最高人数限制，且股票不能在证券交易所公开向社会发行。股东拥有的股份或股票可以有条件地转让，但不能在证券交易所公开挂牌买卖或流通。

（二）开放式公司

开放式公司又称上市公司。其特点是股东人数没有限制，可以在证券市场上向社会公开发行股票，股东拥有的股票也可以在证券交易所上市，自由地买卖或交易。

三、以公司信用基础为标准，公司可分为人合公司、资合公司与人合兼资合公司

（一）人合公司

人合公司是指以股东的信用作为公司信用基础的公司，具有人的担保的性质。典型的人合公司是无限责任公司。股东以其个人全部财产对公司承担责任。股东相互之间承担连带责任。股东之间的结合、信用，是公司存续的基础。

这类公司的股东之间具有相当的了解，多具有家族性特点。我国《公司法》没有人合公司的规定。

（二）资合公司

资合公司是以公司的资产数额作为公司的信用基础的公司，具有物的担保的性质。典型的资合公司是股份有限公司。公司以其全部资产独立对公司承担责任。股东相互之间不承担连带责任。股东的出资是公司存续的基础，股份是股东与公司的纽带，公司的规章制度对公司的存续、运作，至关重要。

资合公司有独立的财产，并以自己的全部财产对公司债务负责。股东仅在其出资范围内对公司承担有限责任。因此，公司的资产多少直接影响着公司的信用，公司资产的数量与公司的信用成正比，股东个人的资产对公司信用不具有直接意义。第三人与公司交易时，所注重的不是股东个人的财产状况，而是公司的资产数额、资本状况是否雄厚，即公司的信用。因此，公司注册资本越高，信用越高，第三人的交易风险越低。这种公司，尤其是股份有限公司的股东之间不需相互了解，它们之间的结合，是基于资本利益的结合。

有限责任公司也属资合公司。由于股份有限公司在股份募集和股份自由转让方面的特点，决定了其股东人数众多、流动性大、股东对公司经营不甚关心，因而公司资信对他人更具有重要的意义，公司资合性质也更为典型。而相比较之下，有限责任公司股东人数少，比较稳定，相互之间联系较为紧密，股东对公司经营也比较关心，因此，有限责任公司作为资合公司又同时带有某些人合因素。

(三) 人合兼资合公司

人合兼资合公司是指兼具人的信用和资本信用两种因素的公司，换句话说，两合的原因在于公司由有限责任股东和无限责任股东共同组成。两合公司是典型的人合兼资合的公司。

公司人合性和资合性的划分，表明了两类公司的信用基础不同、股东之间关系不同；由此决定了公司的内部结构以及公司运作机制不同，也决定了法律对两类公司的规范不同。对人合公司，法律多用任意性规范，因为股东十分关注公司经营，给予股东的意思表示以足够的空间，在资合公司，因为所有权和经营权分离，法律多用强制性规范，以保证公司有正常运作的基本规则。

此种分类是大陆法系国家公司法理论上所作的一种分类，揭示了公司法的立法意旨。公司法对有限责任公司、股份有限公司具体规定的不同，很大程度是基于公司信用基础的不同。因而，这种分类对于理解公司法的许多规定和原理具有重要的作用。

四、以公司之间的控制关系为标准，公司可分为母公司与子公司

母公司与子公司是两个相互对应的概念，当一个公司拥有另一个公司一定比例并足以将其控制的股份时，该公司即为母公司；反之，其一定比例的股份被另一公司所拥有并因此受到该公司控制的公司，即为子公司。

母公司与子公司的关系通常表现为：

1. 股份控制关系。即母公司对子公司行使控制权，享有对子公司重大事务的决定权。母公司与子公司之间的控制关系主要是基于股权的占有，而不是直接依靠行政权力。

2. 独立法人关系。即母公司与子公司均为各自独立的法人。各有自己的名称和章程，各自以自己的名义独立对外进行经营活动，财产相互独立，分别以自己的财产对自己的债务负责，互不连带。

3. 形成控股公司关系。母公司又称控制公司、控股公司，仅指控制另一公司半数以上股份的公司，是专门通过控股来有效经营本公司资本而不直接参加子公司业务活动的公司，表明控股公司对另一公司具有控股属性。

我国《公司法》第 14 条第 2 款规定："公司可以设立子公司，子公司具有法人资格，依法独立承担民事责任。"《公司法》没有母公司的概念，但相关行政法规的规定使用了母公司概念。

《公司法》第 217 条规定，控股股东，是指其出资额占有限责任公司资本总额 50% 以上或者其持有的股份占股份有限公司股本总额 50% 以上的股东；出资额或者持有股份的比例虽然不足 50%，但依其出资额或者持有的股份所享有的表决权已足以对股东会、股东大会的决议产生重大影响的股东。实际控制人，是指虽不是公司的股东，但通过投资关系、协议或者其他安排，能够实际支配公司行为的人。这两个概念是司法实践中常常使用的概念。仔细分析会发现这一规定实际上也是对母公司概念的界定。如果控股股东或实际控制人是一公司时，控股股东或实际控制人也就是处于母公司地位。

五、以公司的内部管理系统为标准，公司可分为总公司和分公司

总公司，又称本公司，指依法首先设立、管辖全部组织的总机构。

分公司，指受本公司管辖且分布于各地的公司内部分支机构。

在法律上，分公司没有法人资格，没有独立财产，分公司活动的后果也由总公司承受。

我国《公司法》第 14 条第 1 款规定，公司可以设立分公司，分公司不具有企业法人资格，其民事责任由公司承担。根据我国有关法律、法规的规定，分公司可以自己的名义签订合同；也可以以自己的名义独立参加诉讼。但是，分公司不能独立承担财产责任。当它的财产不足以抵偿债务时，应由总公司来清偿。

六、以国籍为标准，公司可分为本国公司、外国公司与跨国公司

本国公司，是指一国按照其所确定的公司国籍标准，具有该国国籍的公司。本国公司受该国法律的保护，并受该国法律管辖。我国的"本国公司"，也即中国公司，是指依照中国法律并且在中国境内设立的公司。《公司法》第 218 条规定："外商投资的有限责任公司和股份有限公司适用本法；有关外商投资的法律另有规定的，适用其规定。"因此，具有法人资格的中外合资经营企业、中外合作经营企业和外资企业均属于中国公司，受中国法律调整。

外国公司是与本国公司相对应的一个概念，是指经东道国许可在该国从事经营活动的、不具有东道国国籍而具有其他国家国籍的公司。在中国的外国公司，是指依照外国法律在中国境外登记成立的公司。外国公司的设立和组成属外国法律管辖，但外国公司在中国的分支机构，应当依照我国《公司法》第十一章"外国公司的分支机构"的规定设立，依法确定其法律地位，并依法从事经营活动。

跨国公司，也称多国公司，是指以本国为基地，通过对外直接投资，在其他国家或地区设立分公司、子公司、其他参股性投资企业，从事国际性生产和经营及服务活动的大型经济组织。

跨国公司是由母公司和设在各国的一些子公司、分公司、参股公司组成的。母公司是在本国国内注册登记的法人，而部分的子公司、分公司、参股公司则是按各自所在地国法律注册登记的企业。所以，严格讲跨国公司不是公司法上的概念，也不是法律上的独立性的公司，它实际上是国际性的公司集团。它的内部关系表现为：母公司与子公司、总公司与分公司、公司参股关系。所以，跨国公司的法律问题实质上是母公司与子公司、总公司与分公司、公司参股等法律关系，是一个企业群。

七、以是否具有关联关系或从属关系为标准，公司可分为关联公司和公司集团

母公司和子公司之间的关系与企业集团或关联企业有密切的关系。母公司和子公司可以形成企业集团或关联企业。企业集团和关联企业的法律地位不在公司法内规定，公司法只规定每一单个公司的法律地位，而不规定多个公司相互间的法律地位。通常这要由专门的法律、法规加以规范。

（一）关联公司

关联公司不是法律上的概念，关联公司也不是公司法上的一种公司形态，它是经济学上的概念，对此目前尚没有形成统一的认识或概念。简单的讲，具有关联关系的公司之间可互为关联公司。

对于如何界定关联关系，人们的认识也不一样。一般认为，公司之间具有以下一种或几种关系即视为关联关系：①具有控制与从属关系；②具有相互投资关系；③直接或间接地同为第三者所有或控制；④其他在利益上相关的关系。我国《公司法》第217条将关联关系定义为："公司控股股东、实际控制人、董事、监事、高级管理人员与其直接或者间接控制的企业之间的关系，以及可能导致公司利益转移的其他关系。但是，国家控股的企业之间不仅仅因为同受国家控股而具有关联关系。"从这个定义中，可以看出，直接或间接的控制是关联关系的一般基础，导致公司利益的转移是认定关联关系的关键内涵。

（二）公司集团

公司集团是指以资本为主要联结纽带的母子公司为主体，以集团章程为共同行为规范的母公司、子公司、参股公司及其他成员企业或机构共同组成的具有一定规模的企业法人联合体。

其特点为：公司集团不具有企业法人资格；公司集团由母公司、子公司、参股公司以及其他成员单位（事业单位法人、社会团体法人也可以成为企业集团成员）组建而成，公司集团的成员都属关联公司或称从属公司；处于主导地位的为母公司或支配公司，即集团公司。

第三节　我国公司的类型

一、有限责任公司

（一）有限责任公司的概念和特征

有限责任公司，简称有限公司，是指由法定数量的股东所组成，股东以其出资额为限对公司债务承担责任，公司以其全部资产对其债务承担责任的企业法人。

有限责任公司具有以下特征：

1. 股东人数有法定限制。各国对有限责任公司大多规定了最高人数限制。我国《公司法》第24条规定："有限责任公司由50个以下股东出资设立。"但国有独资公司和一人有限责任公司分别可以由国家和一个自然人或者一个法人单独投资设立。

2. 股东对公司债务承担有限责任。有限责任公司的股东，只以其认购的出资额为限对公司承担责任，对超过其出资额范围的不承担责任，公司的债权人不得直接向股东主张债权或请求清偿。

3. 公司规模可大可小，组织机构简单，设立程序简便。法律对有限责任公司注册资本的规模要求，最低限额为人民币 3 万元，最高则没有限制，规模可大可小，适应性强。

有限责任公司的机关设置也较股份有限公司简单、灵活。如根据我国《公司法》的规定，股东人数较少、规模较小的有限责任公司，可以不设董事会和监事会，只设一名执行董事和一至两名监事即可。

有限责任公司的设立方式与股份有限公司不同，只有发起设立方式，没有募集设立方式，公司的资本总额由设立时的股东全部认足，不可向外招募，因而，有限责任公司的设立程序相对简单。

4. 公司是具有一定人合性因素的资合性公司，具有人资两合性。有限责任公司是资合性公司，但兼具股份有限公司资合性和合伙企业人合性的特征，即同时具有股份有限公司的资金联合和合伙企业出资人之间的人身信任这两大特点。

作为资合性组织，有限责任公司具有独立财产，公司的信用状况由公司资本总额决定的，公司注册资本和实有资产总额越高，公司的对外信用越高。公司的信用与股东个人没有直接关系。

作为人合性组织，有限责任公司股东之间具有较强的相互信任与了解。有限责任公司股东往往基于股东间特定的私人关系才可共同出资，如果一个人仅有资金，而与其他出资人没有信任关系，则不一定能被接纳为股东。

5. 公司具有封闭性。所谓封闭性，指公司的股权与资本结构、管理与财务信息相对稳定封闭，不具有对外的开放性、公开性。表现为：

（1）股权与资本结构的封闭。股权的封闭性表现为：股权的持有人，即股东不超过50 人，出资证明书不能上市交易、也不能自由转让，股东相对稳定，资本结构也相对稳定。股权如果对外转让，除章程另有规定外，必须经其他股东过半数同意。

资本的封闭性表现为：公司不向社会公开募集资金，公司资本只来源于特定股东的出资缴纳。

（2）管理与财务信息的封闭。公司在运作过程中，无须向外界披露经营财务信息，社会公众一般不了解公司的经营财务状况。股份有限公司作为社会性公司，应当定期公布财务状况；而且法律还要求其公布一些重大事件。

6. 股东与公司的关联程度紧密。由于股东人数的有限性，保证了股东集体意志对公司的干预力度，所有股东都有机会过问，甚至直接担任公司职务掌控公司的经营，加之公司和股东之间的利益关系的存在，股东与公司的关联程度较高。

（二）有限公司的利弊比较与分析

1. 有限公司出现较晚，兼采了无限公司和股份有限公司的优点：

（1）降低了公司运作成本。股东人数有一定的限制，公司组织规模不大，股东之间存在人身互信关系，大大降低了公司的运作成本。

（2）降低了投资风险。有限公司吸纳了股份有限公司的股东有限责任规定，使股东的投资风险降低到了最低限度。

（3）刺激投资者的欲望，促进投资者投资。刺激那些希望直接掌控公司的投资者、那些意欲开办新公司却又没有足够资本开办股份有限公司的投资者投资，有利于促进社会资产向资本的转化，有利于资本市场的完善。

（4）提高了公司组建速度。

2. 有限公司基于其人合性和封闭性的特点，缺陷也十分明显：

（1）有限公司的发展规模往往有限，一般难以成长为大型企业。有限公司具有封闭性特点，其资本扩张能力较差，公司的发展规模受到限制，难以取得较大的规模效益。因此，总体说来，有限公司是更符合中小企业需要的公司形式，各国实践中，大多数中小企业都采用了有限公司的形式。当然，股东人数少，并不必然表明企业的资本规模小，有些有限公司的规模也比较大。在我国，由于近年来大量的国有企业采取有限公司的形式进行公司改制，一些国有股东的强大资产实力，使有些有限公司的规模很大。

（2）可能加大公司债权人交易风险。有限公司股东直接参与经营管理，公司的管理和财务具有封闭性，且股东承担有限责任，这样债权人不了解公司的经营状况，就会造成交易风险的扩大。所以，西方公司法人人格否认的典型范例都是有限公司，在公司诈骗犯罪中有限公司也比较多见。

二、一人有限责任公司

（一）一人有限责任公司的概念和特征

一人有限责任公司又称独资公司，是指股东仅为一人的有限责任公司。

一人有限责任公司具有以下两个特征：①股东的单一性。唯一的股东可以是自然人、法人或国家投资机构，唯一的股东持有了公司全部资本；②公司具有法人资格，股东承担有限责任。即从公司角度讲，一人有限责任公司具备法人的所有法律特征，包括独立的法律人格、独立的财产、独立的组织机构和独立的民事责任；从股东的角度讲，股东仅以其出资额对公司负责，承担有限责任。

它不同于个人独资企业：①一人有限责任公司可以依法取得法人资格，使股东与公司分别为不同的主体，而个人独资企业不具备独立法人身份，该企业主仍以自然人身份从事经济活动；②一人有限责任公司的股东仅以出资额为限，对公司负责，承担有限责任，而个人独资企业主对企业债务承担连带的无限责任；③一人有限责任公司应当按照公司法规定的组织机构进行运营，采用董事会、监事、经理的科学组织模式，并接受公司法的调整，而个人独资企业的组织机构完全听由企业主的自由安排，一般仅设以经理为首的经营管理机构。

（二）一人有限责任公司的特别法律规则

考虑到一人有限责任公司容易发生股东滥用公司法人地位和股东有限责任损害债权人利益的情况，公司法在明确肯定一人有限责任公司的合法地位的同时，又规定了一整套特别适用的较为严格的法律规则。

1. 最低资本额与出资规则。《公司法》第 59 条规定了注册资本最低限额为人民币 10 万元；应当一次足额缴纳公司章程规定的出资额。规定了比普通有限公司更高的最低资本额标准和更严格的出资缴纳要求。

2. 设立数量与主体规则。《公司法》第 59 条规定了一个自然人只能设立一个一人有限责任公司，该一人有限责任公司不能投资设立新的一人有限责任公司。

3. 公司登记与公示规则。《公司法》第 60 条规定了应当在公司登记中注明自然人独资或者法人独资，并在公司营业执照中载明。目的是为使第三人对一人有限责任公司的性质有清楚的了解，向第三人提示一人有限责任公司的信用和与之交易的潜在风险。

4. 特殊会计审计规则。《公司法》第 63 条规定："一人有限责任公司应当在每一会计年度终了时编制财务会计报告，并经会计师事务所审计。"与非一人有限责任公司相比较，增加了财务会计报告需要会计师事务所强制审计的规定，进一步强调了对一人有限责任公司的会计审计要求。

5. 财产独立举证责任倒置的规则。鉴于一人有限责任公司完全为一个股东控制，容易出现公司财产与股东财产混同、公司财产被股东不当占有和支配的情形，《公司法》第 64 条规定设置了一条特别的规则，即"一人有限责任公司的股东不能证明公司财产独立于股东自己的财产的，应当对公司债务承担连带责任"。此款是典型的举证责任的倒置，即本来需由他人负责举证证明公司财产不独立，而此处将举证责任转移给股东，要求其证明公司财产独立，否则法律即作公司财产不独立的推定并苛责股东对公司债务承担连带责任。

除了以上严格的规定外，《公司法》针对一人有限责任公司的特点也灵活规定了较为简易的管理模式。《公司法》第 61、62 条分别规定："一人有限责任公司章程由股东制定。""一人有限责任公司不设股东会。股东作出本法第 38 条第 1 款所列决定时，应当采用书面形式，并由股东签名后置备于公司。"

三、国有独资公司

（一）国有独资公司的概念

国有独资公司，是指国家单独投资、由国务院或者地方人民政府授权本级人民政府国有资产监督管理机关履行出资人职责的有限责任公司。

国有独资公司一般是通过新建和老国企改制而设立。

（二）国有独资公司的特征

1. 是特殊形态的有限责任公司。国有独资公司是有限责任公司的特殊形式，而不是新的公司形态。表现在法律适用上，虽然有限责任公司适用《公司法》的普通规则，国有独资公司适用《公司法》的特别规则，但在《公司法》对国有独资公司没有特别规定时，应当适用关于有限公司的一般规定。

2. 投资主体的单一性和特定性。国有独资公司的股东只有一个，而且只能是国家，由各级政府的国有资产管理部门行使出资人职责。

3. 股权的国有性。国有独资公司是以国有资产投资而设立的有限公司。也就是说，全部公司资本由国有资产构成，公司的全部资产在最终归属上，都是国家所有的财产。在此种意义上，它与普通的国有企业在表现形式上有相似之处。但在法律适用上有显著的区别，前者适用《公司法》的有关规定，后者适用专门调整国有企业法人的《全民所有制工业企业法》等法律。随着国有企业公司化改造的继续进行，相信这些区别将会逐渐缩小乃至消失。

4. 治理结构的特殊性。国有独资公司的内部组织机构比较简单，表现在：①不须设立股东会，公司权力机构所享有的特别权限，由国家授权的机构或授权的部门行使。②董事会负责公司的经营管理，并行使股东会的部分决策权。国有独资公司的董事会，由国家授权的机构或部门予以委派和更换。③国有独资公司的职工直接参与公司的管理。按照《公司法》规定，国有独资公司的职工经股东代表大会选举成为董事，作为董事会的组成成员。

（三）国有独资公司和传统国有企业的区别

传统国有企业实质上是计划经济体制之下由国家行政管理机关控制的从事生产经营活动的企业，与国有独资公司存在着一些明显区别：

1. 二者的设立根据不同。国有独资公司依照公司法设立，并受公司法调整；而一般的国有企业则是依照全民所有制工业企业法设立，并受全民所有制工业企业法的调整。

2. 二者的管理体制不同。国有独资公司设立董事会，其经理由董事会聘任或解聘，法定代表人可由董事长、执行董事或经理担任。而一般的国有企业则实行厂长（经理）负责制，厂长或经理是企业的法定代表人。二者在内部管理机制等方面存在许多区别。

3. 二者对企业占有的财产享有的权利性质不同。在国有独资公司中，公司对公司财产享有法人财产权，国家通过其代表——本级政府授权的国有资产监督管理机构作为国有独资公司的股东，对公司享有股权；而在传统的国有企业中，企业依照所有权和经营权分离的原则对企业财产享有经营管理权，国家对企业财产享有所有权，国家是国有企业的所有者。

四、股份有限公司

（一）股份有限公司的概念和特征

股份有限公司，又简称为股份公司，是指公司全部资本分为等额股份，股东以其所认购的股份为限对公司承担责任，公司以其全部资产对公司债务承担责任的企业法人。

股份有限公司除了具有和有限公司同样的特征——股东责任的有限性、公司人格的独立性外，还具有自己的特征：

1. 股东人数的广泛性，即股份有限公司股东人数应有法定最低限额的要求，而没有最高人数的限制。这是由股份有限公司为适应社会化大生产对巨额资本的需求而向社会集资而决定的。各国公司法对股份有限公司股东数额均只规定最低限额。我国《公司法》规定，股份有限公司的股东人数为 2 人以上。

2. 公司股份的均等性，即公司资本划分为金额相等的股份。股份有限公司将公司的资本划分为金额相等的股份，股份成为公司资本的最小构成单位，有利于公司对外发行股份，并为公司有效构建内部经营管理机制奠定基础。如股东按照其认购股份数额参与公司的重大事项的决议表决，并以其所持股份的数额参与公司的盈余分配。

3. 股份形式的法定性，即股份有限公司的股份形式应采用法定的股票形式。股票是公司签发的证明股东所持股份的凭证，其作为一种有价证券，在法定条件具备时是可以上市流通的，从而使公司与资本市场有机联系，促进公司内部治理机制的形成，也减少了股东投资难以变现的风险。

4. 股份有限公司是典型的资合性公司。换句话说，股份有限公司对外信用的基础完全是公司资本，公司资本不仅是公司赖以生存的基本条件，而且是公司债务的基本担保，同时作为公司资本构成的股份可以自由转让。正因为如此，公司从不考虑股东个人的身份、地位，任何承认公司章程、愿意出资的人，不须其他人的同意都可以成为公司股东。所以，股份有限公司的股东分散于全国乃至世界各地，股东与股东之间，股东与公司之间的联系极为松散，公司的存续与股东的变化、股东人数的增减无关。这使股份有限公司成为典型的资合公司。

5. 所有权与经营权分离。股份有限公司的组织机构中，董事会居于中心地位。众多的股东人数表明，每一个股东不可能都对公司的经营管理感兴趣，由此导致公司股东会对公司的经营管理、经营决策的作用下降，而董事会在公司经营管理中的地位明显提高。现代各国公司立法，通常赋予董事会对公司经营管理广泛而重要的权力。

6. 公司经营的公开性，即公司必须依法公开其会计表册。股份有限公司可以向社会广泛集资且股份可以自由转让，由此产生了对公司股东、债权人及社会公众利益保护的问题。因此，《公司法》规定，股份有限公司不仅须依法制定财务会计制度，而且还须按法律规定的时间、内容和方式向社会公开其会计表册，以便利社会公众了解公司的经营状况。这一特征是股份有限公司与有限责任公司的重要区别之一。

（二）股份有限公司的利弊比较与分析

1. 股份有限公司的优越性。

（1）能最大限度的募集社会资本。股份有限公司通过公开发行股票和债券的方式筹集资金，不论什么人，不管人在何地，只要愿意向公司投资，均有成为公司股东的可能；每一股份的金额较少，投资门槛较低，可以广泛地吸收社会的小额分散资金；能够吸收投资者的短期资本。

（2）能最大限度分散投资风险。股东的有限责任将股东的投资风险限制在出资范围之内；股份的自由转让，使股东在认为公司经营风险增大时，可通过股份转让转移投资风险；股份有限公司的股份小额化，投资者可将资本投资于多项事业，无疑会进一步降低投资者的风险。

（3）股份有限公司完善的组织机构及其运行机制为实现现代企业科学民主管理机制奠定了基础。公司所有权与控制权的分离，增强了以董事会为中心的公司经营管理机构在企业经营管理中的独立性，形成了专门化的企业经营管理队伍，这种专门化对公司经营管理水平的提高提供了组织制度上的保障。股东权与公司法人权利之间的制衡促使公司经营管理水平不断向高质量发展。股东为了自身的利益必须保持对公司的控制，这种控制由于所有权与控制权的分离，是通过股东在股东会上行使表决权以及在股票市场上转让股份影响公司董事及经理行为的方式实现的。公司管理机制的公开化，也促使公司的管理水平不断提高。股东的社会化，便于公司社会股东参与公司决策、监督公司运营，促使公司管理机制向公开化发展，使公司的经营管理在一定程度上置于社会公众的监督之下，从而保证股份有限公司的经营管理不断地走向高水平。

2. 股份有限公司的不足之处。

（1）公司经营成本高。从公司资本募集到公司专业化、公开化的经营过程，其设立程序复杂，管理机构庞大，公司运作机制约束多，不够灵活，需要大量的成本支出，故其不适合中、小企业采用。

（2）小股东利益难以得到有效保护。由于公司股份数量很大，小股东众多，股份分散，股份有限公司容易被少数大股东控制，少数控股的大股东就有可能利用其在公司中的优越地位，侵犯人数众多的持有少数股份的小股东的利益。

（3）公司经营风险较大。股份有限公司股东流动性大、难以控制，并且对于公司缺乏责任感，往往稍有影响公司经营业绩的信息，股东就抛售股票，转移风险，甚至会给公司融资带来障碍。

（4）投机性高。股票的自由流通，不可避免地为不法投机者的投机提供了机会，特别是通过操纵市场、内幕交易等非法行为牟取暴利。

五、上市公司

（一）上市公司的概念

依其发行的股票是否公开上市交易，股份有限公司可被分为上市公司和非上市公司。上市公司，是指所发行的股票在证券交易所上市交易的股份有限公司。

（二）上市公司的特征

1. 上市公司是股份有限公司。上市公司均为股份有限公司，但并非所有的股份有限公司发行的股票都上市交易，能够上市交易的股票只能是上市公司的股票。可见，上市公司一定是股份有限公司，但股份有限公司并不一定都是上市公司。

2. 公司上市必须由证券监管机构审核才能公开发行股票。股票上市涉及公众利益和公开市场秩序，为保证公共利益和市场秩序，政府通常对此进行严格监管。我国《公司法》规定股票上市和交易必须符合有关法律、行政法规及证券交易所的交易规则。

我国《证券法》对证券上市的条件和程序作了具体要求，证券交易所可以规定高于法律规定的上市条件，并报国务院监督管理机构批准。在符合法定条件的同时，应当向证券交易所提出申请，由证券交易所依法审核同意，并由双方签订上市协议等。

3. 上市公司的股票在证券交易所上市交易。上市交易，是指在证券交易所进行交易。是实行证券集中交易的特殊市场,在证券交易所进行的交易又称为挂牌交易,只有股票在证券交易所上市交易的公司才属于上市公司。

应注意,上市交易只是公开交易的一种。股票的公开交易不等于股票的上市。公开交易包括证券市场的一级市场交易、二级市场交易、场外市场交易等,在这些市场上交易的股票都是股份有限公司发行的股票,都属公开交易。证券交易所是公开市场中的二级市场。

六、外商投资企业(公司)

(一)外商投资企业的概述

中国的外商投资企业,是指依照《中华人民共和国中外合资经营企业法》(以下简称《中外合资经营企业法》)、《中华人民共和国中外合作经营企业法》(以下简称《中外合作经营企业法》)、《中华人民共和国外资企业法》(以下简称《外资企业法》)在中国境内设立的、部分或全部资金来自境外、外国投资者的企业或公司,又叫三资企业。

外商投资企业,一般采取公司的组织形式,多属于有限责任公司,通常又称其为外商投资公司。因外商投资公司是与外商共同投资或由外商单独投资设立,故又称之为涉外企业或涉外公司。

(二)外商投资企业的法定类型与性质

1. 外商投资企业分为以下三种法定类型:

(1)中外合资经营企业,简称合资企业,是指中国合营者与外国合营者依照《中外合资经营企业法》等有关法律的规定,在中国境内设立的共同投资、共同经营、按出资比例分享利润、承担风险与亏损的企业。

(2)中外合作经营企业,简称合作企业,是中国合营者和外国合营者依照《中外合作经营企业法》,在中国境内设立的、由合同确立双方权利和义务、并根据合同从事生产经营的企业。

(3)外资企业,是依照《外资企业法》,在中国境内设立的由外国投资的企业。

在上述三种企业形式中,外资企业均是由外国个人、企业、公司或其他经济组织单独投资、单独经营、单独承担风险。这明显不同于其他两类。而合资企业与合作企业之间有许多相似之处,不过二者也有着质的区别,即合资企业是股权式组织,而合作企业是契约式组织。合资企业各方的各种投资形式包括现金、设备、厂房、技术、土地使用权等都要以同一货币单位计算股权,利润的分配和风险的承担都以股权比例为依据。而从法律规定上看,合作企业合作各方提供的现金、设备、土地、技术、劳动等不作为股本投入,利润的分配完全依据各方签订的协议。从组织形式上看,合资企业必须是具有法人资格的企业,而合作企业则可以是不具有法人资格的组织。

2. 外商投资企业的法律性质。

(1)合资企业的法律性质。《中外合资经营企业法》第4条规定:"合营企业的形式为有限责任公司。"《中华人民共和国中外合资经营企业法实施条例》(以下简称《中外合资经营企业实施条例》）第2条规定，中外合资经营企业是中国的法人，受中国法律的管辖和保护。可以说，合资企业法是将有限责任公司概念引入中国现行企业立法的第一个法律。

（2）合作企业的法律性质。合作企业的法律性质则是较为模糊的。《中外合作经营企业法》第2条规定："合作企业符合中国法律关于法人条件的规定的，依法取得中国法人资格。"可见，合作企业包括依法取得中国法人资格的合作企业和不具有法人资格的合作企业。根据《中华人民共和国中外合作经营企业法实施细则》（以下简称《中外合作经营企业法实施细则》）第14条规定，合作企业依法取得中国法人资格的，为有限责任公司。除合作企业合同另有约定外，合作各方以其投资或者提供的合作条件为限对合作企业承担责任。合作企业以其全部资产对合作企业的债务承担责任。而从实践情况看，已经成立的合作企业，大都具有法人资格，非法人性质的合作企业为数很少。

（3）外资企业的法律性质。《外资企业法》第8条规定："外资企业符合中国法律关于法人条件的规定的，依法取得中国法人资格。"这表明，外资企业同样可分为法人式的外资企业和非法人式的外资企业。同时，《中华人民共和国外资企业法实施细则》（以下简称《外资企业法实施细则》）第18条又规定："外资企业的组织形式为有限责任公司。经批准也可以为其他责任形式。外资企业为有限责任公司的，外国投资者对企业的责任以其认缴的出资额为限。外资企业为其他责任形式的，外国投资者对企业的责任适用中国法律、法规的规定。"

可见，外资企业的法律性质更为复杂。具有法人资格的外资企业既可以是有限责任公司，也可以是股份有限公司。而不具有法人资格的外资企业既可能采取合伙企业形式，也可能采取个人独资企业的形式。

（三）外商投资企业的法律适用

对于有限公司性质的外商投资企业，其设立、组织机构及其活动，应适用外商投资企业法还是公司法，我国《公司法》第218条作了协调性的原则规定，即"外商投资的有限责任公司和股份有限公司适用本法；有关外商投资的法律另有规定的，适用其规定"。但由于合作企业和外资企业的公司性质不甚明确、外商投资企业法与公司法存在许多规则方面的差异等原因，这一原则性规定仍然无法完全消除法律适用上的冲突。

第四节 公司与其他企业法律形态

一、企业法律形态概述

企业法律形态是指企业法所确定的企业组织的存在形式，简称企业组织形式。

在西方市场经济国家，企业一般按照成员构成、责任形式、法律人格的不同分为个人独资企业、合伙企业和公司企业三大类。

我国经历了由计划经济体制向市场经济体制的转变，法律中先后存在两种体制下的企业法律形态类型：计划经济体制下企业法律形态、市场经济体制下企业法律形态。其中，计划经济下的企业法律形态在逐步向市场经济下企业法律形态转化改制。目前，我国市场经济体制下企业法律形态与西方传统的企业法律类型大致相同，基本分为个人独资企业、合伙企业、公司三大类。其中，公司企业又可分为有限公司和股份有限公司，由此构成了与市场经济相适应的企业体系。

二、公司与其他企业法律形态

（一）公司与个人独资企业

1. 个人独资企业的概念。所谓个人独资企业，是指依照《中华人民共和国个人独资企业法》（以下简称《个人独资企业法》）在中国境内设立，由一个自然人投资，财产为投资人个人所有，投资人以其个人财产对企业债务承担无限责任的经营实体。

独资企业法律地位的集中表现是其不具有独立的法律人格，不具有法人地位，是典型的非法人企业。其实质上是自然人从事商业经营的一种组织形式。

2. 公司与个人独资企业的区别：

（1）设立主体不同。个人独资企业的设立人是自然人，法人组织不能设立个人独资企业。公司的设立人可以是自然人，也可以是法人。

（2）成员人数不同。个人独资企业由一个成员或投资者设立，一切利益和风险也概由该投资者承担。公司除"一人公司"、"国有独资公司"的特殊情况外，都是由多数人共同出资、共同经营，具有投资者的多数性。

（3）法律地位不同。个人独资企业无独立法律人格，不具有法人地位。而公司具有独立的法律人格和法人地位，是典型的法人组织。

（4）财产关系不同。个人独资企业的财产由独资企业主所有，企业本身对企业财产不享有所有权。而公司财产归公司本身所有，公司就是其财产的所有者。

（5）经营管理不同。个人独资企业组织形式下，企业的所有权、控制权和企业的经营权均归投资者享有，投资者享有对企业一切事项经营管理的权利。尽管个人独资企业也可能会聘请经理，但经理仅仅是个人独资企业投资者的代理人，而不是独资企业的代理人。即使个人独资企业聘有经理专门负责企业的经营管理，投资者也可依法随时变更代理人的代理权限，直接控制企业。

公司组织形式下，公司的经营管理是由公司的内部机构享有的，而并非每个股东当然地享有。如果股东要行使公司的经营管理权，必须依法定程序以公司内部机关的身份实施。

（6）责任承担不同。个人独资企业主对企业债务负无限责任。即个人独资企业业主不仅以企业的全部财产对企业债务承担责任，还包括其个人的全部财产。

股东对公司债务以其出资额为限负有限责任，公司以其全部资产对公司债务承担责任。公司的债务并不等于股东的债务。

（二）公司与合伙企业

1. 合伙企业的概念。合伙企业，是指由自然人、法人和其他组织依照《中华人民共和国合伙企业法》（以下简称《合伙企业法》）在中国境内设立的普通合伙企业和有限合伙企业。

《合伙企业法》规定，普通合伙企业由普通合伙人组成，合伙人对合伙企业债务承担无限连带责任。本法对普通合伙人承担责任的形式有特别规定的，从其规定。有限合伙企业由普通合伙人和有限合伙人组成，普通合伙人对合伙企业债务承担无限连带责任，有限合伙人以其认缴的出资额为限对合伙企业债务承担责任。

2. 公司和合伙企业的区别。本书对公司和合伙企业进行比较，探讨二者之间的区别，以加深读者对公司的认识理解。

（1）成立基础不同。合伙企业的成立是基于合同，而公司企业的成立基础是章程。

（2）法律地位不同。与个人独资企业一样，合伙企业无独立法律人格，不具有法人地位。而公司具有独立的法律人格和法人地位，是典型的法人组织。

（3）财产关系不同。《合伙企业法》规定合伙企业存续期间，合伙人的出资和所有以合伙企业名义取得的收益均为合伙企业的财产。合伙企业财产由全体合伙人依照《合伙企业法》的规定共同管理和使用，其实质是由合伙人共有；公司企业财产则由公司享有。

（4）人身关系不同。合伙企业出资人之间人身关系密切，公司出资人之间人身关系较为松散。

（5）管理权利不同。合伙企业由普通合伙人共同管理，公司企业管理权由公司机构行使。

（6）盈亏分配不同。对合伙企业盈亏的分配和分担比例，有约定的依约定；没有约定的，由各合伙人平均分配和分担。公司的盈亏分配和分担的基本原则是按出资比例或所持股份进行，同时亏损的承担也以出资额为限。

（7）责任承担不同。普通合伙人对合伙企业债务承担无限连带责任，有限合伙人对合伙企业债务承担有限连带责任；股东对公司债务以其出资额或所持股份承担有限责任。

第五节　公司法概述

一、公司法的概念

公司法按其表现形式有狭义和广义之分，即形式意义的公司法与实质意义的公司法之分。

1. 形式意义的公司法。它是指体系化地制定于一个法律文件内的公司法，即法律形式上的"公司法典"。大多数国家都有这种以制定法形式表现的公司法。1993 年 12 月

29 日第八届全国人民代表大会常务委员会第五次会议通过的《中华人民共和国公司法》（以下简称《公司法》），就是这种形式意义上的公司法。

这部法律自实施以来已历经 12 年，其间有三次修订。为解决修订前后《公司法》条文适用的冲突，最高人民法院在 2006 年 4 月作出《关于适用〈中华人民共和国公司法〉若干问题的规定（一）》，规定："公司法实施后，人民法院尚未审结的和新受理的民事案件，其民事行为或事件发生在公司法实施以前的，适用当时的法律法规和司法解释。""因公司法实施前有关民事行为或者事件发生纠纷起诉到人民法院的，如当时的法律法规和司法解释没有明确规定时，可参照适用公司法的有关规定。"

2. 实质意义的公司法。它是公司法学要研究的对象，是指规定公司的设立、运作、解散以及其他对内对外关系的法律规范的总称。

由上述概念可知，公司法调整对象和范围主要包括公司设立过程、运作期间和解散过程中的法律关系。设立过程中的法律关系包括设立人之间及设立人与第三人之间的行为和关系。运作期间的法律关系包括股东之间、股东与公司之间、公司管理机构之间、股东与管理机构之间、股东、公司与第三人之间、公司与国家管理机关之间的行为和关系。解散过程的法律关系除上述关系外，还包括股东与清算组织、清算组织与第三人等的行为和关系。

二、公司法的特点

（一）公司法是主体法和行为法的结合

公司法是主体法（或称组织法）。公司是法人，是法律关系中的重要主体。所以，以公司为调整对象的公司法属于主体法（组织法）。

公司法具有行为法（或称活动法）的性质。行为法，是指调整由法律主体的行为而产生的各种关系的法律规范。公司法所规范的行为包括：公司发起人设立公司的行为；股东与代表公司的董事、监事和经理等人在公司运作中的行为；公司为筹措经营资金而发行股票、债券的行为以及股票、债券交易的行为；公司业务清算行为等。

公司法主要是主体法，同时兼具行为法特性。

（二）公司法是任意性规范与强制性规范的结合

公司是由股东投资形成的，是多方利益的结合体，为平衡各方的利益，公司法中既要有强制性规范，又要有任意性规范。

公司法中的强制性规范很多。主要表现在规范公司的主要活动，包括公司的设立、组织机构、利润的分配、公司资本的减少、股票和公司债券的发行、公司的合并、分立、解散、清算等，都必须严格依公司法的规定进行，章程不能改变公司法中的强制性规范。违反公司法的规定时，将依公司法规定追究违法者的法律责任，包括民事责任、行政责任和刑事责任。

公司法也包括任意性规范。公司是投资者共同追逐最大利益的工具，公司法就必须充分尊重各平等主体的独立意志，允许投资者在尽可能的范围内按一定的规则，充分自主决定，自由选择，这就决定了公司法律规范具有浓重的私法属性。

总之，公司法既包含有任意性法律规范，又包含有强制性法律规范，它是公法和私法的结合，体现了国家对微观经济生活的干预。

（三）公司法是实体规范与程序规范的结合

公司设立、变更、解散、权利能力和行为能力、财产结构和组织结构、管理机关的职权、会计事务的管理、公司与股东、股东与股东之间的关系、公司的名称、住所、注册机构等规定，显然属实体法范畴。同时，公司法还对公司设立、变更和解散以及公司内部管理的程序作了规定，以保证公司各方主体权利等得以行使并形成良好的公司机制。公司法是实体规范和程序规范的有机结合，并依此形成完整的公司法制度。

（四）公司法是国内法和涉外法的结合，是具有国际性的国内法

公司法是国内法，各国公司法均只规范本国公司的组织和活动。但公司法同时又具有国际性。公司法不仅调整本国公司，还涉及外国公司分支机构、跨国公司。公司立法具有国际化趋势，表现在各国公司法相互渗透、趋同发展；区域性的国际组织发布了具有国际法属性的公司规范影响其成员国公司立法。

三、公司法的形式

从我国公司立法的情况看，公司法由下列法律规范组成：

1. 公司法典。1993 年通过的《公司法》是我国的基本公司法律。
2. 其他法律中有关公司的规定。

（1）外商投资企业法中关于公司的规定。外商投资企业是指由中国投资者和外国投资者，或者是仅由外国投资者依据三资企业法的规定，投资成立的企业。所谓的三资企业法，是指《中外合资经营企业法》、《中外合作经营企业法》、《外资企业法》。

《公司法》第218 条的规定，公司法适用于外商投资的有限公司，但有关中外合资经营企业、中外合作经营企业、外资企业的法律另有规定的，适用其规定。因此，三资企业法及其实施条例，以及其他有关外商投资的有限公司的法律、法规，均为公司法的特别法。

（2）单行商法。如，证券法、商业银行法、保险法等。这些单行商法所调整的该特别法上的公司，如证券公司、保险公司、商业银行等特殊公司在法律适用上，应当适用公司法，同时还应适用相关的法律和法规。

（3）相关法律中的规定。如，《中华人民共和国会计法》（以下简称《会计法》）、《中华人民共和国刑法》（以下简称《刑法》）、《中华人民共和国民事诉讼法》（以下简称《民事诉讼法》）、《中华人民共和国企业破产法（试行）》［以下简称《企业破产法（试行）》］中适用于公司的有关规定。

（4）国务院及其有关部门制定的有关行政法规和部委规章、最高人民法院的司法解释。

我国实质意义上的公司法是由调整公司各种关系的一系列法律规范组成的法律体

系。公司法是整个公司法律体系的核心。

【本章知识与技能训练】

一、基本知识训练

1．重点概念

（1）有限责任公司

（2）股份有限公司

（3）人合公司

（4）资合公司

（5）母公司与子公司

（6）总公司和分公司

（7）国有独资公司

（8）上市公司

（9）公司集团

（10）公司法人人格否认

（11）公司法

2．重点思考题

（1）简述公司的概念和特征。

（2）简述公司的作用。

（3）简述公司的种类。

（4）如何理解有限责任公司的人合性？

（5）如何理解有限责任公司的特征？

（6）简述一人有限责任公司的特殊法律规则。

（7）如何理解股份有限公司的特征？

（8）简述公司与个人独资企业的区别。

（9）简述公司和合伙企业的区别。

（10）简述外商投资企业的法律性质。

（11）简述公司法的含义、特点、表现形式。

（12）简述母公司与子公司间的法律关系。

（13）简述子公司和分公司的法律责任承担。

二、基本技能训练

1．按不同的标准可将公司划分为不同的种类，如按照公司是否上市公开发行股票可将公司分为上市公司和非上市公司。本章第二节为了加强读者对公司的学习和理解，对公司进行了多角度的分类。请读者根据自己掌握的知识和思路，动手制作一份公司分类的图表，用简要的语言表明公司的不同种类、划分的标准和主要特征。

2. 甲是北京某院校法律专业毕业的大学生，毕业后在北京京东律师事务所担任律师助理。根据甲的要求和所里工作的需要，甲被安排在公司事务部工作。

一日，有位客户乙来北京京东律师事务所，咨询投资设厂的相关事宜。律师事务所前台在了解基本情况后，将甲引见给乙。乙谈到自己老年丧偶，只有一个刚满 18 岁的正在读大学的女儿。现在看中了一个极具有投资价值的投资项目，只需要 200 万资金，想投资。乙自己有资金 300 万和一套价值 100 万的房产，但又怕投资一旦失败会倾家荡产，未来生活没有保障，也怕若干年后女儿继承公司股权时遇到遗产税的征收，更怕现在将钱交给女儿，一旦女儿不懂事乱花钱，不利于她的成长。于是乙问，自己采用个人独资企业、一人有限责任公司、普通有限责任公司、股份有限公司形式中的哪一种形式，更适合自己的投资需要和想法，能更为有效地规避未来的风险，并请甲使用画图说明的方式给自己提供书面法律咨询意见。

三、技能提升训练

案例一

（一）基本案情

甲是一个经营服装、百货的个体商人。某年 2 月，他与另两位朋友一起发起组建了兴隆贸易有限责任公司。公司的注册资本 30 万元，甲出资 25 万元，另两位朋友分别出资 2.5 万元。股东出资验资合格后，经过工商登记，取得企业法人营业执照，正式成立。由于甲的出资占了公司资本的绝对多数，所以甲担任了公司的董事长兼总经理。

公司开始经营后，公司经股东会同意买下了甲从事个体商业时进的一批货物，价值 10 万元。公司没有给甲货款，而是讲定赚钱后再还钱给他。由于缺乏经验，兴隆公司在经营过程中一直步履维艰。为了改变被动的局面，三人又决定参与一项投资活动。没想到这是一个错误的决策，致使公司严重亏损，还欠下了许多的债务。最终，该公司因资不抵债而被债权人申请宣告破产。

人民法院召开第一次债权人会议，甲既作为债权人，又作为债务人的法人代表参加了会议。在会上，甲强调自己也是公司的债权人，有权要求公司偿还欠他的货款。但公司的其他债权人不同意。他们认为既然公司成立后的业务与以前基本一样，而且甲几乎拥有公司的全部股份，他实际控制和负责经营兴隆公司，那么兴隆公司就是甲的私人企业。所以，甲无权要求公司偿还欠他的债务，而只能由其他债权人共同分配破产财产。

在清算过程中，与甲共同举办公司的另两位朋友也提出了异议。他们认为甲自始至终都在欺骗和利用他们，是甲决定由公司买下了他原先卖不出去的货物的，又是甲决定对外投资的，现在他们两人用来养老的钱都被甲坑骗完了，甲应当赔偿他们的损失。

对此，有以下三种不同意见：

1. 兴隆公司实质上是甲的独资企业，甲为了满足法律规定的有限责任公司的股东人数，才让另两位朋友一起出资。公司绝对多数的财产是甲的，公司的经营管理是甲负责的，因此甲不仅不能作为公司的债权人，而且对公司的债务应承担无限责任。

2. 公司是独立法人，以其全部财产承担有限责任，甲作为股东不必对公司债务承担连带责任。但其作为公司的主要负责人，对公司经营失误负有不可推卸的责任，因此不能再作为债权人要求公司偿还其债务。

3. 甲是兴隆公司的债权人，可以与其他债权人一起分享破产财产。

请根据上述事实和情况，分析上述三种意见是否正确？为什么？

（二）分析引导与思考

本案争议的焦点是股东和公司的区别。

1. 兴隆公司是三人投资的公司，不是甲的独资企业。衡量一个企业是不是公司，应看其是否符合公司的条件。此外，还有一个明显的外在标志是是否已取得了公司登记机关颁发的营业执照，而不取决于投资者在公司的投资比例。

2. 公司是一种出资者的所有权与企业的法人财产权相分离的企业。公司财产虽然由股东出资构成，但公司的财产与股东的财产在法律上是严格分开的。股东投资后，有权按照份额比例参与公司决策。不能简单因为公司内出现一股独大的现象，而否认公司大股东和公司是两个不同的主体。

3. 法律没有禁止股东同公司进行交易。

可根据上述法律基本精神，确定甲能否主张自己的公司债权人身份，判断本案上述三种意见正确与否。

案例二

（一）基本案情

百花商店是南海市的一家合伙企业，有孙某、李某和钱某三个普通合伙人，每人各出资 30 万元，共出资 90 万元。合伙协议中约定，各合伙人按出资比例分配利润和承担债务责任。

百花商店成立后，由于经营不善，已经严重资不抵债，剩余资产仅 60 万元，而外欠债务却已达 150 万元。合伙人孙某见商店负债累累，难以扭亏，已经不知去向，只有李某和钱某在苦苦支撑。

债权人向法院起诉，百花商店被宣告破产。对百花商店所欠 150 万元债务应如何承担，有以下不同意见：

1. 由百花商店清偿全部 150 万元债务，百花商店只用剩余财产 60 万元清偿债务即可，超过部分不必清偿。

2. 三位合伙人对百花商店的全部 150 万元债务承担无限责任。因为合伙协议约定按此比例分配利润和承担债务责任，三位合伙人应对全部 150 万元债务各承担 1/3，即各承担 50 万元。在孙某下落不明的情况下，李某和钱某应当将商店的全部 60 万元财产用来清偿债务，不足部分李某和钱某各出 30 万元，还有 30 万元留待孙某清偿。

3. 三位合伙人对百花商店的全部 150 万元债务承担无限连带责任，各合伙人的清偿责任不受合伙协议约定按比例承担债务责任的限制。

请根据上述事实和情况，分析上述几种意见是否正确？为什么？

（二）分析引导与思考

本案争议的焦点是企业及其投资人的法律责任问题。

1. 合伙企业的法律地位问题。根据法律的规定，普通合伙企业不具有法人资格。

2. 出资人的责任问题。由于合伙企业不具有独立的法人人格，其名下的财产不属于合伙企业所有，而是属于合伙人共有，因此合伙企业的债务最终应由出资人承担，普通合伙人对企业债务的承担是连带责任关系。

可根据上述法律基本精神判断本案上述不同意见正确与否。

案例三

（一）基本案情

北海市时装贸易有限公司（以下简称"时装公司"）由北海大宝贸易公司（以下简称"大宝公司"）等五家企业共同发起成立，注册资本为 500 万元人民币，每方各出资 100 万元。

在激烈的竞争中，时装公司因无法清偿到期债务而于 2007 年 7 月宣告破产。该公司已经资不抵债，剩余资产 600 万元，所欠债务为 750 万元。

时装公司的债务应如何清偿，有以下不同意见：

1. 由时装公司清偿所欠全部债务。时装公司剩余财产不足清偿的部分，不再清偿。

2. 大宝公司等五家企业股东对时装公司债务承担连带清偿责任。时装公司剩余财产不足清偿的部分，由五家股东企业各承担 1/5。

（二）分析引导与思考

本案争议的焦点是公司及其投资人的法律责任问题。

1. 公司的法律地位问题。根据法律的规定，有限公司具有法人资格。

2. 出资人责任问题。有限公司是企业法人，公司享有由股东投资形成的全部法人财产权，并以其全部法人财产依法自主经营、自负盈亏，独立地享有民事权利和承担民事责任。

可根据上述法律基本精神判断本案上述不同意见正确与否。

第二章 公司的设立

【本章学习指引】

公司应依法设立是公司法的主要内容，也是各国公司法的重要组成部分。这部分包括公司设立的原则、方式、条件、程序以及设立效力等内容。为提高学生对公司设立法律规范和理论的把握及动手能力，本章将公司设立中的重要法律文件——发起人协议和公司章程单独作为一节进行讲解，以提高学生对公司设立的实际应用能力。

本章学习的重点是公司设立的方式、条件、程序、设立效力和重要法律文书的基本内容。本章的学习难点是公司设立的原则、公司设立效力等内容。

第一节 公司设立概述

一、公司设立与成立

（一）公司设立与成立的含义

公司设立，主要是指发起人为组建公司，依照法律规定的条件和程序所实施的一系列行为的总称。公司设立行为是发起人在公司成立之前所实施的一系列行为，包括发起人拟定公司设立协议、订立公司章程、出资验资、设置公司机关、办理公司登记手续、获取经营执照整个过程的行为。上述这些行为基本都是依照法律规定为公司设立所必须具备的，因而从程序意义的角度讲，公司设立是公司成立之前的具有法律规定内涵的程序性行为。

公司成立，是指公司设立和登记注册等一系列行为的法律后果，是公司取得法人人格的一种事实状态和标志。

（二）公司设立和公司成立的区别

公司设立和公司成立是两个不同概念，它们之间有着密切的关系。这表现为二者是一个紧密相联的两个阶段，公司设立是公司成立的前提和基础，而公司成立则是公司设立的目标和结果。同时，二者也有显著的区别：

1. 二者发生阶段不同。二者是公司取得主体资格过程中一系列连续行为的两个不同阶段。公司设立行为发生于营业执照颁发之前，而公司成立行为发生于被依法核准登记、签发营业执照之时。

由此可见，成立是设立行为被法律认可后的法律后果，但设立行为并不必然导致公司成立，只有符合法定实质要件和程序要件的设立行为才能导致公司成立。

2. 二者性质不同。设立行为主要是法律行为，是以发起人的意思表示为要素，以平等、自愿、诚实信用等民商法基本原则为指导的民事法律行为。公司成立是行政登记行为的直接法律后果，表现为一种法律状态。

3. 二者产生的依据不同。设立行为的产生主要是按照发起人协议或章程的规定进行，因而发生争议时，性质上属于公司设立中的民事争议；公司成立的产生是公司登记主管部门依公司设立申请人的申请而作出批准决定的行政行为的后果，因而公司成立发生争议，是一种行政争议，一般依据有关行政法规来解决，当事人可依法提起行政诉讼。

4. 二者产生的法律效力不同。被核准登记之前的公司，称为设立中的公司，设立中的公司不具备独立的主体资格，设立人之间的法律关系一般被视为合伙关系。即使设立行为已完成，在未取得营业执照之前，仍不具有法人资格，不能以公司的名义对外开展经营活动。因此，在公司未被核准登记之前，设立行为的后果参照适用合伙的有关规定，由设立人对设立行为负连带责任。如果公司被核准登记，设立中的公司成为具有法人资格的公司，发起人为公司设立所实施的法律行为，其后果原则上归属于公司。

二、公司设立的原则

公司设立的原则，又称公司设立主义，是指创设公司并最终实现公司成立的基本规则。从罗马社会到近代工业社会，公司设立先后经历了自由设立原则、特许设立原则、核准设立原则、准则设立原则、严格准则设立原则等发展和变化。

（一）自由设立原则

自由设立原则，又称放任设立原则，指是否设立、如何设立、设立何种公司等设立事宜完全由当事人自由为之，法律不加任何干涉。

公司的前期表现为商业社团。当时的商业社团是依事实而存在，而不是依法创设。当时的法律既不承认商业社团是"法人"，也不对商业社团的成立主动干预。故成立商业社团既无法定条件的限制，也无注册登记的程序。这种设立原则在欧洲中世纪初期自由贸易时代颇为盛行，当时的商事公司刚刚兴起，便采用了这一设立主义。

（二）特许设立原则

特许设立原则，是指公司的设立必须经过国家元首特别许可或者经过国家立法机关颁发特别法令予以许可。

在中世纪后期，欧洲公司为借国家权力形成对商品市场的垄断，同时国家需借助公司推行某些政策、实现自己的利益，促成了公司设立从自由设立主义向特许设立主义的转变。如英国的东印度公司等就是经过英国王室特许成立的。

特许设立原则在实施过程中手续繁杂，难以适应市场经济对大批经济组织体的需求；同时，特许设立原则导致了市场地域、行业分割以及行政垄断的发生，严重阻碍了市场主体间的自由竞争和统一市场的形成，阻滞了资本主义经济的发展，必然会被淘汰，于是核准设立原则产生了。

（三）核准设立原则

核准设立原则，也称许可原则或审批主义，是指公司设立除了必须符合法律规定的条件和程序外，还必须经过行政主管机关核准，否则不得成立。

与特许设立原则相比较，核准设立原则将决定公司设立的最终权力交给了政府机关，由行政机关根据已有的法律核准公司的成立；而在特许设立原则下，每一公司设立的最终决定权是由立法机关或国王享有，由立法机关通过制定特别法律或由国王发布特许令的方式批准公司的设立。

虽然核准设立原则较特许设立原则更有利于公司的设立，但在核准设立原则下，公司的设立仍需政府部门的批准，且公司设立条件苛刻，核准时间漫长，加之易滋生钱权交易等腐败现象，公司设立成本高，没能完全解决特许设立主义存在的问题，同样不能满足市场的需求，不利于公司的普遍发展。

在现代社会中，除银行、保险等对国计民生有重大影响的行业或领域外，对其他行业或领域的公司，各国均不再采用核准设立原则。

（四）准则设立原则

准则设立原则，也称登记主义或单纯准则主义，是指公司的设立，凡符合国家法律规定要件即可登记成立，不需经权力机关或行政机关核准。

核准设立原则下，各公司的设立均必须经行政主管机关的批准，条件苛刻，效率低下，不足以适应实际生活的需要，于是准则设立原则产生。

准则设立原则的实施为公司的设立创造了宽松的法律环境，极大促进了公司和市场经济的发展，但该原则适用却为公司滥设和利用公司诈骗带来可乘之机。这种弊端的存在，促使了严格准则设立原则的产生。

（五）严格准则设立原则

严格准则设立原则，是指公司要达到法律规定的较为严格的条件，才能经登记注册而设立。

严格准则设立原则与准则设立原则均不需要行政审核，只要经主管机关登记注册，但准则内容的宽严程度不同。在严格准则设立原则下，立法严格了公司设立条件、加重了发起人设立责任、加强了司法机关和行政主管机关对公司设立的监督。这样，严格准则设立原则既弥补了单纯准则设立原则对公司设立失控的缺陷，又避免了核准设立原则对公司设立中的行政干预和繁琐手续。因此，该原则为当今大多数国家公司立法所采用。

在以上公司设立立法原则中，核准设立原则和严格准则设立原则已成为世界各国公司立法采用的主流规则。同时，也被我国公司立法所采用，具体表现为我国对公司设立采用了以严格准则设立原则为主，核准设立原则为辅的公司设立原则。这体现在《公司法》第 6 条的规定之中。《公司法》第 6 条规定："设立公司，应当依法向公司登记机关申请设立登记。符合本法规定的设立条件的，由公司登记机关分别登记为有限责任公司或者股份有限公司；不符合本法规定的设立条件的，不得登记为有限责任公司或者股份有限公司。法律、行政法规规定设立公司必须报经批准的，应当在公司登记前依法办理批准手续。"通过该条规定，我们不难发现，严格准则设立原则是公司设立的一般原则，只有当法律有明文规定对特殊行业设立公司需要审批时，才适用核准设立原则。比如，银行、保险、证券等行业公司的设立，相关法律对其规定有专门的审批程序。

三、公司设立的方式

公司的设立方式实质是指公司初始资本的形成途径问题。公司的初始资本是否完全由发起人认购，会导致公司设立方式的不同。以此为标准，公司立法上将公司的设立方式分为发起设立和募集设立两种。我国也采用了相同的法律规定。《公司法》第 78 条第 1 款规定："股份有限公司的设立，可以采取发起设立或者募集设立的方式。"

（一）发起设立

根据《公司法》第 78 条第 2 款的规定，发起设立，是指由发起人认购公司应发行的全部股份而设立公司。

由上述规定可知，采用发起设立方式设立公司，无须向发起人以外的其他人（在公司法中特指社会公众）募集资金，发起人的出资即可构成公司的全部初始资本总额。整个公司设立行为不会直接涉及到社会公众的利益。据此，我们可以得出两点结论：①采用发起设立时，公司设立成本不会过高。不直接涉及社会公众利益，公司设立就会较少受到政府的干预，公司设立事项较为简单，公司设立的周期较短，公司设立费用较低。②发起设立只适合于封闭式公司。在我国，发起设立主要适用于有限责任公司，同时也适用于没有上市的股份有限公司。

（二）募集设立

根据《公司法》第 78 条第 3 款的规定，募集设立，是指由发起人认购公司应发行股份的一部分，其余股份向社会公开募集或者向特定对象募集而设立公司。

由上述规定可知，募集设立又可以分为社会募集和定向募集两种。社会募集是指公司发行的股份除由发起人认购外，其余股份应向社会公开发行。定向募集是指公司发行的股份除由发起人认购外，其余股份不向社会公开发行，而是向特定对象发行的募集设立方式。

由于采用募集设立的公司在公司设立时向发起人以外的其他人募集资金，因此，我们说募集设立适用于股份有限公司等非封闭式公司，而不适用于有限责任公司。其中，采取社会募集设立的股份有限公司，称为社会募集公司，即我国公司法中所规定的上市公司；采取定向募集设立的股份有限公司，称为定向募集公司。

与发起设立相比较，募集设立能够通过向社会公众或者特定对象发行股份而募集更多的资金，从而使公司能够募集更多的资本，有利于集中社会资金设立更大规模的公司，有利于社会经济的发展。但公开募集社会资金存在的社会风险需要控制，否则会损害社会公众投资者的利益。因为，一方面发起人会受到公开募集公司溢价发行股票形成的创设利润的诱惑实施一些短期套利行为，另一方面社会公众投资者对公司情况不完全了解且控制力弱，发起人有可能利用公开募集方式损害社会公众投资者利益。所以应对募集设立发起人认购的股份比例有一个最低的限制，以保证发起人和公司之间有较为合适的经济利害关系度，保证发起人对公司设立持有应有的谨慎态度，保证公司募集成功后的可持续发展。为此，《公司法》第85条规定："以募集设立方式设立股份有限公司的，发起人认购的股份不得少于公司股份总数的35%；但是，法律、行政法规另有规定的，从其规定。"应注意的是所谓的发起人认购的股份不少于35%，应理解为所有发起人认购的股份的总额，而不是某一个发起人认购的股份额。法律没有必要对每一个发起人应当认购的股份的总额或比例给予一个明确规定。

第二节　公司设立的条件

公司的特征之一就是依法设立，其中当然包括设立条件的法定性。我国公司法也不例外，其分别规定了有限责任公司和股份有限公司的设立条件。

一、有限责任公司设立的条件

我国《公司法》第23条规定："设立有限责任公司，应当具备下列条件：①股东符合法定人数；②股东出资达到法定资本最低限额；③股东共同制定公司章程；④有公司名称，建立符合有限责任公司要求的组织机构；⑤有公司住所。"

（一）股东符合法定人数

《公司法》第24条规定："有限责任公司由50个以下股东出资设立。"

1. 我国《公司法》对有限责任公司的股东人数的上限作了严格限定，即不超过50人。这主要是为了维护有限责任公司股东之间的人合性，防止过多的股东会影响股东之间的交流沟通，损害股东之间的应有的人合性关系。

2. 有限责任公司股东人数没有下限。换句话讲，一个自然人或法人可以单独设立一人公司。这是现行《公司法》对一人公司是有限责任公司的特殊种类的承认的体现，也是中国公民和外商投资者具有平等投资地位的承认的体现。

(二) 股东出资达到法定资本最低限额

所谓法定资本最低限额，是指公司成立所必须具备的公司法明文规定的公司应具有的最低资本总额。这里所讲的股东出资达到法定资本最低限额，就是指所有股东出资的总额应达到成立公司的最低出资总额。

我国《公司法》将资本额看作是公司对外承担债务的基本条件，始终强调公司必须具备一定数额的注册资本。该条款的法律意义在于为了保护股东和债权人的合法权益，防止滥设公司，保障公司的偿债能力和社会交易安全。

我国《公司法》第 26 条第 2 款规定："有限责任公司的注册资本的最低限额为人民币 3 万元。法律、行政法规对有限责任公司注册资本的最低限额有较高规定的，从其规定。"这一规定指明股东出资总额达到人民币 3 万元即符合设立有限责任公司的最低资本额规定。特定行业的有限责任公司注册资本最低限额高于上述规定的，由法律、行政法规另行规定。例如《公司法》第 59 条规定，一人有限责任公司的注册资本最低限额为人民币 10 万元。股东应当一次足额缴纳公司章程规定的出资额。

(三) 股东共同制定公司章程

公司章程是公司设立、存续、发展、变更、消灭的基本规则，也是公司登记成立的必备条件。缺少公司章程，公司不能设立。公司章程涉及到全体股东权利和义务，需要全体股东进行协商，达成一致，故法律规定公司章程由全体股东共同制定，并签名确认。

(四) 有公司名称，建立符合有限责任公司要求的组织机构

设立公司必须有自己的名称。公司是独立的法人，具有独立的人格，需要有自己的名称。在实践中，为了区别于其他民事主体，与其他民事主体进行经济交往，也需要自己独立的名称。同时，这也是便于司法管辖、工商、税收、产品质量等行政管理的需要。因此，公司名称在立法上是公司设立中必须登记的法定事项。另外，法律对公司名称的构成也作了具体的规定。《公司法》第 8 条第 1 款规定："依照本法设立的有限责任公司，必须在公司名称中标明有限责任公司或者有限公司字样。"第 211 条规定："未依法登记为有限责任公司或者股份有限公司，而冒用有限责任公司或者股份有限公司名义的，或者未依法登记为有限责任公司或者股份有限公司的分公司，而冒用有限责任公司或者股份有限公司的分公司名义的，由公司登记机关责令改正或者予以取缔，可以并处 10 万元以下的罚款。"

设立公司也必须有自己的组织机构。公司是独立的法人，具有自己独立的意思形成能力和行为能力，这必然要借助于一定的公司机构的存在，故公司法规定了职权分工明确、相互监督、相互制约的公司组织机构，一般需要设立股东会、董事会、监事会等公司组织机构，使公司具备意思能力、执行能力，便于对外实施行为。没有意思机关、执行机关、监督机关就不能形成相互监督、相互制约完善的法人治理结构。这是公司作为法人组织的要件，也是公司进行经营管理和从事经营活动的基础性要件。

（五）有公司住所

公司住所是其主要办事机构所在地。

对于公司住所而言，公司刚刚成立时，业务上没有完全展开，所以法律仅仅要求公司有住所，除此之外，没有要求住所必须长期固定不变，也没有要求住所必须为股东自己所拥有，更没有要求住所必须达到一定的规模等。因此，只要住所为拟设立的公司办公所需，能实现法律上的目的即可。当然，法律对能作为特定公司的住所，也有特定的限制。

不同于公司的生产经营场所可以有多个，公司住所只能有一个，具有唯一性。

二、股份有限公司设立的条件

《公司法》第77条规定："设立股份有限公司，应当具备下列条件：①发起人符合法定人数；②发起人认购和募集的股本达到法定资本最低限额；③股份发行、筹办事项符合法律规定；④发起人制订公司章程，采用募集方式设立的经创立大会通过；⑤有公司名称，建立符合股份有限公司要求的组织机构；⑥有公司住所。"

（一）发起人符合法定人数

《公司法》第79条规定："设立股份有限公司，应当有2人以上200人以下为发起人，其中须有半数以上的发起人在中国境内有住所。"

1. 发起人是指股份有限公司的创办人、设立人，是按照《公司法》的规定签署发起人协议、制订公司章程、认购公司股份、实施公司设立事项并对其设立行为承担相应法律责任的人。

2. 股份有限公司的发起人人数最少为2人，最多为200人。与原有《公司法》相比，发起人人数从5人降为2人，体现了鼓励投资的立法价值取向。发起人最高人数为200人，是为了防止发起人恶意逃避法律对公司募集设立的严格规定，以不特定的社会公众为发起人实施公司发起设立，变相进行资本募集的行为。如果发起人人数过多，形式上的发起设立本质上已经具有了公众性，不应再适用发起设立的规定。因此，我国新《公司法》在确定发起人人数时，将200人设定为上限。

3. 股份有限公司发起人须有过半数在中国境内有住所。但这并不禁止外国公民或法人成为中国公司的发起人。需指出的是这一限制规定已被多数国家或地区所放弃。

（二）发起人认购和募集的股本达到法定资本最低限额

这里的法定资本最低限额，根据我国《公司法》第81条第3款规定："股份有限公司注册资本的最低限额为人民币500万元。法律、行政法规对股份有限公司注册资本的最低限额有较高规定的，从其规定。"

该条款中所谓的法律、行政法规是指我国《中华人民共和国保险法》（以下简称《保险法》）、《中华人民共和国商业银行法》（以下简称《商业银行法》）、《中华人民共和国证券法》（以下简称《证券法》）等对特殊类型股份有限公司的最低资本限额作了特别规定的法律、行政法规。如《保险法》第73条规定，设立保险公司应当采取股份有限公司或国有独资公司的组织形式。设立保险公司，其注册资本最低限额为人民币2亿元。保险公司注册资本最低限额必须为实缴货币资本。保险监督管理机构根据保险公司业务范围、经营规模，可以调整其注册资本的最低限额。但是，不得低于第1款规定的限额。[1]

由于股份有限公司既可以采用发起设立方式，也可以采用募集设立方式，所以发起设立的公司，全体发起人认缴的股本总额一般不得低于人民币500万元；募集设立的公司，全体发起人认缴的股本额加上社会公众或特定对象认购的股本额之和不得低于人民币500万元，否则公司不具备成立要件。

（三）股份发行、筹办事项符合法律规定

募集设立的股份有限公司具有公众性尤其是向社会公众募集的股份有限公司，为了保护社会公众的利益，公司法对股份有限公司股份发行的条件、程序作了严格的规定。除了符合《公司法》公司的设立（第四章第一节）和股份的发行（第五章第一节）的规定外，还应符合其他有关的单行法律法规，如《证券法》等法律法规的规定。不仅有股份发行的原则、条件、方式、价格等实体方面的规定，也有股份发行的审批、募集等程序方面的规定。否则，公司不能成立。

（四）发起人制订公司章程，采用募集方式设立的经创立大会通过

股份有限公司可采用发起设立和募集设立两种方式，所以公司章程的制定过程并不完全相同。但不管采用哪种方式，公司章程均须由发起人起草制订。由于发起设立的股份有限公司的初始股东仅限于发起人，投资者并没有社会化，因此，发起人制订的章程文本就是公司登记时的文本。全体发起人在公司章程上签字或者盖章，就标志着章程制定程序的结束。但是，通过募集设立的股份有限公司的初始股东不仅有发起人，还有众多的其他认股人，发起人制订的公司章程能否为公司设立时的其他投资者接受，需要一个确认的机制。因此，在公司申请设立登记之前，必须召开创立大会通过方为有效。

（五）有公司名称，建立符合股份有限公司要求的组织机构

同有限责任公司一样，作为独立法人的股份有限公司也应当具有自己的名称，并建立起符合法律规定的组织机构。需指出的是，不同种类的公司应使用不同类型的名称。如《公司法》第8条第2款规定："依照本法设立的股份有限公司，必须在公司名称中标明股份有限公司或者股份公司字样。"第211条规定："未依法登记为有限责任公司或者股份有限公司，而冒用有限责任公司或者股份有限公司名义的，或者未依法登记为有限责任公司或者股份有限公司的分公司，而冒用有限责任公司或者股份有限公司的分公司名义的，由公司登记机关责令改正或者予以取缔，可以并处10万元以下的罚款。"

由于股份有限公司是典型的资合性公司，法律对股份有限公司的组织机构作出了比

---

[1]《保险法》第73条。

有限责任公司更为严格的强制性规定。

（六）有公司住所

法律对股份有限公司"有公司住所"的设立条件，同有限责任公司的基本规定。可参见有限责任公司设立的条件。

第三节 公司设立的程序

公司设立程序是发起人实施设立行为的步骤。公司设立程序因公司种类和设立方式不同而有所不同。一般来讲，有限责任公司都是采用发起设立方式设立，设立程序较为简单，而股份有限公司则可以采取募集设立方式设立，设立程序较为复杂。我国公司法根据公司种类的不同对有限责任公司和股份有限公司的设立程序分别作出规定，并根据设立方式的不同对发起设立的股份有限公司和募集设立的股份有限公司的设立程序作出区分。

一、有限责任公司的设立程序

我国《公司法》第二章第一节规定了有限责任公司的设立问题。综合该节的规定和相关的法律法规规定，有限责任公司的设立一般应经过下列程序：

（一）发起人实施发起行为

发起人，也称公司创办人，通常是在公司章程中签字或盖章，认购公司资本，执行公司设立事务的人。一般在公司成立后成为公司的股东。

发起人实施发起行为是有限责任公司设立的第一个步骤，属公司设立的起始阶段。这包括：公司设立意向的产生、公司设立的调查咨询、可行性分析和预测、发起人协议的签订等。

其中，最为重要的是签订发起人协议。发起人协议的主要内容包括公司经营的宗旨、项目、范围和生产规模、注册资本、投资总额及各方出资额、出资方式、经营管理、盈余的分配和风险分担的原则以及其他设立筹备工作等，以明确发起人在公司设立过程中各发起人权利义务。它对以后的公司设立行为有重要的意义。发起人协议在法律性质上被视为合伙协议。

应注意法律虽没有明确规定设立内资有限责任公司发起人必须签署发起人协议，但实践中一般应当如此，有时发起人协议的内容也会以发起人会议决议的方式表现出来。但按照《中外合资经营企业法》的规定，中外合资经营的有限责任公司发起人依法应当签署发起人协议。[1]

---

[1] 《中外合资经营企业法》第3条规定，合营各方签订的合营协议、合同、章程，应报国家对外经济贸易主管部门审查批准。审查批准机关应在3个月内决定批准或不批准。合营企业经批准后，向国家工商行政管理主管部门登记，领取营业执照，开始营业。

（二）申请名称预先核准

依据《中华人民共和国公司登记管理条例》（以下简称《公司登记管理条例》）的规定，设立有限责任公司应当申请名称预先核准。故申请名称预先核准是公司设立的必经程序。

对于两类公司的设立必须在设立审批之前履行公司名称预先核准登记程序。如《公司登记管理条例》第 17 条规定："设立公司应当申请名称预先核准。法律、行政法规或者国务院决定规定设立公司必须报经批准，或者公司经营范围中属于法律、行政法规或者国务院决定规定在登记前须经批准的项目的，应当在报送批准前办理公司名称预先核准，并以公司登记机关核准的公司名称报送批准。"对不需要履行设立审批手续的公司，为了保证公司名称的合法性、确定性，以及其他公司设立行为的顺利进行，应尽早进行公司名称的预先核准申请工作。

设立有限责任公司，应当由全体股东指定的代表或者共同委托的代理人向公司登记机关申请名称预先核准。一般应当持有全体股东签署的公司名称预先核准申请书、股东的法人资格证明或者自然人的身份证明以及公司登记机关要求提交的其他文件。

公司登记机关应当自收到上述所列文件之日起 10 日内作出核准或者驳回的决定。公司登记机关决定核准的，应当发给《企业名称预先核准通知书》。

预先核准的名称保留期为 6 个月。预先核准的公司名称在保留期内，不得用于从事经营活动，不得转让。

（三）股东共同制定公司章程

公司章程是公司设立必须具备的法律文件，它既是公司设立的依据，也是公司成立后规范公司及相关主体行为的法律文件。

这里所说的制定公司章程的股东，并不是公司成立后相对于公司而存在的严格意义上的股东，而是设立公司的投资者，即发起人。所谓的共同制定公司章程，其本质含义是指公司章程应为所有发起人认可。因此所有发起人应在章程上签字盖章。至于每一个发起人是否都需要参与章程的起草讨论，并不必要。只要发起人能够共同认可，章程完全可以委托有关人员拟定。

章程的拟定应当按照法律、法规规定的内容进行。

（四）申请设立审批

所谓设立审批，是指公司设立登记前，依法律、行政法规的规定必须报经政府主管部门或政府授权部门审查批准的程序。

并非所有的公司设立都需要历经该程序。一般情况下，符合公司法规定的公司设立条件的，可分别登记为有限责任公司或者股份有限公司。但根据《公司法》第 6 条第 2 款的规定："法律、行政法规规定设立公司必须报经批准的，应当在公司登记前依法办理批准手续。"这就是所谓的设立审批手续。依我国有关法律法规的规定，设立有限责任公司需要办理批准的主要有两大类：

1. 法律、法规规定必须经批准的。如中外合营的有限责任公司是中外合营企业采取的形式之一。根据《中外合资经营企业法》第3条规定："合营企业经批准后，向国家工商行政管理主管部门登记，领取营业执照，开始营业。"对于这类公司，即使其经营项目属于国家鼓励、允许的行业，符合国家指导外商投资方向的规定及外商投资产业指导目录，依然需要经过国家对外经济贸易主管部门审查批准才能登记营业执照。

2. 公司营业项目中有必须报经批准的事项。如依照《中华人民共和国烟草专卖法》（以下简称《烟草专卖法》）的规定，设立的公司有烟草买卖经营项目，必须经过国家烟草管理部门批准方可设立；又如生产经营易燃易爆物品，经营刻字、印刷、复印经营项目，应当经过公安机关审批。

（五）缴纳出资并进行验资

公司是以投资为基础的社团法人，没有资本不能存在和发展，因此对于公司资本的形成，法律明确规定缴纳出资和对出资进行检验是公司设立的必要步骤，是公司成立的必备条件。我国的《公司法》、《公司登记管理条例》以及国家工商行政管理部门颁布的相关规章分别对有限责任公司股东出资的缴纳要求、出资的方式以及验资问题等作了明确规定。

具体内容参见本书公司资本制度中的"公司出资"一节中的相关内容。

（六）组建公司机关

公司机关是公司作为法人而应当具备的必要条件。公司机关是公司意思能力和行为能力的载体，因此在申请登记前必须具备才有可能登记为法人。

我国《公司法》及相关规定没有明确规定发起人应在何时组建公司机关。本书认为在股东缴纳出资并进行验资后和办理公司登记前较为合适。原因有二：①此时能够确认股东之间的权利义务，有利于组织机构的选举；②基于公司登记材料的事实基础的需要。

（七）申请设立登记

公司登记是依申请而实施的行政行为。申请设立登记行为是公司登记的条件行为。没有公司登记申请行为，公司登记就丧失了行为基础。

《公司登记管理条例》明确规定了公司申请登记的受理机关、申请人、申请时间、申请所需提交的文件等。

1. 登记受理机关。《公司登记管理条例》第4条和第5条规定了工商行政管理机关是公司登记机关。下级公司登记机关在上级公司登记机关的领导下开展公司登记工作。国家工商行政管理总局主管全国的公司登记工作。同时该法第6条至第8条规定了国家工商行政管理局、省级工商行政管理局、设区的市和县级工商行政的登记管辖权限。[1]

2. 申请人。设立有限责任公司，一般应当由全体股东指定的代表或者共同委托的代理人向公司登记机关申请设立登记。设立国有独资公司，应当由国务院或者地方人民政府授权的本级人民政府国有资产监督管理机构作为申请人，申请设立登记。

3. 申请登记的时间。申请设立登记一般应在名称预先核准的保留期内进行，但法律、行政法规或者国务院决定规定设立有限责任公司必须报经批准的，应当自批准之日起90日内向公司登记机关申请设立登记；逾期申请设立登记的，申请人应当报批准机关确认原批准文件的效力或者另行报批。

4. 申请登记所需文件。申请设立有限责任公司，应当向公司登记机关提交下列文件：①公司法定代表人签署的设立登记申请书；②全体股东指定代表或者共同委托代理人的证明；③公司章程；④依法设立的验资机构出具的验资证明，法律、行政法规另有规定的除外；⑤股东首次出资是非货币财产的，应当在公司设立登记时提交已办理其财产权转移手续的证明文件；⑥股东的主体资格证明或者自然人身份证明；⑦载明公司董事、监事、经理的姓名、住所的文件以及有关委派、选举或者聘用的证明；⑧公司法定代表人任职文件和身份证明；⑨企业名称预先核准通知书；⑩公司住所证明；⑪国家工商行政管理总局规定要求提交的其他文件。

（八）核准登记、颁发营业执照和公告

公司登记机关依法对公司设立申请进行审查。根据《公司登记管理条例》第52条的规定，一般审核申请人的申请文件、材料是否齐全，是否符合法定形式，是否需要复核。如果申请文件、材料齐全，符合法定形式，且认为不需要复核的，公司登记管理机关，应依法受理公司设立登记申请。并按照相关的规定，分别登记为有限责任公司或股份有限公司。

公司登记管理机关除了对申请人到公司登记机关提出的申请予以受理的，并应当当场作出准予登记的决定外，公司登记机关决定予以受理的，应当出具《受理通知书》；决定不予受理的，应当出具《不予受理通知书》，说明不予受理的理由，并告知申请人享有依法申请行政复议或者提起行政诉讼的权利。申请人可以对公司登记机关作出的

---

[1] 《公司登记管理条例》第6条规定："国家工商行政管理总局负责下列公司的登记：①国务院国有资产监督管理机构履行出资人职责的公司以及该公司投资设立并持有50%以上股份的公司；②外商投资的公司；③依照法律、行政法规或者国务院决定的规定，应当由国家工商行政管理总局登记的公司；④国家工商行政管理总局规定应当由其登记的其他公司。"第7条规定："省、自治区、直辖市工商行政管理局负责本辖区内下列公司的登记：①省、自治区、直辖市人民政府国有资产监督管理机构履行出资人职责的公司以及该公司投资设立并持有50%以上股份的公司；②省、自治区、直辖市工商行政管理局规定由其登记的自然人投资设立的公司；③依照法律、行政法规或者国务院决定的规定，应当由省、自治区、直辖市工商行政管理局登记的公司；④国家工商行政管理总局授权登记的其他公司。"第8条规定："设区的市（地区）工商行政管理局、县工商行政管理局，以及直辖市的工商行政管理分局、设区的市工商行政管理局的区分局，负责本辖区内下列公司的登记：①本条例第6条和第7条所列公司以外的其他公司；②国家工商行政管理总局和省、自治区、直辖市工商行政管理局授权登记的公司。前款规定的具体登记管辖由省、自治区、直辖市工商行政管理局规定。但是，其中的股份有限公司由设区的市（地区）工商行政管理局负责登记。"

《不予受理通知书》依法申请行政复议或者提起行政诉讼。

在受理设立申请后，公司登记机关可依法作出准予公司设立登记的决定或者是不予登记的决定。公司登记机关作出准予公司设立登记决定的，应当出具《准予设立登记通知书》，告知申请人自决定之日起10日内，领取营业执照；营业执照的签发日期为有限责任公司的成立日期。自成立之日起公司取得法人资格，可以公司名义对外从事经营活动。凭登记机关颁发的企业法人营业执照，公司可以刻制印章、开立银行账户、申请纳税登记。公司登记机关作出不予登记决定的，应当出具《登记驳回通知书》，说明不予核准、登记的理由，并告知申请人享有依法申请行政复议或者提起行政诉讼的权利。申请人可以对公司登记机关作出的《登记驳回通知书》依法申请行政复议或者提起行政诉讼。

公司经核准登记注册后，由登记主管机关发布公告。

二、股份有限公司的设立程序

依我国《公司法》的有关规定，股份有限公司的设立程序因设立方式不同而有所不同，它可分为发起设立程序和募集设立程序两类。

采取发起设立的股份有限公司的设立程序与有限责任公司的设立程序相比较，基本相似。与采取募集设立的股份有限公司的设立程序相比较，除了公司资本的形成有较大的差异外，其他方面也基本相似。本书将以股份有限公司的募集设立程序为主对股份有限公司的设立程序进行阐述。

（一）股份有限公司的募集设立程序

尽管股份有限公司的募集设立程序同有限责任公司的发起设立程序有较大的不同，但它们之间在发起人实施发起行为、申请名称预先核准、申请设立审批、核准登记、颁发营业执照等方面具有相同性，故不再详细阐述，重点介绍的是股份有限公司募集设立程序的特殊环节和特殊规定。

一般而言，股份有限公司的募集设立程序包括以下步骤：

1. 发起人实施发起行为。股份有限公司发起人实施发起行为的内容基本与有限责任公司发起人的发起行为主要内容相同，但会因为股份有限公司募集设立的工作较为复杂而相对复杂。

2. 申请名称预先核准。与有限责任公司的名称预先核准程序相同，它也是股份有限公司设立的必经程序，同样涉及申请时间、申请人、申请文件、名称核准及预先核准的公司名称的法律效力等问题。应当指出的是，设立股份有限公司的申请人是由全体发起人指定的代表或者共同委托的代理人，他们负责向公司登记机关申请名称预先核准，而不是像有限责任公司那样，由全体股东指定的代表或者共同委托的代理人。

3. 发起人共同制订公司章程。募集设立的股份有限公司章程的制订不同于有限责任公司章程的制定。募集设立的股份有限公司的章程应先由发起人协商一致制订，而后由创立大会决议通过。因为，此时的公司初始股东不仅有发起人，还有众多的认股人，公司的股东已经社会化，公司已成为开放式的公众性公司。发起人制订的公司章程能否为公司设立的所有投资者，包括认股人接受，需要公司创立大会表决通过。因此，在公司申请设立登记之前，公司章程必须依法召开创立大会，经出席会议的认股人依法审议、表决通过，才能形成公司设立阶段的所有投资者的共同意志。

4. 申请设立审批。2005 年修正前的《公司法》规定，凡是设立股份有限公司，必须经过国务院授权的部门或者省级人民政府批准。2005 年修正后的《公司法》取消了这一规定。目前，股份有限公司的设立审批程序，已同有限责任公司一样，是否需要审批取决于法律、法规的规定。

5. 股份的认购与募集。

（1）发起人认购股份。《公司法》第 85 条的规定："以募集设立方式设立股份有限公司的，发起人认购的股份不得少于公司股份总数的 35%；但是，法律、行政法规另有规定的，从其规定。"该条从另一方面限定股份有限公司对社会公开募集资金不得超过公司注册资本的 65%。同时，公司法有关条文规定发起人认购的股份应当在公司成立时足额缴纳，其目的是为了保证发起人对公司设立持应有的谨慎，以及对公司经营管理的谨慎，以保护广大投资者的利益。

（2）公开募集股份。公开募集股份关系到社会公众利益和社会经济运行，影响较大，所以《公司法》第 84～89 条对公开募集股份程序作了严格规定。主要有以下步骤：

第一，需经国务院证券监管部门批准。即发起人应向国务院证券管理部门提出募股申请及相关文件，由证券监管机构审核后作出批准或不予批准公开募集股份的决定。未经国家证券监管部门批准，发起人不得向社会公开募集股份。这是公开募集股份的必经程序。

在这一程序中涉及到申请人的申请行为和证监会的核准行为。

发起人向证监会提出申请，必须递交募股申请，并报送公司章程、发起人协议、发起人身份证明文件及认购的股份数额与出资种类及验资证明、招股说明书、代收股款银行的名称及地址、股票承销机构的名称及有关的协议文件等。

招股说明书是为了让社会公众了解公司的实际情况，保护社会认股人的利益，防止发起人以欺骗手段招募股份的重要法律文件。招股说明书应附有公司章程，并按照公司法的规定载明以下事项：发起人认购的股份数；每股的票面金额和发行价格；无记名股票的发行总数；认股人的权利、义务；本次募股的起止期限及逾期未募足时认股人可撤回所认股份的说明等事项。

股票承销协议，指公司为发起人向社会公众募集股份而与依法设立的证券承销机构（承销商）签订的代销或包销股票的协议书。

代收股款协议，即发起人依法与银行签订的代收股款协议。银行根据此协议负有代收和保存股款、向缴纳股款的认股人出具单据、向有关部门出具收款证明的义务。

证监会接到发起人的申请和有关文件后，应进行审查。

对符合公司法规定条件的募股申请，予以批准；对不符合公司法规定条件的募股申请，不予批准；对已作出的批准，如果发现不符合公司法规定的，则应予以撤销；对被撤销的批准，尚未募集股份的，停止募集，已经募集的，认股人可以按照所缴股款并加算银行同期存款利息，要求发起人返还。

　　第二，公告招股说明书。发起人在获得国家证券监管部门允许公开发行股票的核准决定后，应依法公告招股说明书，邀约公众认股。

　　第三，制作认股书。根据《公司法》第 86 条的规定，发起人还应制作认股书，在认股书上载明发起人认购的股份数、每股的票面金额和发行价格、无记名股票的发行总数、募集资金的用途、认股人的权利、义务以及本次募股的起止期限及逾期未募足时认股人可以撤回所认股份的说明等内容。

　　认股人决定认股时，可依法在认股书上填写所认股数、金额以及认股人的住所，并在认股书上签名、盖章。从法律上看，认股人一旦填写了认股书，就应当按所认股份数承担缴纳股款的义务，否则将构成违约。

　　第四，证券经营机构承销。《公司法》第 88 条规定，发起人向社会公开募集股份，应当通过依法设立的证券经营机构承销。即发行人必须通过依法设立的证券经营机构公开募集股票，而不得自己销售或通过其他途径销售。证券经营机构承销的方式主要有两种，代销和包销。不管哪种方式，承销的最长期限，不得超过 90 天。并应在承销期满后 15 日内，将证券承销情况向证券监管部门备案。

　　第五，缴纳股款。认股人认购股份后，就应当依法缴纳自己所认购股份的全部股款。认股款的缴纳应当依照公司法的规定缴纳，代收股款的银行应当按照协议代收和保存股款，向缴纳股款的认股人出具收款单据，并负有向有关部门出具收款证明的义务。所谓的有关部门，指公司登记管理机关、证券监管机构、税务、会计师事务所、律师事务所等。

　　发起人、认股人缴纳股款或者交付抵作股款的出资后，除未按期募足股份、发起人未按期召开创立大会或者创立大会决议不设立公司的情形外，不得抽回其股本。

　　6. 组建公司机关。股份有限公司的组织机构由公司的创立大会选举产生。

　　（1）创立大会召开的时间。根据公司法规定，发行股份的股款缴足后，必须经依法设立的验资机构验资并出具证明。发起人应当自股款缴足之日起 30 日内主持召开公司创立大会，[1] 并应当在创立大会召开 15 日前将会议日期通知各认股人或者予以公告。

　　（2）创立大会的组成人员。创立大会由发起人、认股人组成。所有认购公司股份并缴足股款的人都有权参加创立大会。

　　（3）创立大会行使下列职权：①审议发起人关于公司筹办情况的报告；②通过公司章程；③选举董事会成员；④选举监事会成员；⑤对公司的设立费用进行审核；⑥对发起人用于抵作股款的财产的作价进行审核；⑦发生不可抗力或者经营条件发生重大变化直接影响公司设立的，可以作出不设立公司的决议。

　　（4）创立大会股东出席的法定比例及会议决议规则。创立大会应有代表股份总数过半数的发起人、认股人出席，方可举行。创立大会对职责内的事项作出决议时必须经出席会议的认股人所持表决权过半数通过。可见，创立大会的召开和决议的做出均采用简

────────────

〔1〕《公司法》第 90 条第 2 款规定："发行的股份超过招股说明书规定的截止期限尚未募足的，或者发行股份的股款缴足后，发起人在 30 日内未召开创立大会的，认股人可以按照所缴股款并加算银行同期存款利息，要求发起人返还。"

单多数原则，这有利于公司设立效率的提高。

7．申请设立登记。有限责任公司的设立登记规则基本适用于股份有限公司。《公司法》和《公司登记管理条例》的相关规定仅在以下方面另外作了规定：申请人为发起人指定的代表或者共同委托的代理人。

申请设立公司应提交的文件。《公司法》第93条规定："董事会应于创立大会结束后30日内，向公司登记机关报送下列文件，申请设立登记：①公司登记申请书；②创立大会的会议记录；③公司章程；④验资证明；⑤法定代表人、董事、监事的任职文件及其身份证明；⑥发起人的法人资格证明或者自然人身份证明；⑦公司住所证明。以募集设立方式设立股份有限公司公开发行股票的，还应当向公司登记机关报送国务院证券监督管理机构的核准文件。"

8．核准登记、颁发营业执照、公告。登记机关对于符合法律规定条件的设立申请，予以登记，发给营业执照。营业执照的签发日期，为公司成立日期。具体可参照有限责任公司的相关规定。

（二）发起设立的股份有限公司的设立程序

如上文所述，发起设立的股份有限公司的设立程序与有限责任公司的设立程序较为相似，与募集设立的股份有限公司的设立程序的差异主要表现在公司股本的形成方面。

如果概括阐述发起设立股份有限公司的设立程序，我们认为其主要包括：发起人实施发起行为、申请名称预先核准、发起人共同制定公司章程、申请设立审批、缴纳出资并进行验资、组建公司机关、申请设立登记、核准登记颁发营业执照并公告等八个步骤。在这八个步骤中，只有"公司章程"和"资本的形成"两个方面与募集设立的股份有限公司设立程序不同（其他基本相同）。在发起设立的股份有限公司中，公司成立后的公司初始股东一般都是发起人，除此之外没有其他认股人，所有公司的初始股东还是发起人，投资者并没有社会化。因此，发起人所制定的章程已经反映了公司设立时的所有投资者的意志。所有发起人制定的章程文本就是公司登记前的最后文本。全体发起人在公司章程上签字或者盖章，就标志着章程制定程序的结束。另外，公司资本的形成仅来源于发起人，不需要公开募集资本，股东按照公司法的规定和章程的约定缴纳所认购的资本即可。

第四节　公司设立中的主要法律文件

公司设立涉及多项法律文件，本书认为对公司设立有重要现实指导意义的法律文件主要有发起人协议和公司章程两个。由于多数公司法初学者易对这两个法律文件的作用和意义产生模糊认识，因此就这两个问题重点进行比较分析和阐述。

一、公司发起人协议

（一）公司发起人协议的含义

公司发起人协议，又称为公司设立协议，是指发起人为了设立公司而订立的就公司设立中发起人权利义务关系和公司设立相关事项达成意思表示一致的合同行为。它只规范发起阶段发起人之间的权利义务关系，在性质上被认为是合伙协议。

公司发起人协议是保证公司设立顺利进行的一项重要文件，是解决公司设立失败纠纷的重要依据，也是保障公司和股东利益的有力保障。

（二）公司发起人协议的基本内容

一般来讲，公司发起人协议包括如下内容：①发起人及发起人代表的姓名、住所、身份等基本情况；②拟设立公司的名称、住所和经营范围等；③公司注册资本（及发行的股份总数）、各发起人认购出资额或股份的数额及其比例；④设立方式、出资方式、期限等；⑤发起人的权利、义务；⑥公司筹备组织的组成、人员、报酬等事项或者是发起人内部设立职责的分工；⑦公司设立经费及公司设立不成时费用的承担；⑧协议纠纷解决办法；⑨协议生效、终止的时间和所附的条件；⑩其他与公司设立有关的事项等。

上述内容是发起人协议的主要内容，发起人协议在实践中也应当采用书面形式。但实践中，有的公司，特别是有限责任公司往往因为具有一定的人合性，或者忽视了发起人协议书面形式的重要作用，或者过于简化发起人协议内容使之流于形式。这样就不能清晰划分发起人之间的权利、义务界限，致使各发起人缺乏严格的协议约束，潜在的风险一直存在于发起人之间。一旦当公司设立由于利益纠纷而导致诉讼时，是否违约难以确定，是否应承担赔偿责任也难以确定。应进一步强调的是，发起人协议除了直接调整设立行为外，对发生在设立过程中与保护发起人和公司利益有关的事项也应当给予规范调整。如，对发起人作为出资的专利技术、技术秘密，或者特有的经营管理方式应在发起人协议中作出保密的约定，以防止有的发起人滥用在设立公司中了解的上述信息另起炉灶与公司形成直接竞争关系损害公司利益。

二、公司章程

（一）公司章程的概念

公司章程是指公司必须具备的由发起设立公司的投资者制定的，并对公司、股东、董事、监事、公司高级管理人员具有约束力的调整公司内部组织关系和经营行为的自治规则。

所谓公司的自治规则是指由公司依法制定和修改的对公司及内部主体均具有约束力的规则。它是公司的宪法性质的文件，其地位和约束力高于公司内部的一切规章制度，公司内部的一切规章制度和文件的制定均得符合公司章程的规定，违反公司章程的规定不具有法律效力。

（二）公司章程的性质

所谓公司章程的性质，是指公司章程本质上是契约，还是自治性规则。契约仅仅对契约签订者有约束力，除附有特别生效条件外，契约在签订时生效，而自治性规则不仅对签订者有约束力，同时对相关主体也有约束力。

英美法系国家从发起人的角度看，认为公司章程的制定是基于发起人的共同意思，章程是契约，章程制定后即对发起人产生约束力。因此，仅从发起人的角度讲，章程具有契约的意义。大陆法系国家认为章程不仅约束公司的发起人（章程的制定者），而且也约束公司机关及新加入公司的股东；同时，公司章程是以特别决议修改的，说明特定多数人的意志被视为公司的意志，对公司及公司全体成员具有约束效力，是全体人员的共同行为规则。因此，章程具有自治法规的性质。

我国通说认为，公司章程是公司自治性质的根本规则，但并不排除公司章程对发起人而言具有契约性。

（三）公司章程的主要法律特征

公司章程的主要法律特征表现为章程的法定性、公开性、自治性三个特征。

1. 法定性。所谓法定性是指公司章程的制定、修改、内容、效力和登记均由公司法明确规定。非经依法制定，其内容不具有法律效力；非经法律规定权限程序修改，其内容不得变更；不论发起人如何约定，生效后的章程均对公司、股东、董事、监事、高级管理人员有约束力。

公司章程的法定性特征，反映了国家对于公司组织和行为的干预，其目的是为了使公司法立法目标得以实现。

2. 公开性。公司章程内容不具有秘密性，可为公众所知悉。公开的途径是向登记机关登记。

公司章程的公开性体现在公司章程向政府、股东及潜在的投资者、债权人等第三人传达章程中记载的公司资本、经营范围等信息，在公司、公众、政府三者之间建立的一条信息通道，通过公示保障交易安全，规制公司运行。

我国公司章程的公开性体现了上述特性。如，章程须经登记是向政府公开；股份公司的章程置备于本公司，股东有权查阅，是向没有参加制定公司章程的股东公开；公开发行股票或者公司债券时，将公司章程附在招股说明后面，披露章程内容，是向潜在的投资者公开；公众可以向公司登记机关申请查询公司登记事项，公司登记机关应当提供查询服务，则是明确的向全社会公开。

3. 自治性。章程的自治性主要体现在章程的制定主体、内容、效力等多个方面。如，章程的制定主体是公司发起人或股东，而不是享有公权力的国家机关。又如，章程内容主要限于调整本公司内部组织关系和与组织特点相关的经营行为，而不涉及其他公司。再如，章程的效力依法限于公司、股东、董事、监事、高级管理人员，而不涉及社会其他人员。

总之，公司章程应同时具有以上三个特点。其中，对章程内容和效力具有重大影响的主要是章程的法定性和自治性。

根据公司章程的以上特性,我们得出以下两点认识:①各公司章程内容具有差异性和共同性。首先,基于公司章程的自治性,章程内容具有差异性。因为它是公司设立时的具体的投资者的意思一致表示,或者大多数投资者的意思一致表示的产物。且章程是各个公司的投资者依据本公司的实际情况而制定的,是针对不同公司的股东结构、股权结构、资本结构与规模、所处的行业不同等情况制定的,所以章程内容是不同的,章程规定的行为规则不可能完全相同。其次,基于章程的法定性,章程内容具有共同性。因为章程都是对公司、股东、董事、监事、高级管理人员有约束力的自治性规则,公司法的强制性规定直接成为公司章程的内容,所以章程内容有相当一部分相同。②从章程制定的基础看,章程自治性具有相对性。章程应同时具有法定性、自治性的特征,且章程的制定是依公司法的规定而制定,因此,章程的自治性内容应以不违反法律和行政法规为前提。所以,章程的自治性是相对的。在实践中表现为,章程规定内容与公司法律的规定相违背时,章程规定无效。

(四) 公司章程的内容

公司章程的内容,即公司章程记载的事项。

《公司法》第 25 条第 1 款规定:"有限责任公司章程应当载明下列事项:①公司名称和住所;②公司经营范围;③公司注册资本;④股东的姓名或者名称;⑤股东的出资方式、出资额和出资时间;⑥公司的机构及其产生办法、职权、议事规则;⑦公司法定代表人;⑧股东会会议认为需要规定的其他事项。"

《公司法》第 82 条规定:"股份有限公司章程应当载明下列事项:①公司名称和住所;②公司经营范围;③公司设立方式;④公司股份总数、每股金额和注册资本;⑤发起人的姓名或者名称、认购的股份数、出资方式和出资时间;⑥董事会的组成、职权和议事规则;⑦公司法定代表人;⑧监事会的组成、职权和议事规则;⑨公司利润分配办法;⑩公司的解散事由与清算办法;⑪公司的通知和公告办法;⑫股东大会会议认为需要规定的其他事项。"

依上述公司法对章程记载事项规定的效力不同,我们可将章程内容分为绝对必要记载事项和任意记载事项两类。其中,绝对必要记载事项,是指公司法规定的公司章程必须记载的事项。若不记载或者记载违法,则章程不生效或无效。因此,缺乏绝对必要记载事项的公司章程,应当补齐;记载违法,应当修改。《公司法》第 25 条第 1 ~ 7 项,第 82 条第 1 ~ 11 项均为绝对必要记载事项。任意记载事项,是指必要记载事项之外的,在不违反法律、行政法规强行性规定和社会公共利益的前提下,经章程制定者共同同意自愿记载于公司章程中的事项。对于任意记载事项,公司法只是赋予股东制定权,并不具体提及其内容。是否记入,如何记入完全由股东决定,既使违法也仅仅是该条款无效,不会导致章程无效。《公司法》第 25 条第 8 项,第 82 条第 12 项均为任意必要记载事项。

三、发起人协议与公司章程的关系

在公司设立的过程中先后存在着公司发起人协议和公司章程两个法律文件。正确认识它们之间的关系和区别，对于加深对二者的理解、把握公司设立程序及正确使用发起人协议和公司章程处理设立中的纠纷，具有重要意义。

1. 二者之间具有密切联系。这表现在二者的订立目标一致，均是为设立公司，反映在内容上有许多相同之处。例如，二者均记载有公司名称、住所、注册资本、经营范围、股东构成、出资形式等事项调整各发起人在设立过程中的权利义务、协调各发起人的设立行为。有的发起人为了保障长期合作的继续甚至在发起人协议中还约定未来公司的组织机构、股份转让、增资、减资、合并、分立、终止等事项。实务中，各发起人如无新的约定往往是以设立协议为基础制定公司章程，将设立协议主要内容吸收为公司章程内容给予确认。

2. 两者在性质、形式、效力等方面的法律规定存在不同。

（1）法律属性不同。发起人协议本质上属于契约，属于合伙契约，仅仅对发起人有约束力；而公司章程本质上属于自治性规范，不仅对作为发起人的股东有约束力，还对公司、董事、监事、高级管理人员和公司的其他股东有约束力。但公司章程的自治性属性并不否认章程对制定章程的发起人的契约属性。

（2）是否为公司必备的法律文件，法律规定不同。依据公司法的规定，章程是设立一切公司的必备法律文件，不可缺少；而发起人协议则不是设立一切公司的设立必备法律文件。如法律并没有规定内资有限责任公司设立时必须要提交发起人协议，仅仅规定设立股份有限公司和外商投资的有限责任公司时应当提交发起人协议。

（3）是否为要式性法律文件，法律规定不同。法律明文规定公司章程是要式性法律文件。公司章程内容法定，必须合法；公司章程形式法定，必须采用书面形式。而发起人协议一般是不要式性法律文件，法律不干预其内容，其内容主要由当事人的意思表示决定，设立过程中，发起人如何确认各方权利和义务，一般依照合同法的规则进行。

（4）公司发起人协议与公司章程的效力不同。发起人协议除附有生效条件外，效力自协议签订之日起生效，其调整的对象是基于发起行为而产生的发起人之间的关系。公司章程的生效时间和适用对象范围较为复杂。从时间上看，公司章程制定于公司成立之前。在公司成立之前，章程中仅涉及发起人之间关系的那一部分条款，相当于契约条款，如出资问题，其效力应当在全体发起人（章程的制定者或制订者）签字之日起生效，对各发起人产生约束力。因此，章程中的这部分条款实质上是对发起人协议中相应条款的重新确认。至于涉及发起人以外主体的条款，如对其他股东、公司、董事、监事、高级管理人员等问题的条款由于公司上没有登记，不能生效，因此尽管发起人或全部股东已经签字，由于公司上没有登记而不能生效。这部分条款只能在公司获取营业执照之日起才能产生法律效力。换句话讲，整个公司章程在公司成立后才能生效。

正是通过以上区别，我们可以看出发起人协议和公司章程在公司设立的不同阶段有不同的作用。理解二者的区别和联系，有助于正确处理公司设立过程中的法律问题。

第五节 公司设立的法律后果

公司设立的法律后果，是指公司设立对公司和公司发起人所产生的法律意义。这包括公司能否成立的后果以及设立人行为责任等法律问题。本书认为，设立的法律效力具体可分为以下四种情况。

一、公司设立过程中行为的法律后果

公司设立过程中设立行为所产生的法律后果原则上由成立后的公司承担。公司设立行为是发起人所实施的行为。发起人被认为是设立中公司的组织机构。发起人所实施的行为是设立中公司的行为。符合法定条件的设立中的公司经过法定的程序而被核准登记为依法成立的公司。设立中的公司和成立后的公司是属于同一实体。设立中的公司所实施的行为即公司设立行为，其产生的法律后果当然应当由成立后的公司承担。发起人不再为公司设立行为法律后果负责。

如果设立中的公司未能经过法定的程序而未被核准登记为依法成立的公司，公司设立行为的法律后果当然就不由成立后的公司承担，而只能由设立中的公司承担。但由于设立中的公司没有取得法人资格，设立中的公司不能独立承担责任。当其没有能力为其行为承担责任时，各发起人应对公司设立行为承担无限连带责任。

二、公司设立完成的法律后果

公司依法设立完成后，如果公司设立行为经过公司登记机关审核认为符合公司法规定，公司依法成立，则设立行为的法律后果主要对成立后的公司和发起设立公司的股东产生影响。

（一）公司成为具有民事权利能力和行为能力的独立法人

公司成立后，公司具备了法人主体资格，具有了权利能力和行为能力。公司的权利能力从公司营业执照签发之日开始，至公司注销登记并公告之日终止，但其权利能力依法仍受到一定的限制。主要表现在以下几点：

1. 公司不同于自然人，不能享有与自然人生理特征相关联的人身权利。如不能享有生命权、健康权、肖像权、婚姻权等人身权。

2. 公司权利能力受到《公司法》的特别限制。如《公司法》第15条规定："公司可以向其他企业投资；但是，除法律另有规定外，不得成为对所投资企业的债务承担连带责任的出资人。"又如《公司法》第16条规定："公司向其他企业投资或者为他人提供担保，依照公司章程的规定，由董事会或者股东会、股东大会决议；公司章程对投资或者担保的总额及单项投资或者担保的数额有限额规定的，不得超过规定的限额。公司为公司股东或者实际控制人提供担保的，必须经股东会或者股东大会决议。前款规定的股东或者受前款规定的实际控制人支配的股东，不得参加前款规定事项的表决。该项表

决由出席会议的其他股东所持表决权的过半数通过。"再如《公司法》第116条规定："公司不得直接或者通过子公司向董事、监事、高级管理人员提供借款。"这些规定分别是对公司转投资、担保及借贷等权利能力的限制。

3. 公司权利能力受到公司章程的限制。《公司法》第12条规定："公司的经营范围由公司章程规定，并依法登记。公司可以修改公司章程，改变经营范围，但是应当办理变更登记。公司的经营范围中属于法律、行政法规规定须经批准的项目，应当依法经过批准。"《公司登记管理条例》第73条第1款规定："公司登记事项发生变更时，未依照本条例规定办理有关变更登记的，由公司登记机关责令限期登记；逾期不登记的，处以1万元以上10万元以下的罚款。其中，变更经营范围涉及法律、行政法规或者国务院决定规定须经批准的项目而未取得批准，擅自从事相关经营活动，情节严重的，吊销营业执照。"这表明，公司的权利能力在一定的范围内还受到公司章程的限制。

(二) 成立后的公司依法承担设立行为的法律后果

公司成为具有法人资格的民商事主体，具有了自己独立的名称、组织机构和财产，具有了特定的经营能力。但成立后的公司和成立前设立中的公司本质上属于同一实体，其人员和财产组成并没有发生变化，因此，因公司设立产生的债权债务应直接归属于成立后的公司。

(三) 有限责任公司设立时的股东或股份有限公司的发起人应当对成立后的公司资本充实负有差额填补责任

所谓差额填补责任，是指《公司法》第31、94条对发起人所规定的保证其出资真实、公司资本充实的一种民事责任。

《公司法》第31、94条分别对有限责任公司和股份有限公司的发起人的差额填补责任作了明确规定："有限责任公司成立后，发现作为设立公司出资的非货币财产的实际价额显著低于公司章程所定价额的，应当由交付该出资的股东补足其差额；公司设立时的其他股东承担连带责任。""股份有限公司成立后，发起人未按照公司章程的规定缴足出资的，应当补缴；其他发起人承担连带责任。股份有限公司成立后，发现作为设立公司出资的非货币财产的实际价额显著低于公司章程所定价额的，应当由交付该出资的发起人补足其差额；其他发起人承担连带责任。"

(四) 由于发起人的过错给公司造成损失的应承担损害赔偿责任

《公司法》第95条第3项规定："在公司设立过程中，由于发起人的过失致使公司利益受到损害的，应当对公司承担赔偿责任。"发起人之所以对公司承担损害赔偿责任，是由发起人在设立公司中的职责决定的。在执行公司设立事务中，发起人对设立中的公司负有合理的注意义务。如果违反该义务给设立中的公司造成损失，就应当向公司承担损害赔偿责任。这一规定体现的法律原理当然适用于有限责任公司的发起人。

三、公司设立失败的法律后果

公司未能依法设立，即公司设立失败，必然导致设立行为责任的归属问题。一般来讲，此时发起人设立行为的后果承担包括以下两个方面：

1. 发起人对设立行为所产生的费用和债务负连带赔偿责任。设立行为是发起人为设立公司而实施的行为，在公司不能成立时，发起人应当承担相应的责任。由于发起人之间的关系属于合伙法律关系。因此，发起人就发起行为引起的争议适用合伙的有关规定，由发起人对设立行为所生债务和费用负连带赔偿责任。这种责任的性质属无过错责任，只要公司不成立，公司设立行为所产生的一切费用和债务，就要由发起人承担，至于发起人对费用、债务的产生是否有过错，在所不问。如《公司法》第95条第1项规定，股份有限公司不能成立时，发起人应对设立行为所产生的债务和费用负连带责任。

2. 发起人对认股人已缴纳的股款，负返还股款并加算银行同期存款利息的连带责任。这是指募集设立的股份有限公司发起人应承担的责任。在募集设立公司的情况下，公司的设立也是完全由发起人负责，认股人不参与公司设立筹备事项，对公司的设立失败也不负责。因此，在公司不成立的情况下，发起人应对认股人已缴纳的股款，负有返还股款并加算银行同期存款利息的连带责任。至于发起人相互之间的责任承担，应按其约定或投资比例进行划分。

四、公司设立无效的法律后果

公司设立无效是指虽然公司设立在程序上获得公司登记机关的签发的营业执照，但在公司成立的实质条件或程序方面存在严重缺陷或者瑕疵，而被依法撤销的情形。

我国公司法对公司设立无效的规定体现在《公司法》第199条的规定之中。该条规定："违反本法规定，虚报注册资本、提交虚假材料或者采取其他欺诈手段隐瞒重要事实取得公司登记的，由公司登记机关责令改正，对虚报注册资本的公司，处以虚报注册资本金额5%以上15%以下的罚款；对提交虚假材料或者采取其他欺诈手段隐瞒重要事实的公司，处以5万元以上50万元以下的罚款；情节严重的，撤销公司登记或者吊销营业执照。"可见，对骗取公司登记的公司，我国立法采取的是事后补救办法，而不是一律撤销公司登记或吊销营业执照，只有情节严重的才被作为公司设立无效处理。

【本章知识与技能训练】

一、基本知识训练

1. 重点概念
(1) 公司设立
(2) 公司成立
(3) 核准设立原则
(4) 严格准则设立原则

（5）发起设立

（6）募集设立

（7）设立审批

（8）差额填补责任

（9）公司名称预先核准

2．重点思考题

（1）简述公司设立和公司成立的区别。

（2）简述有限责任公司设立的条件。

（3）简述股份有限公司设立的条件。

（4）简述有限责任公司的设立程序。

（5）简述股份有限公司的设立程序。

（6）简述申请登记所需文件。

（7）简述公司章程的内容。

（8）简述公司章程的概念、性质、主要法律特征、内容。

（9）简述发起人协议与公司章程的关系。

（10）简述公司设立的法律后果。

（11）简述公司权利能力的限制。

（12）简述我国公司的设立方式及其之间的不同，并举例说明。

（13）如何理解发起人发起行为的性质。

（14）依我国公司法的有关规定，公司创立大会的作用有哪些？

（15）简述我国关于公司名称的预先核准的法律规定。

二、基本技能训练

1．甲、乙、丙三人是国企改制时提前退休的职工，又是多年的老朋友。经过多次的沟通协商，欲每人出资50万元筹建一个从事副食零售的公司。经过慎重选址，发现甲所在的新建小区南方家园，人口密度大，小区居民有较高的消费能力，且小区由于刚刚建成，尚没有副食商店。于是，三人决心在南方家园创建副食公司。但具体怎么设立三人一时摸不清头脑。

请问，如果请你为他们提供法律服务，应该指导他们做哪些工作？并准备哪些法律材料？

2．甲、乙、丙三人是居住在临海市花艺苑小区二号楼的邻居。三人拟成立一家从事家政服务的有限责任公司。经过协商，初步决定如下事项：

（1）暂将公司的字号定为洁洁，公司住所设在花艺苑小区，从事保洁等家政服务；

（2）每人出资各占1/3，甲现金出资10万，乙提供价值10万元的办公器具，丙以一辆价值10万的汽车出资，共计30万，并在临时帐户开立之日起30日内交付；

（3）由甲全面负责公司的筹备事项，乙、丙协助甲进行筹备工作，并约定了对设立行为的报酬支付；

（4）股东不按协议缴纳所认缴的出资，应当向已足额缴纳出资的股东承担违约责任，按未缴纳的出资额的一定比例缴纳违约金。

除上述约定之外，三人还就公司设立经费、公司设立不成时的费用承担、协议纠纷解决办法、协议生效、终止的时间和所附的条件等其他与公司设立有关的事项进行了约定。

请以上述背景信息为主，为甲、乙、丙三人起草一份发起人协议。

三、技能提升训练

案例一

（一）基本案情

2005 年 1 月 6 日，甲、乙、丙签订《合作协议》，共同投资开办餐饮酒楼。三人约定：①共同投资，共同经营红姐酒楼（公司）；②甲出资 60 万元，乙与丙各出资 30 万元，分别占有 50%、25%、25% 股份；③公司的盈亏支出按上述比例分摊；④三方就内部分工及公司管理另行制定管理办法；⑤任何一方转让股份应优先转让给其他两方；⑥三方如不能继续合作，酒楼不能继续经营，三方按约定的投资比例，承担清算义务；⑦本协议自三方签字之日起生效。之后，各方按约定缴纳了股款。

同年 2 月 22 日，三方签订《协议》，就红姐酒楼的经营管理和股东的投资回报达成如下条款：①红姐酒楼的经营管理由乙独立负责，甲和丙不参与、不干涉，但作为股东有义务维护红姐酒楼的信誉和利益；②酒楼的经营风险及经营期间形成的债权债务全部由乙独立承担，乙向甲、丙第一年每月分别支付投资回报 4.5 万元和 2.25 万元，第二年每月分别支付 4.8 万元和 2.4 万元，第三年至第五年每月分别支付 6 万元和 3 万元，支付时间为每月 28 日；③红姐酒楼每月的经营收入和其他收入，在未支付甲和丙的投资回报前，其资金只能用于酒楼的周转使用，不得用于其他任何用途；④甲和丙共同委派一人，管理酒楼的资金，委派人员的工资由乙决定；⑤本协议有效期 5 年，乙经营未满 5 年，不再经营，除已支付给甲和丙的投资回报外，再向甲和丙全额支付其投资款，即甲 60 万元，丙 30 万元。

2005 年 3 月，乙作为被委托人向工商机关申请设立红姐酒楼公司，后被核准。据设立登记材料记载，该公司以丁出租的房屋为经营场所；注册资金 50 万元；股东为乙与其女儿刘曼，二人分别货币出资 15 万元、35 万元；经营范围是制售中餐，销售酒、饮料等。

2005 年 2 月 22 日、4 月 4 日、5 月 6 日、5 月 10 日，甲分别从乙处领取了 2005 年 2 月至 4 月的投资回报款，其中 2 月、3 月各 4.5 万元，4 月 4 000 元。同年 2 月 22 日、4 月 23 日，丙分别从乙处领走 2005 年 2 月的投资回报款 2.25 万元、现金 1 万元。

后来，甲发现自己没有被登记为公司的股东，遂要求解除三方分别于 2005 年 1 月 6 日、2 月 22 日签订的《合作协议》与《协议》，要求乙返还投资款 60 万元，赔偿甲的损失。

对以上案情，有以下不同意见：

1.《合作协议》和《协议》中只有回报不承担风险的约定违反法律规定，不具有法律效力，甲可以要回投资款。

2. 《合作协议》和《协议》对各方有约束力，甲不能要回投资款。

3. 甲可以行使合同解除权，要回投资款，但原有的投资收益应退回。

4. 乙违反合同的约定，合同无效，甲可以拿回投资款。

请根据上述事实和情况，分析上述四种意见是否正确？为什么？

（二）分析引导与思考

本案争议的焦点是甲能否要求解除合同，要回投资款。这涉及到《合作协议》和《协议》的法律效力及其处理问题。这要考虑以下几个问题。

1. 《合作协议》和《协议》均已成立具有法律效力。甲、乙与丙签订《合作协议》和《协议》，是当事人的真实意思表示，其主要内容符合法律的规定，已经生效。但《协议》中有关甲和丙不承担酒楼经营期间的债务，经营期限不满 5 年，保证收回投资等内容的条款属于保底条款，这与公司法有关有限责任公司股东以其出资额为限对公司承担责任等规定不符，也损害了其他出资人的合法权益，应属无效条款。但不影响《合作协议》和《协议》中其他内容的条款的合法性。

2. 甲签订《合作协议》和《协议》的目的不能实现，享有合同解除权。三人合作成立红姐酒楼公司，甲和丙出资后应当成为该公司的股东，但红姐酒楼公司已经经过工商核准设立后，股东却为乙与其女儿刘曼，甲和丙并没有成为红姐酒楼公司的股东。甲已实际出资但已不可能实现《合作协议》的签约目的，现其起诉要求解除三方所签《合作协议》，于法有据，丙、乙也均表同意。

3. 合同解除后的法律后果。可根据合同解除后果的有关法律规定，具体确定投资款和投资收益的经济问题。特别是要考虑乙以利润形式支付给甲的款项应当如何处理。还有退还投资款时的其他相关经济利益处理问题。

案例二

（一）基本案情

1993 年 9 月，海南泛华实业有限责任公司（以下简称海南泛华公司）经批准取得了文昌公路工程，并于 1994 年 5 月 18 日与铁道部第四工程局、北京市市政工程总公司、交通部二公路工程局、金博大房地产开发公司、中国对外建设海南公司、北京市海淀区财政证券事务所、文昌县国有资产经营公司等八家企业，为设立"海淀区泛华高速公路股份有限公司（以下简称泛华公司）"共同签署了《发起人协议书》，约定由八家联合发起设立股份有限公司，由海南泛华公司组建筹委会，筹建期间代行董事局职责，负责起草股份有限公司章程及报批文件，办理申办事项。总资本额为 3 亿股，每股 1 元人民币，发起人认购 1.1 亿股，社会募集 1.9 亿股。1994 年 6 月 8 日筹委会开始以招股说明书的方式募集法人股权 1.9 亿股，募集时间是 1994 年 6 月 15 日至 12 月 15 日。1994 年 12 月 14 日，航空港公司与筹委会签定了《认股协议书》，认购 400 万股，并交付发行费用 20 万元，12 月 14 日、16 日，航空港公司先后两次交齐了股金及费用 420 万元。12

月 17 日筹委会向航空港公司出具《承诺书》，承诺后者缴齐股金后，可根据自身的装备实力完成 8 000 万元左右高速公路的工程量。

1994 年 12 月 20 日泛华公司正式注册成立，1995 年 7 月底公路工程开工。1998 年 10 月 5 日交通厅以公司资金不到位，工程完成近 1/6 部分质量不合格等原因撤销了已批准给泛华公司的公路建设项目，解除合同。航空港公司因此未得到施工工程。

对以上事实，有以下三种不同意见：

1. 筹委会向航空港公司出具《承诺书》是筹委会与航空港公司之间签署的合同，航空港公司可以起诉筹委会，要求海南泛华公司等八家发起人承担责任。

2. 航空港公司应当起诉泛华公司，是泛华公司违反了《承诺书》的约定，要求其赔偿预期的损失。

请根据上述事实和情况，分析上述两种意见是否正确？为什么？

（二）分析引导与思考

本案争议的焦点是航空港公司失去施工项目的后果应谁负责。这需要解决以下几个问题。

1. 应明确出具《承诺书》的筹委会当时的法律地位。根据《发起人协议书》的约定，由八家联合发起设立泛华股份有限公司，由海南泛华公司组建筹委会，筹建期间代行董事局职责，负责起草股份有限公司章程及报批文件，办理申办事项。可见，筹委会是泛华公司设立时的机构。

2. 应当明确筹委会的行为属公司设立行为及其法律后果的是否应由设立后的公司承担。

3. 航空港公司丧失施工项目的过错是在于航空港公司还是在于泛华公司。

以上是分析本案的三个基本点。

第三章　公司资本制度

【本章学习指引】

公司资本是公司赖以存在的物质基础，是公司得以正常运营的物质保障，也是公司资信能力的显著标志。公司资本制度是公司法的核心内容，它不仅对公司的设立与发展具有十分重要的意义，同时也对保护公司债权人，维护交易安全，保障社会经济秩序的稳定起到重要的作用。

本章从公司资本基本含义入手，对什么是公司资本、公司资本的相关概念、公司资本原则、最低资本额制度、公司资本形成制度、股东出资的基本规定、违反出资义务的法律责任以及公司资本的增加与减少等基本公司资本制度作了详细介绍。本章重点是掌握公司资本、资产、净资产等相关概念以及公司资本形成过程中的基本法律规定。本章难点是在掌握上述基本法律规定的基础上学习理解公司资本原则、公司资本形成制度的理论及其在我国公司法中的具体体现，以进一步把握、理解和应用公司资本法律制度中的重要法律规范。

第一节　公司资本概述

一、公司资本的概念和特点

公司资本，又称股本或股份资本，是指公司成立时由股东出资形成的章程规定的财产总额。公司资本具有以下几个特点：

1. 公司资本来源于股东出资。公司资本是以股东的出资为基础形成的。股东出资组建公司，股东出资总额即为公司资本总额。股东出资既包括股东以其合法财产的直接出资，也包括公司把公积金转增为资本。公积金属于股东权益，本应分配给股东，因此，当公司把公积金转增为资本时，也可以认定为股东的出资。

但需注意的是，股份有限公司股东所有的出资并非都能记入公司资本，公司溢价发行股票时所形成的溢价收入就是例外。公司的资本额按全部股份的票面金额计算，发行价格高于股份的票面金额时，股东的实际出资总额要高于公司的资本总额，这时超出票面金额的股东出资部分要计入公司的资本公积金。

2. 公司资本是公司的独立财产。股东一旦将其财产投入公司，该财产就成为独立于股东个人的公司财产，股东个人无权再支配投入公司的这部分财产，由公司对股东投入的财产享有占有、使用、处分、收益的权利。因此，公司资本是公司的独立财产。

3. 公司资本是公司成立时章程中确定的固定数额。公司资本属于公司章程必须记载的事项。公司设立时，公司资本经发起人协商确定于公司章程中，并在公司成立时到登记机关注册登记。公司成立后，随着经营情况的变化，构成资本的原有财产可能增值，也可能贬值，从而导致其资产数额的变化，但公司资本额并不发生变化。如果确实因经营等情况的变化需要改变，则必须依照法定的程序增资或减资，才能变更。

公司资本的特点可以说明，公司资本是公司的原始财产，是公司最基本的资产，是公司登记注册的必要事项。在我国，公司资本通常是指公司的注册资本。

二、与公司资本相关的概念

（一）资本与资产

公司资产，亦称为公司实有财产，是公司实际拥有的各种形态的全部财产价值的总和，它是公司对外承担责任的保证。

公司资产主要来源于公司资本、公司收益（资产收益和经营收益）以及公司对外负债所形成的财产等三个方面。由此可见，在公司成立之初，资本是公司资产的主要来源。在公司经营过程中，随着经营情况的变化，资产也会相应增加或减少。

（二）资本与净资产

净资产等于公司资产减去公司负债。

净资产反映了公司的资产质量和公司的真正实力。公司成立后，随公司经营的盈利或亏损、资产本身的增值或贬值等，净资产的价值处于不断的变化之中。一般来说，随着公司经营的盈利或资产本身的增值，净资产可能高于资本；随着公司经营的亏损或资产本身的贬值，净资产就会低于资本。换个角度讲，如果净资产大于公司资本，公司盈利；如果净资产少于资本，公司亏损；如果净资产为负值，则表明公司资不抵债，公司实际处于破产状态。

所以，净资产代表着公司的真正财产能力和公司信用能力。

第二节　公司资本原则

公司资本是公司赖以存在的物质基础，是公司得以正常运营的物质保障，也是公司资信能力的显著标志。为了保护债权人的利益，保证交易安全，必须确保公司资本的真实、可靠，维护公司资本与资产的平衡。为此，大陆法系国家的公司立法在发展过程中，确立了公司资本确定、资本维持、资本不变三个公司资本基本原则。这些原则在一定程度上也被英美法系国家的公司立法所遵循，人们把它们称为"资本三原则"。

一、资本确定原则

资本确定原则是指公司设立时，必须在章程中对公司的资本总额作出明确规定，并须全部认足或募足，否则公司不能成立。它包括两层含义：①公司资本总额必须在章程中作出明确规定；②章程所确定的资本总额在公司设立时须由全体股东认足或募足。该原则确保公司资本数额确定化，这也是资本形成制度中法定资本制的内容。

资本确定原则是我国公司资本制度中的一项重要原则，其基本原理体现在我国公司法之中。具体体现在以下两个方面：

1. 公司章程载明公司注册资本总额。《公司法》第 25 条规定，有限责任公司章程应当载明公司注册资本、股东的出资方式、出资额和出资时间。第 82 条规定，股份有限公司章程应当载明公司股份总数、每股金额和注册资本、发起人的姓名或者名称、认购的股份数、出资方式和出资时间。以上规定表明公司注册资本总额依法必须在章程中明确记载。

2. 公司注册资本由股东全部认足或募足。《公司法》第 26 条规定："有限责任公司的注册资本为在公司登记机关登记的全体股东认缴的出资额。"第 81 条规定："股份有限公司采取发起设立方式设立的，注册资本为在公司登记机关登记的全体发起人认购的股本总额。股份有限公司采取募集方式设立的，注册资本为在公司登记机关登记的实收股本总额。"由此可见，不论是有限责任公司还是股份有限公司，其注册资本均须由股东全部认购，否则，公司不能登记成立。

二、资本维持原则

资本维持原则，又称资本充实原则，是指公司在其存续过程中，应经常保持与其资本额相当的实有财产。

公司成立时，公司资本即代表公司的实有财产，但在公司经营过程中，其实有财产会随着公司的经营情况发生变化。当公司经营亏损时，其实有财产低于其注册的资本数额，使公司无法按注册确定的资本数额承担财产责任，从而危及交易安全和债权人的利益。为了防止公司资本的减少，保护债权人的利益，同时也防止股东对盈利分配的过高要求，确保公司正常开展业务活动，各国公司立法都确认了资本维持原则，并通过一系列法律规范，维持公司资本的充实。我国《公司法》中的一系列法律规定，也充分体现了资本维持原则，具体表现在以下几个方面：

1. 公司成立后，股东不得抽回出资。我国《公司法》第 36、92 条规定，有限责任公司的股东、股份有限公司的发起人、认股人在公司成立后不得抽回其出资。第 201 条规定："公司的发起人、股东在公司成立后，抽逃其出资的，由公司登记机关责令改正，处以所抽逃出资金额 5% 以上 15% 以下的罚款。"

2. 非货币出资的限定性规定。《公司法》第 27 条第 2、3 款规定："对作为出资的非货币财产应当评估作价，核实财产，不得高估或者低估作价。……全体股东的货币出资金额不得低于有限责任公司注册资本的 30%。"

3．股东资本填补的连带责任。《公司法》第31条规定："有限责任公司成立后，发现作为设立公司出资的非货币财产的实际价额显著低于公司章程所定价额的，应当由交付该出资的股东补足其差额；公司设立时的其他股东承担连带责任。"

4．股份有限公司不得低于股票面额发行股票。《公司法》第128条规定，公司可以按票面金额发行股票，或高于票面金额发行股票，但不得低于股票面额发行股票。

5．限制公司收购本公司的股份。《公司法》第143条规定，除因合并和减少公司注册资本等几种法定情况外，公司不得收购本公司股份。这样规定的目的，是为了防止股东利用公司收购本公司的股份退出公司，导致公司资本减少。

6．弥补亏损前，不得分配股利。《公司法》第167条规定，公司在弥补亏损之前，不得向公司股东分配利润。防止股东利用分红方式减少公司资本。

7．不得接受以本公司股份提供的担保。《公司法》第143条第4款规定，公司不得接受本公司的股票作为质押权的标的。防止一旦债务人不能清偿债务时，公司取得自己股份，出现与公司收购自己股份一样的后果。

三、资本不变原则

资本不变原则，是指公司的资本一经确定，就不得随意改变，如需增资或减资，必须严格按照法定程序进行。由此可见，资本不变并非绝对不可改变，只要符合法定的条件，也可以增加或者减少。

资本不变原则的目的是为了防止资本总额的减少，避免公司偿债能力的降低，以保护债权人利益。资本不变原则实质上是资本维持原则的进一步要求，或者说是资本维持原则的基础性条件。只有在资本不变原则的前提下，资本维持原则的落实才能达到预期的目的。

资本不变原则主要体现在《公司法》对公司增加资本、减少资本的严格规定上，具体内容参见本章第五节。

第三节　公司资本制度与最低资本额制度

一、公司资本制度

根据资本确定原则，公司设立时，公司章程必须明确记载公司资本总额。但对于公司资本是否全部募足，不同的国家有不同的规定，从而形成了不同的资本制度。纵观各国公司立法，可以归纳为三种公司资本制度，即法定资本制、授权资本制和折中资本制。

（一）法定资本制

法定资本制，又称确定资本制，是指在公司设立时，必须在章程中明确规定公司资本总额，并由股东在公司成立前全部认足，否则公司不能成立的资本制度。法定资本制的主要特点是：

1. 公司设立时，公司章程必须明确规定公司资本总额。

2. 公司设立时，公司必须将章程中规定的资本全部发行并由发起人或股东全部认足。

3. 公司成立后，因经营需要增加资本时，必须经股东（大）会决议、变更公司章程的增资程序，才能达到目的。

法定资本制是大陆法系国家所采用的公司资本制度，其中以德国和法国为代表。我国公司法实行的是典型的法定资本制，公司法中体现资本确定原则的规定实际上就是法定资本制的具体表现。我国《公司法》第 26 条第 1 款规定："有限责任公司的注册资本为在公司登记机关登记的全体股东认缴的出资额。全体股东的首次出资额不得低于注册资本的 20%，也不得低于法定的注册资本最低限额，其余部分由股东自公司成立之日起 2 年内缴足；其中投资公司可以在 5 年内缴足。"第 81 条第 1、2 款规定："股份有限公司采取发起设立方式设立的，注册资本为在公司登记机关登记的全体发起人认购的股本总额。公司全体发起人的首次出资额不得低于注册资本的 20%，其余部分由发起人自公司成立之日起 2 年内缴足；其中，投资公司可以在 5 年内缴足。在缴足前，不得向他人募集股份。股份有限公司采取募集方式设立的，注册资本为在公司登记机关登记的实收股本总额。"

这些规定表明，公司法明确了注册资本是认缴资本，而非实缴资本，在允许资本分期缴纳的前提下，又对缴纳时间作了限制性的规定。

法定资本制虽然有利于确保公司资本的真实和可靠，防止公司设立中的欺诈行为，保障公司信用，有利于保护债权人利益、社会经济秩序和市场交易安全，但也有明显的不足，如资本在公司成立之初完全由股东认足，加大了公司设立的难度、造成资本的闲置浪费和增资程序的繁琐。

（二）授权资本制

授权资本制，是指在公司设立时，虽然应在章程中确定公司资本总额，但公司不必发行全部资本，股东也只需认购或缴足资本总额的一部分，公司即可成立。其余部分，授权董事会在认为必要时，一次或分次发行或募集。授权资本制的特点如下：

1. 公司设立时，确定资本总额，并部分发行。公司设立时，必须在章程中确定资本总额，但公司不必发行全部资本。

2. 公司设立时，各认股人就其认购的部分，可以一次缴纳，也可以分次缴纳。

3. 公司成立后董事会依授权发行资本。公司成立后，公司未发行的资本额，授权董事会根据经营管理上的需要决定发行数量和次数，而无须股东会议变更公司章程。

授权资本制的突出特点是资本的分期发行。公司章程所确定的只是授权资本，发行资本是由公司成立后，根据实际情况决定发行的数额。而法定资本制是公司资本一次发行、分期缴纳。

授权资本制的优点体现在以下几个方面：①公司全部资本或股份不需一次发行，降低了公司设立难度；②授权董事会根据经营管理需要自行决定发行资本，大大简化了公司增资程序，避免了大量资金在公司中的闲置和浪费，能最大限度地发挥资本的效用，同时又提高了公司运作效率，降低了公司运营成本。但授权资本制也有其缺点，公司章程载明的资本总额仅仅是一种名义上的数额，并不是公司的发行资本，更不是公司的实缴资本，因而容易导致公司滥设及欺诈行为的发生，危及交易安全，损害债权人的利益。

（三）折中资本制

由于法定资本制和授权资本制各有利弊，一些大陆法系的国家吸收了两种制度的优点，创立了一种新的资本制度——折中资本制。这种制度具体又分为许可资本制和折中授权资本制两种类型。

1. 许可资本制。许可资本制，亦称认许资本制，是指在公司设立时，在章程中明确规定公司资本总额，且必须一次性全部发行、认足或募足，公司才能成立。同时，公司章程可以授权董事会在公司成立后一定时限内，在授权的比例内，发行新股，增加资本，而无须股东（大）会的特别决议。原本实行法定资本制的大陆法系国家，包括德国、法国、奥地利等国，基本上都实行了许可资本制。

认可资本制通过对董事会发行资本或股份的授权、大大简化了公司增资程序，这种授权仅适用于公司成立后的增资行为，而对公司设立时的资本发行仍采用法定资本制的要求。这种制度是在法定资本制的前提下，吸收了授权资本制的增资灵活性。

2. 折中授权资本制。折中授权资本制是指公司设立时，章程中载明的资本总额只需发行和认足一部分资本或股份，公司即可成立，但公司首次发行、认购的资本或股份不得低于法定的最低注册资本，且未发行部分授权董事会根据需要发行，但授权发行的部分不得超过公司资本的一定比例。一些大陆法系的国家和地区，如日本和我国的台湾地区现在实行的就是折中授权资本制。

折中授权资本制通过对董事会发行股份的比例和期限的授权，体现公司对董事会资本或股份发行的限制，这种限制适用于从公司设立起到成立后的所有资本或股份发行的行为。这种制度是在授权资本制的前提下，体现了法定资本制的要求。

总之，折中资本制吸收了法定资本制与授权资本制的优点，将法定资本制的对资本要求严格与授权资本制增资的灵活性有机地结合起来，既降低了设立公司的难度，又在一定程度上避免了设立公司的欺诈行为，有利于保证交易安全，保护债权人的利益。

二、最低资本额制度

公司资本是公司开展经营活动和承担债务的基本保障，为了保证交易安全，维护债权人的利益，公司不仅必须拥有资本，而且资本还必须达到一定的数额，公司才能成立。为此，很多国家的公司法都规定了公司资本的最低限额，使其成为公司资本制度中的一项重要内容。

（一）最低资本额制度概述

最低资本额，是指公司法规定的、设立公司必须达到的最低限额的资本。

最低资本额制度来源于有限责任制度。有限责任制度，将股东的责任限制在其出资额的范围，大大降低了投资者的投资风险，但却增加了公司交易人的风险。在有限责任制的前提下，为了保证交易安全，保证公司债权人的利益，法律对公司资本规定了最低要求，符合法律规定的最低资本额，公司才能成立，进入市场从事经营活动。最低资本额制度也是资本确定原则和法定资本制的进一步要求。公司成立时，不仅要确定资本总额并全部认足，而且其确定和认足的资本额必须达到法定的最低资本限额，否则，公司不能成立。

（二）我国最低资本额立法

我国的公司法从我国现实出发，以鼓励人们投资创业、促进公司发展和劳动就业，进而推动经济发展为立法目标，对公司最低资本额作出了法律规定。《公司法》第 26 条第 2 款规定："有限责任公司注册资本的最低限额为人民币 3 万元。法律、行政法规对有限责任公司注册资本的最低限额有较高规定的，从其规定。"第 81 条第 3 款规定："股份有限公司注册资本的最低限额为人民币 500 万元。法律、行政法规对股份有限公司注册资本的最低限额有较高规定的，从其规定。"第 59 条第 1 款规定："一人有限责任公司的注册资本最低限额为人民币 10 万元。股东应当一次足额缴纳公司章程规定的出资额。"

第四节　公司出资制度

一、股东出资要求

股东出资构成了公司资本。各国公司法都对股东的出资作了相应的法律规定，股东出资既要符合形式要求，又要符合法定要求。

（一）股东出资形式

我国《公司法》第 27、83 条规定，有限公司的股东、股份公司的发起人可以用货币出资，也可以用实物、知识产权、土地使用权等可以用货币估价并可以依法转让的非货币财产作价出资；但是，法律、行政法规规定不得作为出资的财产除外。

根据公司法的规定，股东可以以货币出资，也可以以非货币的财产出资，但非货币财产必须符合下列条件：①可以用货币估价。构成出资的财产，不仅要具有财产价值，而且该财产能够评估作价，确定其价值。只有这样，才能保证资本真实、确定，才能根据股东出资的财产确定其股权份额，才能确定股东对公司承担的责任。②具有可转让性。用于出资的财产，不仅公司股东可以转让交付公司，而且可以从公司移转给公司的债权人。只有这样，股东才能以该出资财产实现对公司承担的责任，公司才能以该出资财产实现对公司债务的清偿。

以下详细介绍符合我国《公司法》规定的股东出资形式。

1. 货币出资。货币是股东出资的最基本、最重要的形式。货币出资价值确定，不涉及财产价值评估，出资人只需按规定将其交付公司即可，并且在公司设立后的经营活动中可直接自由使用。

股东能否以借贷资金出资，法律对此没有明确规定。从法理上分析，一般情况下是可以的。因为货币是一般等价物，谁持有货币谁就对该货币享有所有权。借款人用借款出资，实质上是以借款人所有的资金出资，借款人和公司之间形成投资关系，该笔款项基于借款人的出资行为构成公司的自有财产，公司对该笔款项独立享有法人财产权。所以，应当允许股东用从第三人处获得的借款出资。

2. 实物出资。实物出资也是股东出资的重要形式。实物包括动产和不动产，如房屋、车辆、机器设备、原材料等。

股东用于出资的实物，除具备可以用货币估价和可转让的特性外，还必须是股东享有所有权的实物。股东对其出资的实物完全享有占有、使用、处分的权能，这样才能保证股东将该物交付给公司后，不受他人追索。因此，设立担保、租赁、借贷的实物都不能作为股东的出资。

3. 知识产权出资。知识产权是权利人对其智力型创造成果享有的法定权利，可用于出资的主要是工业产权和著作权。工业产权，通常是指商标权和专利权。专利权，包括发明专利权、实用新型专利权以及外观设计专利权。

知识产权是一种无形资产，随着科学技术的发展，这种无形资产愈来愈多地被用于产业中，给企业带来巨额利润，对企业的发展起到了促进作用。因此，世界各国的公司法都允许股东以自己拥有的知识产权出资。

4. 土地使用权出资。任何生产经营活动都需要使用土地，对土地的需求是公司经营活动最普遍的需要。土地又是重要的、有限的自然资源，这就使土地具有超乎一般动产的价值和其他财产难以比拟的保值增值性。这就决定了土地使用权这种重要的财产权利成为股东的重要出资形式。

用于出资的土地使用权必须符合法律规定的以下要求和条件：

（1）用于出资的只是土地使用权而不是土地的所有权。根据我国《宪法》规定，土地属国家或集体所有。任何组织或个人不得侵占、买卖或者以其他形式非法转让土地。土地的使用权可以依照法律的规定转让。所以股东只能以依法取得的土地使用权出资。

（2）用于出资的土地使用权只能是国有土地的使用权，而不能是集体土地的使用权。根据我国法律规定，能够作为财产权进行转让的只能是国有土地使用权。

（3）用于出资的土地使用权只能是以出让方式取得的土地使用权，而不能是以划拨方式取得的土地使用权。在我国，国有土地使用权的取得方式有两种：出让取得和划拨取得。向国家缴纳土地出让金而有偿取得土地使用权的是出让取得；特定社会组织基于其特定的社会职能从国家无偿取得土地使用权的是划拨取得。以土地使用权出资，出资者是为了投资，获取经济利益。因而只能以出让取得的土地使用权出资；划拨土地的使用权只能由原使用人按照申请土地时的用途自己使用，而不能用于投资盈利。

（4）用于出资的土地使用权应当是未设他项权利的土地使用权，已设抵押等他项权利的土地使用权不能作为出资。因为已设抵押权的土地，一旦出资人不能清偿债务，土地使用权将被抵押权人追索，使股东的出资变得不实，既损害了其他股东的利益，也损害了公司债权人的利益。

（5）必须符合国家规划部门所确定的土地用途，且受土地使用权期限的限制。根据我国土地管理法的规定，国有土地分为建设用地、农用地、未利用地。土地使用必须符合国家规划所确定的土地用途。土地使用不得超过土地使用权年限的限制。土地使用权出让的最高年限，按土地用途的不同分别为：居住用地 70 年；工业用地 50 年；教育、科技、文化、卫生、体育用地 50 年；商业、旅游、娱乐用地 40 年；综合或者其他用地 50 年。以土地使用权出资不能超过法律规定的使用年限。

5. 其他股东出资形式。除了《公司法》明确规定的上述几种出资形式外，在公司实践中股东还有以下几种出资方式：

（1）股权出资。股权出资，即股东以其持有的另一公司的股权作为出资投入公司，公司因接受股权出资而取得另一公司的股东身份。这种出资实质上属于股权的转让，是将股东对另一公司拥有的股权转让给公司。

虽然股权与其他财产相比具有价值的不稳定性和不确定性，它会随着资本市场的变化而变动。但并不是说其价值不可确定，股权代表的价值可以通过公司的净资产值或股权的市场价格加以确定。而公司的净资产值则具有相对的稳定性和确定性。允许股东以股权出资，是顺应我国资本市场的发展、鼓励投资的需要。由于股权出资的特殊性，股权出资的真实性应根据出资当时股权的实际价值和情况而认定。在对股权价值进行评估时，通常需要对股权所在公司进行全面的资产评估和财务审计。

（2）债权出资。债权出资，即股东以其享有的对第三人的债权投入公司，由此公司取得对第三人的债权。债权出资实质上属于债权转让，是将对第三人的债权由股东转让给公司。

债权是权利人拥有的合法财产权利，可以依法转让，符合法定出资要件。在我国公司实务中，债权出资已比较普遍。其中我国四大国有商业银行在改制过程中曾采用过这种方法。其做法是，先成立四大国有资产管理公司，然后分别收购四大国有商业银行的不良资产，再着手管理和处置这些不良资产。管理和处置这些资产的方式之一，就是将一些国有企业的不良债权转为股权，资产管理公司由债权人变为企业的股东或投资者，等于股东以债权出资。

以债权出资要特别注意，虽然债权的价值是确定的，但当债务人无力清偿债务或破产时，债权难以实现。而当股东故意将已经不能实现的债权作为出资时，就会造成公司资本不真实，危及交易安全。因此，在对债权出资的价值进行评估时，应充分考虑其实现的可能性。

（3）非专利技术出资。非专利技术，亦称专有技术、技术秘密，是指不为公众所知悉，具有一定价值，可以用于产业中，未取得法定的专有权保护的技术知识、经验、数据、方法或其组合。

非专利技术与专利技术的区别在于非专利技术没有向专利局申请专利，也没有公开过。非专利技术与专利技术同样具有财产价值，可以在当事人之间进行依法转让，符合法定出资条件。但由于这种技术的非专利性、秘密性，使其在实际占有和权益维护方面存在难以克服的困难，因此，在公司出资实务中并不多见。

（4）整体资产出资。整体资产出资，亦称为概括出资，是指将企业的全部财产移交给公司作为股东的出资。

整体资产出资不会表现为某种单一的资产形式，而是表现为多种资产形式，如货币、实物、知识产权、土地使用权、股权、债权等，甚至还包括企业的负债。只要是企业的资产，都应被包括在作为出资的整体资产中。

整体资产出资的，对于国家实施登记管理的财产，需要履行特殊权属变更登记的，应依法办理。其他资产的转移，则以公司登记管理机关的登记记载和备案为准。

（二）股东出资的法定要求

1. 出资比例。出资比例，是指股东出资总额中各种出资所占的比例。公司成立后的经营活动需要充足的现金作保障，为了确保公司的正常运营，我国《公司法》第27条第3款规定，全体股东的货币出资金额不得低于有限责任公司注册资本的30%。由此可以推出，非货币出资最高比例不能超过注册资本的70%。

2. 非货币出资的价值评估。股东以实物、知识产权、土地使用权等非货币形式出资的，应进行资产评估。《公司法》第27条第2款对有限公司的股东出资规定为："对作为出资的非货币财产应当评估作价，核实财产，不得高估或者低估作价。法律、行政法规对评估作价有规定的，从其规定。"《公司法》第83条对股份有限公司发起人的出资要求作了与第27条相同的规定。

非货币出资的财产价值不像货币那样具有明确的确定性，不能以某个人的评判标准确定其价值，因此，法律要求专门的资产评估机构对非货币出资的财产价值进行客观、公正的评价，不得高估或者低估作价。高估不仅导致公司本应获得的财产利益减损，而且也使其他出资真实的股东的利益受到损害；低估则损害了该项出资的股东的利益。

3. 出资的履行方式。履行出资，是指股东将其出资的财产交付给公司。股东或者发起人应当按期足额缴纳公司章程中规定的各自所认缴的出资额或者所认购的股份，并按照法律规定的出资履行方式履行出资义务。

（1）货币出资的履行。方式发起人或者股东以货币出资的，只需实际交付货币即可。第28条规定："股东以货币出资的，应当将货币出资足额存入有限责任公司在银行开设的账户。"第89条规定："发起人向社会公开募集股份，应当同银行签订代收股款协议。代收股款的银行应当按照协议代收和保存股款，向缴纳股款的认股人出具收款单据，并负有向有关部门出具收款证明的义务。"

（2）动产、非专利技术出资的履行方式。动产，由出资人向公司直接交付；非专利技术，其出资方式与动产出资类似，需要将非专利技术的载体交付给公司，并鉴于非专利技术出资的特性，通常采用交付非专利技术有关的图纸、数据、程序等技术资料，并依约定对公司技术人员进行培训，以此保证非专利技术的完整转移。

（3）不动产、专利权、商标权、土地使用权出资的履行方式。《公司法》第28条规定："以非货币财产出资的，应当依法办理其财产权的转移手续。"根据法律规定，该类出资的履行方式包括两个方面：实际缴付和权属变更。因为国家对它们实行登记管理制度。实际缴付，表现为标的物占有主体的实际变更，属于事实上的权利交付。它的意义在于实现公司对股东出资财产的实际掌控和利用。权属变更表现为出资的标的物实际交付后，还需到国家登记管理机构办理权利主体的变更登记，属于法律上的权利交付。它的意义在于通过法律对权利的确认，进而保护公司的利益，防止未经权利变更引起的法律纠纷。

实际缴付和权属变更共同构成权利完整移转不可分割的两个方面，两者缺一不可。如房屋、汽车、专利技术、商标权、土地使用权的交付不仅实际交付占有，还需分别到房产登记管理部门、机动车辆登记管理部门、国家知识产权局、国土资源管理局变更权利主体，重新登记。

（4）著作权。著作权是以作品完成作为其权利标志，没有特定的权利证书，一般是以交付作品或明确授权对作品使用为履行方式。

4. 出资的验资。验资，是指法定机构依法对股东出资情况进行验证并出具相应证明的行为。验资是法律对出资所规定的法定要求。所有依法成立的公司在股东依法缴纳出资后，必须经法定的验资机构验资并出具证明。《公司法》第29条规定，有限公司股东缴纳出资后，必须经依法设立的验资机构验资并出具证明；第90条规定，股份有限公司发行股份的股款缴足后，必须经依法设立的验资机构验资并出具证明。

如果是非货币出资，应当由具有评估资格的资产评估机构评估作价后，由法定的验资机构会计师事务所进行验资。验资结束，验资机构应出具验资证明，验资证明必须真实、客观，验资机构或验资人员不得提供虚假证明文件，否则，将要承担相应的法律责任。

二、股东违反出资义务应承担的法律责任

股东应按照章程约定的出资方式、金额、期限等履行出资义务，它既是股东之间的约定义务，同时也是公司法规定的法定义务。我国《公司法》明确规定，股东不履行出资义务的，应承担相应的法律责任。

（一）民事责任

1. 出资违约责任。它是指股东不按章程或出资协议的约定履行出资义务，对其他已足额出资的股东或成立后的公司承担的民事责任。

股东的出资违约责任主要体现在《公司法》第28条和第84条之中。第28条规定："股东应当按期足额缴纳公司章程中规定的各自所认缴的出资额。股东以货币出资的，应当将货币出资足额存入有限责任公司在银行开设的账户；以非货币财产出资的，应当依法办理其财产权的转移手续。股东不按照前款规定缴纳出资的，除应当向公司足额缴纳外，还应当向已按期足额缴纳出资的股东承担违约责任。"第84条第1、2款规定："以发起设立方式设立股份有限公司的，发起人应当书面认足公司章程规定其认购的股份；一次缴纳的，应即缴纳全部出资；分期缴纳的，应即缴纳首期出资。以非货币财产出资的，应当依法办理其财产权的转移手续。发起人不依照前款规定缴纳出资的，应当按照发起人协议承担违约责任。"

按照上述法律规定，结合《合同法》第 107 条的规定，[1] 本书认为股东承担出资违约的责任形式主要包括：

（1）继续缴纳出资。继续缴纳出资是指逾期没有履行出资义务但仍有能力继续履行的股东，应已足额缴纳出资的股东的要求继续向公司履行出资义务，缴纳出资。

继续缴纳出资既是股东应当承担的约定义务，也是违约的股东依法应当承担的法定责任。

（2）损害赔偿责任。股东违反出资义务，如果给公司和其他股东造成损失的，应承担损害赔偿责任。

（3）采取其他补救措施。采取其他补救措施，是指违反出资义务的股东因出资行为不符合约定的出资条件而应承担的补救责任。如，缴纳的实物出资不符合章程的规定，依他方的请求进行更换。

2. 资本填补的连带责任。公司成立后发现非货币财产出资的实际价额显著低于公司章程所定价额时，应当由交付该出资的股东补足其差额，如其不能填补，公司设立时的其他股东承担连带责任。

保证非货币出资的财产价值不低于公司章程所定价值是发起人应尽的义务。当公司成立后，发现非货币财产出资的实际价额显著低于公司章程所定价额时，如果不进行资本填补，导致公司资本不实，就会损害债权人的利益，危及交易安全。因此，未足额缴纳出资的股东有义务先行补足差额。当他不能填补时，设立公司时的其他发起人负有补足资本差额的连带义务，以保证公司资本的真实。《公司法》第 31 条规定，有限责任公司"成立后，发现作为设立公司出资的非货币财产的实际价额显著低于公司章程所定价额的，应当由交付该出资的股东补足其差额；公司设立时的其他股东承担连带责任"。第 94 条规定，股份有限公司"成立后，发起人未按照公司章程的规定缴足出资的，应当补缴；其他发起人承担连带责任。股份有限公司成立后，发现作为设立公司出资的非货币财产的实际价额显著低于公司章程所定价额的，应当由交付该出资的发起人补足其差额；其他发起人承担连带责任"。

特别注意，资本填补的连带责任仅限于设立公司时发起人股东，而不是所有股东。通过设立连带责任强化发起人之间的责任，防止发起人利用公司设立活动获取非法利益。

（二）行政责任

根据《公司法》的规定，股东违反出资义务，虚报注册资本、虚假出资和抽逃出资的，除承担民事责任外，还应承担行政责任。

1. 虚报注册资本。虚报注册资本，是指在申请公司登记的过程中，发起人、股东故意使用虚假的证明文件或者采取其他欺诈手段虚报注册资本骗取公司登记的行为。如发起人、股东实缴资本不足法定最低注册资本额，为了达到注册登记的目的而虚报注册

---

[1] 《合同法》第 107 条规定："当事人一方不履行合同义务或者履行合同义务不符合约定的，应当承担继续履行、采取补救措施或者赔偿损失等违约责任。"

资本，使其虚假地达到法定最低注册资本额，骗取公司登记或发起人、股东实缴资本虽然已达到法定最低注册资本额，但为了夸大其经济实力仍虚报注册资本，使注册资本超过实缴资本等，凡采用虚报注册资本骗取公司登记的行为，都属于虚报注册资本。

《公司法》第199条规定："违反本法规定，虚报注册资本、提交虚假材料或者采取其他欺诈手段隐瞒重要事实取得公司登记的，由公司登记机关责令改正，对虚报注册资本的公司，处以虚报注册资本金额5%以上15%以下的罚款；对提交虚假材料或者采取其他欺诈手段隐瞒重要事实的公司，处以5万元以上50万元以下的罚款；情节严重的，撤销公司登记或者吊销营业执照。"

2. 虚假出资。虚假出资，是指宣称其已经出资而事实上并未出资，其性质为欺诈行为，如以虚假银行进帐单、对帐单或者以虚假的实物投资手续骗取验资报告和公司登记。

《公司法》第200条规定："公司的发起人、股东虚假出资，未交付或者未按期交付作为出资的货币或者非货币财产的，由公司登记机关责令改正，处以虚假出资金额5%以上15%以下的罚款。"

3. 抽逃出资。抽逃出资是指在公司成立后，公司的发起人、股东将缴纳的出资抽回的行为。其性质属于欺诈。

《公司法》第201条的规定："公司的发起人、股东在公司成立后，抽逃其出资的，由公司登记机关责令改正，处以所抽逃出资金额5%以上15%以下的罚款。"

第五节 公司资本的增加与减少

随着市场的变化，公司在运营过程中，需要相应地调整资本额，以充分发挥资本的最大效用，满足公司的经营与发展。为此，《公司法》并不一律禁止公司变更资本。变更资本必须依照法律规定的条件与程序，从而形成了公司资本的增加和减少制度。

一、增加资本

增加资本，简称增资，是指公司成立后为扩大经营规模，依照法定的条件和程序增加公司的资本总额。

公司增加资本使公司的资信水平和偿债能力得以提升，整体实力增强，有利于保护债权人的利益，保证交易安全。为此，各国公司立法对增资没有过多的限制性要求。但是公司增加资本，会导致股东股权的稀释和股权结构的调整，对股东利益产生直接影响。因此，各国公司法对公司增资程序作出相应的法律规定。即公司增资必须经过股东（大）会决议，变更公司章程，并办理相应的变更登记手续。

公司增资必须按照法定程序进行，否则会导致公司增资的无效或被撤销。我国《公司法》第44条规定，有限公司股东会对增加资本作出决议，必须经代表2/3以上表决权的股东通过。第104条规定，股份有限公司股东大会作出增加注册资本的决议，必须经出席会议的股东所持表决权的2/3以上通过。第180条规定，公司增加资本应当依法向公司登记机关办理变更登记。

二、减少资本

减少资本，简称减资，是指公司成立后，基于某种情况或需要，依照法定的条件和程序减少公司的资本总额。

公司在运营过程中，有时需要根据市场及公司自身情况来调整经营策略，减少公司资本。一般而言，公司减少资本发生在缩小经营规模、减少过剩资本或出现严重亏损时。例如，当公司缩小经营规模时，如保持资本不变，就会造成资金的闲置和浪费。又如，如果公司亏损严重，其资产总量显著低于公司注册资本，如保持资本不变，公司的资本就不能如实反映公司现有的资信情况，只有通过减资使资本与资产保持基本一致。再如，根据无盈利不得分配股利且盈利必须先行弥补亏损的原则，公司严重亏损，股东得不到股利，失去对公司的信心，不利于公司的稳定。通过减资，可以帮助公司改变亏损状态，尽快使公司具备向股东分配股利的条件。

考虑到上述原因，各国公司法都允许公司通过法定的程序减少资本。但又由于公司减少资本意味着公司偿债能力的降低，直接影响到了公司债权人的利益，危及交易安全，为此各国公司立法规定的减资程序比增资更为严格。我国也是如此。《公司法》第178条和其他有关规定对公司减资规定了如下严格程序：

1. 股东（大）会作出减资决议，并相应地对章程进行修改。有限公司作出减资决议，必须经代表2/3以上表决权的股东通过。同时，公司减资后的注册资本不得低于法定的最低限额。

2. 公司必须编制资产负债表及财产清单。

3. 通知和公告债权人。公司应当自作出减资决议之日起10日内，通知债权人，并于30日内在报纸上公告。

4. 债务清偿或担保。债权人自接到通知书之日起30日内，未接到通知书的自公告之日起45日内，有权要求公司清偿债务或者提供相应的担保。

5. 办理减资登记手续。资本是公司注册登记的主要事项之一，公司减少资本导致公司主要登记注册事项的变更，因而须办理减资登记手续，并自登记之日起，减资生效。

公司违反上述减资程序导致减资无效或被撤销。

【本章知识与技能训练】

一、基本知识训练

1. 重点概念
(1) 公司资本
(2) 公司资产
(3) 公司净资产

(4) 资本确定原则

(5) 资本维持原则

(6) 资本不变原则

(7) 法定资本制

(8) 授权资本制

(9) 折中资本制

(10) 虚假出资

(11) 抽逃出资

(12) 虚报注册资本

(13) 公司增资

(14) 公司减资

2. 重点思考题

(1) 简述公司资本的特点。

(2) 比较公司资本、公司资产与公司净资产。

(3) 简述资本维持原则在公司法中的体现。

(4) 比较法定资本制与授权资本制的优缺点。

(5) 如何理解最低资本额制度的意义？

(6) 简述公司增加资本的程序。

(7) 简述公司减少资本对债权人保护。

(8) 股东出资的形式要求有哪些？

(9) 如何理解股东货币出资和实物出资的法定要求？

(10) 土地使用权出资应符合哪些条件？

(11) 简述股东违反出资义务的表现形式及法律责任。

(12) 如何理解股东以借贷资金出资？

(13) 非货币出资需要符合哪些条件？

二、基本技能训练

1. 甲、乙二人各投资100万元成立了一家欧陆家具有限公司，生产家具。公司租用甲的一处房产和院落作为公司住所和生产场地，租赁协议规定：租期3年，年租金10万元，3年租金一次付清；租用乙的一辆价值10万元的卡车用来进货和送货，月租金2000元。购进机械设备支付30万元；并向银行贷款100万元，入股德美家具销售有限公司。公司成立半年后，吸收丙加入公司，入股50万元，并作了工商变更登记。公司经营状况良好，在公司成立一年时，公司在银行账户上的资金余额170万元（不含股权），库存产品价值20万元，库存材料价值80万元，应付材料款等20万元，应收货款10万元。请你根据所学的公司资本的相关知识，计算并加以说明此时公司的资本、资产和净资产值。

2. 甲、乙、丙、丁四人欲出资300万元，设立东方纺织品有限责任公司。甲以60万元现金出资；乙以自己拥有的一处房产出资，称其价值100万元；丙以自己获得的专利权出资，称其价值 30 元万元；丁以自己获得的土地使用权出资，称其价值 70 万元。一日，四人来到帮友律师事务所咨询设立有限责任公司的相关事宜。帮友律师事务所的律师助理王某负责接待，他们请王某详细说明四人设立东方纺织品有限责任公司在出资时应注意的法律问题。

请结合本章所讲的内容，向他们解释说明履行出资行为时应注意的法律问题。

三、技能提升训练

案例一

（一）基本案情

前进技术开发有限责任公司于 2004 年 4 月 15 日成立，其注册资本为 100 万元。按照公司章程的规定，股东李某认缴的出资额为 45 万元，股东王某认缴的出资额为 25 万元，股东罗某认缴的出资额为 30 万元。后罗某向公司实际缴付了投资款 40 万元。2005 年 12 月 6 日，罗某经查询，公司章程及股东名册中其出资是 30 万元而不是 40 万元，公司至今没有变更注册资本登记。罗某要求公司按公司章程确认其出资额为 30 万元，返还投资款 10 万元并应按银行同期贷款利率支付利息。前进公司称罗某缴付的 40 万元出资不得抽回，是否变更登记应该由股东会决定，故不同意罗某的要求。罗某遂向当地法院提起诉讼，要求前进公司按公司章程确认其出资额为 30 万元，返还投资款 10 万元并应按银行同期贷款利率支付利息。

请分析罗某的诉讼请求是否能获法院支持？为什么？

（二）分析引导与思考

本案双方争议的焦点是股东出资额的确认问题。

1. 有限责任公司股东的出资方式和出资额应当在公司章程中加以明确记载。根据我国公司法的规定，有限责任公司的注册资本为在公司登记机关登记的全体股东认缴的出资额。因此，股东出资额的确认以章程为准。

2. 正确理解股东抽逃出资行为的含义。股东抽逃出资是指公司成立后，公司的发起人、股东把章程确定出资额抽回的行为。

3. 本案争议解决的核心问题是股东出资额的确认。股东出资额的确认是解决返还财产的前提。

本案可根据上述法律基本精神，分析罗某的诉讼请求是否能获法院支持。

案例二

（一）基本案情

2003 年 6 月 23 日，王某和张某共同出资设立了某商贸有限公司，公司注册资本为 50 万元，其中王某以货币出资 33 万元，张某以货币出资 17 万元。后刘某欲出资参与商贸公司的经营，商贸公司两位股东同意增资扩股。股东张某以商贸公司的名义与刘某口头约定，由其出资 7 万元入到商贸公司账户，但就刘某出资与公司资本的关系、所占股权份额等出资的主要条款内容及增资扩股具体手续如何办理没有约定。刘某于 2005 年 4 月 3 日将存有 7 万元的存折交予商贸公司，商贸公司为此向刘某出具了收据，并注明"刘某入股 7 万元存折"。商贸公司分两次从存折上提取现金共 6.9 万元，随后将存折交还给刘某。此后，商贸公司一直未向刘某签发出资证明书，也未办理工商登记变更手续，刘某曾多次要求商贸公司与其签订具体的增资扩股协议，并要求其办理工商变更手续，但商贸公司置之不理，也未给刘某办理出资证明和股权登记。2006 年 2 月刘某以商贸公司无合作诚意，向法院提起诉讼，要求商贸公司退还其缴纳的入股金 6.9 万元，并加算同期银行存款利息。商贸公司则称，同意刘某入股是以股东张某将其 17 万元出资额中的 7 万元转让给刘某的方式，吸收刘某为公司股东，并非增资扩股，故不同意刘某的诉讼请求。

请分析本案应如何处理？为什么？

（二）分析引导与思考

本案双方争议的焦点是刘某与公司的约定是否属于增资扩股的问题。

1. 增资扩股的法律规定。根据《公司法》的规定，有限责任公司股东会对增加资本作出决议，必须经代表 2/3 以上表决权的股东通过。公司增加资本应当依法向公司登记机关办理变更登记。《公司登记管理条例》规定，公司的注册资本变更及股东的变更，应自变动之日起 30 日内到有关机关进行登记。

2. 增资扩股的依据。增资扩股的依据是双方就增资扩股达成意思表示一致的协议。根据我国《合同法》的规定，当事人订立合同，采取要约、承诺方式。要约的内容应当具体明确，承诺的内容应当与要约的内容一致。

本题可根据上述法律基本精神，分析本案应如何解决。

第四章 股东与股权

【本章学习指引】

股权是股东权利和义务的统称。股东的权利和义务反映着股东与公司的关系，是股东法律地位的集中体现。

股东向公司出资，以取得股东权，从而实现投资的经济目的。股东权的保护程度决定了股东投资的积极性，因此其成为公司法的核心内容之一。

本章从股东的概念入手，重点介绍了股东资格的取得方式、股东资格的限制条件、股东权的分类方法、股东权在我国公司法中的主要体现等，并介绍了股东的义务。本章学习中应重点掌握股东资格的取得方式、股东资格的限制条件及我国公司法中规定的主要股东权利。

第一节 股 东

一、股东的含义

股东，是指向公司投资，持有公司资本一定份额并享有股东权利和承担股东义务的自然人或法人。

自然人或法人取得股东身份的基本条件是持有公司资本一定份额，享有股东权利和承担股东义务。以上两个条件，表明股东和公司联系密切，二者相互依存，股东是相对于公司而存在的法律主体。

二、股东资格的取得

（一）股东资格的取得方式

根据股东是否直接向公司出资或认购股份，可将股东资格的取得方式分为原始取得和继受取得。

1. 原始取得。原始取得，是指向公司直接出资或认购股份而取得股东资格的方式。

原始取得包括两种情况：一是在公司成立时直接向公司出资或认购公司股份而成为公司股东。它包括有限责任公司及发起设立股份有限公司的发起人、募集设立股份有限公司的发起人和社会公众认股人。二是在公司成立后因认购公司增资发行资本而成为公司股东。

原始取得是取得公司资本的一种方式，但通过原始取得方式成为公司股东的人并不一定成为原始股东。原始股东，也可称为初始股东，虽然法律并没有界定其含义，但一般是指在公司章程上签名盖章并实际认缴出资的发起人。至于公司成立后，因增资而加入的新股东，一般不称为原始股东。

2. 继受取得。继受取得，是指向公司间接出资而取得股东资格的方式。间接出资，一般是指基于"转让、继承、赠与、强制执行、公司合并等方式"取得股东资格，这类股东叫继受股东。

（二）股东资格的限制

各国的公司法都对股东资格作了限制性规定，特别是对发起人的股东资格限制较严。根据我国《公司法》及相关立法的精神，我国法律对股东资格有以下限制：

1. 自然人作为发起人应当具备完全民事行为能力。以自己的独立意志和独立行为实施发起活动的发起人，应当具有完全民事行为能力。根据《民法通则》关于自然人民事行为能力的规定，限制民事行为能力人只能进行与他的年龄、智力相适应的民事活动，其他民事活动由他的法定代理人代理，或者征得他的法定代理人的同意。而无民事行为能力人只能由他的法定代理人代理民事活动。因无民事行为能力人和限制民事行为能力人不能以自己的独立意志和独立行为实施公司设立活动，所以，他们不能成为公司的发起人。

2. 法人作为发起人应是法律上不受限制的法人。我国法律、法规禁止兴办经济实体的党政机关、军队等机关法人不能成为公司股东。这些机关法人作为股东可能会利用行政权力从事经营活动，给自己公司某种特权，强买强卖，形成垄断经营，破坏市场经济的公平竞争，同时也不利于加强党的廉政建设和政权的建设，因此，除国有资产管理机构作为国有资产的出资人行使股东权利外，党政机关、军队等机关法人不能成为公司股东。

3. 原则上公司不得自为股东。我国《公司法》第143条第1款规定："公司不得收购本公司股份，但是，有下列情形之一的除外：①减少公司注册资本；②与持有本公司股份的其他公司合并；③将股份奖励给本公司职工；④股东因对股东大会作出的公司合并、分立决议持异议，要求公司收购其股份的。"根据《公司法》的规定，除上述几种情况外，公司不能成为自身的股东，公司不能持有自身的股票。

公司自为股东将导致公司与股东的地位合二为一，违反了公司和股东是两个不同法律主体的原则性规定。公司自为股东意味着公司减资，使得公司章程中载明的资本总额与公司实际资本总额不符，导致公司资本的虚假公示，损害公司债权人的利益。另外，公司收购本公司股份，容易发生公司的大股东利用对公司的控制权，通过操纵公司股权交易的方式，损害公司利益、其他股东利益的情事。

4. 公司章程规定不得为股东的人不能成为公司的股东。这种情况主要发生在有限责任公司。为维持股东之间的信任关系，保证公司的人合性，公司章程往往对股东资格加以严格限制。如公司章程约定未经股东一致同意的人不得成为公司股东。

5. 对发起人的国籍和住所的限制。为了防止发起人利用设立公司损害股东和社会公众的利益，一些国家或地区的公司法对发起人的国籍和住所有一定限制。我国公司法主要规定了对发起人住所的限制。《公司法》第79条规定，设立股份有限公司，应当有2人以上200人以下为发起人，其中须有半数以上的发起人在中国境内有住所。

第二节 股 东 权

一、股东权的概念与分类

股东权，是指股东基于其出资在法律上对公司所享有的权利。股东向公司出资，以此取得股东权，从而实现投资的经济目的。因此，股东权是公司法的重要内容。股东权既是公司立法的出发点，也是公司立法的基本归宿。

按不同的标准可以把股东权划分为不同的类别。为了加深对股东权的认识，本书以下重点介绍几种法律理论对股东权的重要分类。

（一）按股东行使权利的目的不同，股东权可分为自益权和共益权

自益权是指股东以自己的利益为目而行使的权利。如股份转让权、记名股东的股票过户请求权、发给出资证明请求权、股利分配请求权、公司剩余财产分配请求权、股份购买请求权、股份转换请求权等。

共益权是指股东以个人和公司的共同利益为目的而行使的权利。表现为参与公司管理而享有的权利，如参与股东大会的权利、质询权、表决权、选举与被选举权、请求宣告公司股东会决议无效的权利。

自益权与共益权的划分最早由德国学者提出，其对大陆法系国家的公司法学有较大的影响。一般来讲，自益权体现为财产权。这是股东投资的直接目的，也是股东权的重要内容。共益权体现为股东参与管理公司的权利。公司是由股东出资组建的，股东有权参与公司管理。但由于股东利益与公司利益有着内在的联系，自益权与共益权有时难以绝对划分。

（二）按股东权性质不同，股东权可分为固有股东权和非固有股东权

固有股东权，又称为法定股东权或不可剥夺的股东权，是法律赋予股东享有的权利，不得以公司章程规定或股东会决议的方式予以剥夺或限制。因此，这些权利多由公司法明确加以规定，是不可剥夺、不得限制的权利。

非固有股东权，又称为可剥夺的股东权，是股东依公司章程或股东会决议而享有的权利。非固有股东权主要是由章程确定的，由于其不是法定的权利，公司可以通过公司

章程或股东会决议剥夺或限制。

一般来讲，共益权多属于固有股东权，由公司法直接规定，如资产受益权、公司事务重大决策权、选举管理者的权利；自益权属于非固有权利，可由章程规定，如收益优先分配权、剩余财产分配优先权。

将股东权划分为固有股东权与非固有股东权的意义在于，既可以使股东和公司享有一定的自治权，同时又让公司的发起人和股东明确哪些权利是不可剥夺和限制的，从而增强法律意识、权利意识。凡对股东享有的固有权利加以限制和剥夺的，都属于违法行为，股东可以依法维护自己的权益。

（三）按股东权行使的方式不同，股东权可分为单独股东权和共同股东权

单独股东权，是指由股东单独行使的权利。自益权一般为单独股东权。典型的单独股东权是股份公司股东的股份转让权、表决权。

共同股东权，也称少数股东权，是指持有股份达一定比例以上的股东才能行使的权利。共益权中的大部分权利都是共同股东权。如我国《公司法》第 101 条规定的"持有公司股份 10% 以上的股东"享有请求召开股东大会的权利。这个权利就是共同股东权，不管股东人数是多少，只要持股达到 10% 以上，都可以请求股份公司召开临时股东大会。《公司法》对共同股东权的设置，是为了保护持有少数股份股东的利益，持有少数股份股东可以基于共同股东权的行使维护自己的相关利益。

二、股东权的内容

股东权利反映着股东与公司的关系，也是股东法律地位的体现。公司组织形式不同，股东具体的权利内容也不尽相同，因此，股东的权利应当与股东的地位相适应。我国《公司法》与世界上大多数国家的公司立法一样，没有对股东权利作专门的规定，但这并不意味着股东权利不重要。正相反，在一定意义上，对股东权利的保护，往往反映着公司立法的完善程度。

我国《公司法》第 4 条对股东权利作了概括的规定。有关股东权的具体规定散见于公司法的条文中。根据公司法的规定，股东权的内容主要有以下几个方面：

1. 表决权。公司是由股东出资组建的，股东有权对公司的重大事项作出决定。股东（大）会是公司的最高权利机构，是股东行使权利的场所。出席股东（大）会行使表决权，是股东享有的一项基本权利，是股东参与管理公司的重要手段。没有法律的规定，任何人不可剥夺或限制股东的权利。

依据股东平等原则，股东的表决权，按照"一股一权"或出资比例行使的原则确定。但有法律规定时，则可以例外。

（1）表决权可按章程规定行使。《公司法》第 43 条规定："股东会会议由股东按照出资比例行使表决权；但是，公司章程另有规定的除外。"由此可见，公司法确认了有限责任公司可以通过章程规定实行"一股多权"、"多股一权"或者"有股无权"的表决方式。

（2）否定自己持股的表决权。《公司法》第 104 条规定，股份有限公司的股东出席

股东大会会议，所持每一股份有一表决权。但是，公司持有的本公司股份没有表决权。

（3）法律对利害关系股东的表决权的限制。如规定当公司股东会为股东或者实际控制人提供担保时，该股东或者受实际控制人支配的股东不得参加规定事项的表决。

2. 选举权和被选举权。由于公司的管理者对公司发展起着至关重要的作用，选择管理者就成为股东权的重要内容。

选举权，包括提名权和表决权。股东通过提名和表决，实现对现有公司经营管理层的监督和选择。

被选举权，只要符合公司法规定的公司的董事和监事的任职资格，就可依法定的议事规则被提名、选举为公司的董事或者监事。

可见，选举权和被选举权是股东通过股东（大）会参与公司经营管理的一项重要权利。我国公司法对股东的选举权作了规定，股东可以依自己的出资额或持有的股份比例对所要选举的董事、监事进行投票选择。

在选举权的行使方法上，为保护中小股东的利益，我国《公司法》还在股份有限公司中引入了累积投票制，这也改变了传统的投票规则。具体见公司组织机构的内容。

3. 出资或股份转让权。为了降低投资风险，增加投资的灵活性，法律赋予股东出资或股份转让权。《公司法》规定，股东出资后，不得抽回出资，但可以依法将自己所持有的出资额或股份转让给他人。转让出资，并不改变公司的资本，只是股东发生变化。但股东必须依法转让。一般而言，有限公司的股权转让比股份有限公司的股份转让受到更多限制。

4. 公司资料的查阅、复制权。公司资料的查阅、复制权，是指股东有查阅、复制公司章程、股东会会议记录、董事会会议记录及财务会计报表等文件的权利。

获取公司信息、了解公司经营情况是股东对公司重大事项决策的基础，是对公司经营管理情况进行监督的重要手段。《公司法》第34条规定，有限公司"股东有权查阅、复制公司章程、股东会会议记录、董事会会议决议、监事会会议决议和财务会计报告。股东可以要求查阅公司会计账簿"；第98条规定，股份公司"股东有权查阅公司章程、股东名册、公司债券存根、股东大会会议记录、董事会会议决议、监事会会议决议、财务会计报告"。

根据我国《公司法》的规定，除有权查阅一系列会议记录外，有限责任公司的股东还有权查阅公司会计账簿。因为在股东所掌握的信息中，公司财务信息最为重要，它直接关系公司的命运及股东的利益。鉴于我国一些公司财务报告造假现象严重，股东仅仅通过查阅公司公开的财务报告根本不可能了解到事实真相，因此，公司法不仅允许公司股东查阅公司会计报告，还允许股东查阅公司原始的会计账簿。

为了防止股东滥用查阅权，干扰公司正常的经营活动，损害公司利益，我国《公司法》对股东查阅公司会计账簿的方式作了限制性规定。《公司法》第34条第2款对此作了明确规定："股东可以要求查阅公司会计账簿。股东要求查阅公司会计账簿的，应当向公司提出书面请求，说明目的。公司有合理根据认为股东查阅会计账簿有不正当目的，可能损害公司合法利益的，可以拒绝提供查阅，并应当自股东提出书面请求之日起15日内书面答复股东并说明理由。公司拒绝提供查阅的，股东可以请求人民法院要求公司提供查阅。"

5. 建议和质询权。建议权，是指为了公司的发展，股东直接向公司提出自己的意见的权利。质询权，是指股东对公司某些行为存有疑问或者看法，向董事会或监事会提出疑问并要求其答复的权利。

股东通过行使质询权，了解董事会、监事会提交股东大会表决事项的背景详细情况，避免因不明真相盲目表决，从而提高投票表决的科学性。为此，《公司法》第98条明文规定，股东有权对公司的经营提出建议或者质询。第151条规定："股东会或者股东大会要求董事、监事、高级管理人员列席会议的，董事、监事、高级管理人员应当列席并接受股东的质询。"

6. 公司股利分配的请求权。公司股利分配的请求权，是指股东享有的请求公司按照出资或股份比例分配股息和红利的权利。股东出资是为了获取经济利益，因此，公司股利分配的请求权也就成为股东权的核心。

当然，股东获得股利必须以公司有可供分配的盈利为前提。根据资本维持原则，无利润不得分配股利。为了保证交易安全，公司法对股利的分配作了严格的限制，即使公司有盈利也不一定当然分配股利。比如，《公司法》第167条规定，公司税后利润弥补亏损和提取公积金后仍有所余的才可分配股利。在分配股利时，有限公司股东按照股东的出资比例分配，但股东另有约定的除外；股份公司股东按照股东持有的股份比例分配，但章程另有规定的除外；公司持有的本公司股份，不得分配利润。

7. 公司新增资本的认购优先权。公司新增资本的认购优先权，是指公司原有的股东在公司新增资本或发行新股时，以确定的价格按其出资比例或持股比例优先认购的权利。

优先认股权是对新增股份的认购优先权。公司发行新股，一般是为了扩大生产经营规模所需。发行新股往往会影响到原有股东的利益，导致原有股东经济利益或者表决权的减少。赋予原有股东优先认购新股的权利，是为了保护原有股东之间的出资或出股比例，维持原有股东对公司的控制权。

应当注意的是，优先认购权只是认购上的优先而非发行价格等其他条件的优先。

8. 召开临时股东（大）会的提议权。召开临时股东（大）会的提议权，是指股东认为有需要公司股东（大）会决议的重大情形时，股东享有提议召开临时股东（大）会会议的权利。

有限公司和股份公司的股东均享有该权利。法律赋予股东这项权利，对于保护股东特别是中小股东的利益，保障公司正常的经营活动起着十分重要的作用。但为了防止股东滥用权利，增加公司运营成本，《公司法》对行使此项权利的股东出资及持股份额作了限制性规定。我国《公司法》第40、101条规定，有限公司代表1/10以上表决权的股东，股份公司单独或者合计持有公司10%以上股份的股东，可以提议召开临时股东（大）会。

9. 股东（大）会的召集和主持权。股东（大）会的召集和主持权，是指在特定情况下，股东享有召集和主持股东（大）会的权利。召集权和主持权应具有统一性。没有召集权的行使，不能如期的启动会议；没有主持权的行使，股东会不能正常的进行。

　　一般来讲，股东（大）会由董事会召集和主持，董事会不能履行或者不履行召集股东会会议职责的，由监事会召集和主持。监事会不能履行或者不履行召集职责的，为了保证股东（大）会的召开和公司的正常运转，维护股东利益，由股东负责召集和主持股东（大）会是非常必要的。

　　《公司法》第41条规定，有限责任公司"董事会或者执行董事不能履行或者不履行召集股东会会议职责的，由监事会或者不设监事会的公司的监事召集和主持；监事会或者监事不召集和主持的，代表1/10以上表决权的股东可以自行召集和主持"。第102条规定，股份有限公司"董事会不能履行或者不履行召集股东大会会议职责的，监事会应当及时召集和主持；监事会不召集和主持的，连续90日以上单独或者合计持有公司10%以上的股东可以自行召集和主持"。由此可见，股东行使股东（大）会的召集和主持权是有条件的：①董事会或监事会不能履行或者不履行召集职责；②股东出资或持股必须符合法律规定，即有限公司代表1/10以上表决权的股东；股份公司连续90日以上单独或者合计持有公司10%以上的股东。这一规定的目的是为了防止股东滥用股东（大）会的召集和主持权，损害其他股东和公司的利益。

　　10. 提案权。提案权，是指股东向股东大会提出议题或议案的权利。股东享有提案权可以使股东充分发表自己的意见，特别有利于中小股东参与公司管理，维护股东利益，促进公司民主。

　　《公司法》第103条第2款规定："单独或者合计持有公司3%以上股份的股东，可以在股东大会召开10日前提出临时提案并书面提交董事会；董事会应当在收到提案后2日内通知其他股东，并将该临时提案提交股东大会审议。临时提案的内容应当属于股东大会职权范围，并有明确议题和具体决议事项。"

　　根据《公司法》的规定，股东行使提案权：①必须达到持股数额的要求。目的是保证提交的提案代表一定股东的利益，防止股东滥用权利，增加股东大会的成本，降低公司运营效率；②必须在法律规定的时间内行使。目的是使董事会有时间通知其他股东，其他股东有一定的时间对其进行思考以便作出决策；③提案的内容必须在股东大会职权范围。股东大会的所议事项不能超越其职权范围；④必须按照法律规定的程序行使。通过程序公正保障实体公正。

　　11. 请求公司收购股权的请求权。请求公司收购股权的请求权，是指当股东（大）会对重大事项作出决议时，持反对意见的股东有权要求公司以公平的价格收购他们手中的股权，从而退出公司的权利。

　　股东通过股东（大）会表达自己的意思，由于股东（大）会表决实行的是"多数决"制，控股股东可以利用"多数决"制，使股东（大）会的决议体现他们的利益，公司经营过程中忽视中小股东利益，即使中小股东反对也起不到任何作用，导致中小股东的利益与公司控股股东利益发生冲突。为了保护中小股东的利益，法律允许公司中小股东在特定情况下，要求公司收购其股权从而退出公司。而控股股东在回购异议股东的股份后，实施自己的经营方针。

　　《公司法》第75条第1款规定，有限责任公司"有下列情形之一的，对股东会该项决议投反对票的股东可以请求公司按照合理的价格收购其股权：①公司连续5年不向股东分配利润，而公司该 5 年连续盈利，并且符合本法规定的分配利润条件的；②公司合并、分立、转让主要财产的；③公司章程规定的营业期限届满或者章程规定的其他解散事由出现，股东会会议通过决议修改章程使公司存续的"。

《公司法》第 143 条规定，公司不得收购本公司股份。但是，股东因对股东大会作出的公司合并、分立决议持异议，要求公司收购其股份的情形除外。

12. 申请法院解散公司的请求权。申请法院解散公司的请求权，是指在特殊情况下，股东享有请求人民法院解散公司的权利。《公司法》第 183 条规定："公司经营管理发生严重困难，继续存续会使股东利益受到重大损失，通过其他途径不能解决的，持有公司全部股东表决权 10% 以上的股东，可以请求人民法院解散公司。"

13. 分配公司剩余财产的请求权。分配公司剩余财产的请求权，是指公司解散时，股东享有请求公司对清理债权债务后所剩财产进行分配的权利。分配公司剩余财产的请求权是股东向公司得以主张的最后权利。

行使分配公司剩余财产的请求权必须满足二个条件：①公司解散。公司终止法人资格，股东才享有此项权利。②公司解散清理债权债务后所剩余的财产才能进行分配。公司具有法人资格，它以全部财产对其债务承担责任。公司解散时，其财产必须首先清偿公司所欠债务，以保证交易安全。这就决定了只能对公司清理债权债务后的剩余财产按股东的出资或持股份额进行分配。

14. 诉讼权。诉讼权，即股东向人民法院起诉和应诉，请求人民法院行使审判权以保护其权益的权利。股东依法享有诉讼的权利，既是股东权的重要内容，也是切实保护股东权利和公司利益，使股东得到有效救济的保障措施。各国公司法都赋予了股东相应的诉讼权利。对此，我国公司法也有明确规定。

根据我国《公司法》的规定，股东的诉权可以分为直接诉讼和代表诉讼两种类型。

（1）直接诉讼。直接诉讼，是指股东自己的权利受到侵害时，对侵害人提起的诉讼。公司法规定的股东直接诉讼主要体现在下列方面：

第一，请求撤销决议之诉权。股东会或者股东大会、董事会的会议召集程序、表决方式违反法律、行政法规或者公司章程，或者决议内容违反公司章程的，股东可以自决议作出之日起 60 日内，请求人民法院撤销。

第二，请求查阅帐簿之诉权。股东要求查阅公司会计账簿，公司拒绝提供查阅的，股东可以请求人民法院要求公司提供查阅。

第三，请求回购股份之诉权。在法律规定的条件下，对股东会的某些决议投反对票的股东可以请求公司按照合理的价格收购其股份。自股东会会议决议通过之日起 60 日内，股东与公司不能达成股份收购协议的，股东可以自股东会会议决议通过之日起 90 日内向人民法院提起诉讼。这一规定实际上是确定了有限责任公司中小股东在特定条件下的退出机制。

第四，请求损害赔偿之诉权。董事等高级管理人员违反法律、行政法规或者公司章程的规定，损害股东利益的，股东可以向人民法院提起诉讼。

（2）代表诉讼。代表诉讼，也称为派生诉讼，是指当公司权利受到侵犯，公司怠于行使诉权，股东有权为了公司的利益、代表公司并以股东自己的名义，向加害于公司的人提起诉讼。股东享有的这项诉权是股东代表公司行使的，因而叫代表诉讼。该项诉讼权利又是从公司诉讼权利派生而来，因此又称派生诉讼。

当公司利益受到损害时，如果公司不追究侵害人的责任，公司利益直接受到损害，进而会间接损害股东的利益。特别是当侵害来自公司治理结构中的成员或是控股股东，受其控制的公司有可能怠于行使诉权。为了维护公司与股东利益，弥补公司治理结构缺陷，股东代表诉讼发挥着重要作用。

第一，股东代表诉讼原告的资格。根据《公司法》第 152 条规定，有限责任公司的任何股东，股份有限公司中持股时间连续 180 日以上、单独或合计持有公司 1% 以上股份的股东，均有权以原告身份提起股东代表诉讼。

第二，股东代表诉讼被告的范围。股东代表诉讼被告是实施了损害公司利益的行为而对公司负有民事责任的人，在公司怠于对其行使诉权的情形下，都可以成为股东代表诉讼的被告。

第三，股东代表诉讼前置程序。公司权利受到侵害时，首先应当由具有独立人格的公司提起诉讼。股东代表诉讼是一种代位诉讼，只有公司怠于行使诉权时，股东才能代表公司行使，这是为公司内部监督体制失灵设计的一种补充救济措施。股东在公司遭到违法行为损害后，不能立即直接提起诉讼，而必须先向公司监督机构提出由公司出面进行诉讼的请求，只有在请求已落空或注定落空、救济已失败或注定失败时，股东才可以代表公司提起诉讼。这就是股东代表诉讼的前置程序。公司法设置这一诉讼前置程序，是为了防止股东滥用诉权。

由于股东代表诉讼的原告一般是利益受损的中小股东，在公司中处于弱势地位，而公司受控于大股东或高管人员，很多证据都掌握在他们手中，中小股东不可能自如地取得重要信息，并且这些信息还可能被控制者转移、修改甚至销毁，因此，在举证责任上，股东代表诉讼实行举证责任倒置，即由被告举证。

三、股东的义务

权利与义务相对应，公司法在确认股东享有权利的同时，也规定了股东的义务。

1. 遵守公司章程。公司章程是公司的最高法律文件，对公司及全体股东都具有约束力。股东依照章程的规定享有权利承担义务。因此，遵守公司章程就成为股东承担的最基本的义务。

2. 向公司缴纳股款。向公司缴纳股款是股东最重要的义务。履行出资义务是取得股东资格的前提。股东应按照章程约定的出资方式、金额、期限等履行出资义务，它既是一项约定义务，同时也是一项法定义务。我国《公司法》明确规定，股东不履行出资义务的，应承担相应的法律责任。

3. 以出资额为限对公司债务承担责任。公司具有法人资格，公司以其全部财产对公司的债务承担责任，而股东仅以其出资额或认缴的股款为限对公司债务承担有限责任。

4. 不得抽回出资。根据资本维持原则的要求，公司成立后，股东不得抽回出资。我国《公司法》第 36 条规定，有限责任公司成立后，股东不得抽逃出资。第 92 条规定，股份有限公司的发起人、认股人缴纳股款或者交付抵作股款的出资后，除未按期募足股份、发起人未按期召开创立大会或者创立大会决议不设立公司的情形外，不得抽回其股本。对不履行出资义务的股东要追究法律责任。《公司法》第 201 条规定："公司的发起人、股东在公司成立后，抽逃其出资的，由公司登记机关责令改正，处以所抽逃出资金额 5% 以上 15% 以下的罚款。"

5. 填补出资。根据资本维持原则，我国《公司法》第 31、94 条规定，公司成立后，发现作为设立公司出资的非货币财产的实际价额显著低于公司章程所定价额的，应当由交付该出资的股东补足其差额；公司设立时的其他发起人股东承担连带责任。

6. 控股股东的诚信义务。控股股东，是指其股权额占有限责任公司资本总额 50% 以上或者持有的股份占股份有限公司总额股份 50% 以上的股东；或者股权额或者持有股份的比例虽然不足 50%，但依其股权额或者持有的股份所享有的表决权足以对股东会、股东大会的决议产生重大影响的股东。

控股股东利用其对公司的控制权，容易损害公司及中小股东的利益，因此，控股股东除应遵守一般股东应承担的义务之外，还应对公司承担诚信的义务。

《公司法》第 21 条规定："公司的控股股东、实际控制人、董事、监事、高级管理人员不得利用其关联关系损害公司利益。违反前款规定，给公司造成损失的，应当承担赔偿责任。"

【本章知识与技能训练】

一、基本知识训练

1. 重点概念
(1) 股东
(2) 原始取得
(3) 继受取得
(4) 股权
(5) 股东自益权
(6) 股东共益权
(7) 固有股东权
(8) 非固有股东权
(9) 单独股东权
(10) 共同股东权
(11) 股东直接诉讼
(12) 股东代表诉讼

2. 重点思考题
(1) 简述股东资格的取得方式。
(2) 简述我国法律、法规对股东资格的限制要求。

（3）公司法规定的股东权有哪些？

（4）简述股东权的分类方法及意义。

（5）如何理解股东自益权？

（6）如何理解股东共益权？

（7）简述固有股东权的在我国公司法中的主要体现。

（8）简述非固有股东权在我国公司法中的主要体现。

（9）简述单独股东权的主要内容。

（10）简述共同股东权的主要内容。

（11）简述股东代表诉讼的前提条件及实施的意义。

（12）股东对公司承担的义务有哪些？

二、基本技能训练

1. 我国《公司法》规定了股东享有的权利，法理上把这些权利分为三类。①按股东行使权利的目的不同，股东权可分为自益权和共益权；②按股东权性质不同，股东权可分为固有股东权和非固有股东权；③按股东权行使的方式不同，股东权可分为单独股东权和共同股东权。为了加深对股东权的理解，请用图表的方法列出每类股东权具体包含股东享有的哪些权利，并作必要的说明。

2. 甲公司与乙公司共同出资设立腾达照相器材有限责任公司。按照双方签订的出资协议，甲以货币出资，乙以土地使用权出资，并在公司成立后 3 日内办理过户登记手续。甲依约履行了出资义务，公司成立后，乙却迟迟不履行出资义务，不办理土地使用权的过户登记手续。腾达照相器材有限责任公司多次催促乙公司履行出资义务，但乙公司不予理睬，为此，腾达照相器材有限责任公司欲对乙公司提起诉讼。请你根据以上事实，为腾达照相器材有限责任公司起草一份起诉书。

三、技能提升训练

案例一

（一）基本案情

连胜科贸有限公司是于 2004 年 7 月经核准设立的有限责任公司，注册资本为 1 000 万元。股东北方公司以实物出资 800 万元，占出资比例 80%；王某以实物出资 110 万元，占出资比例 11%；张某以货币出资 90 万元，占出资比例 9%，出资均已到位。2006 年 7 月召开股东会，股东会决议记录内容为：董事会已电话通知股东参加会议；应到会股东 3 方，实际到会股东 3 方，代表股额的 100%；张某所有的 9% 股权转给王某，撤销张某原董事职务，文件下面签有张某的姓名。落款日期为同一日的《股权转让协议》载明：张某为转让方，王某为受让方，转让股权为货币出资 90 万元，占 9% 的出资额；转让方将自己在连胜科贸公司所持有的 90 万元出资额全部转让给受让方，受让方以其出资额为限对公司承担责任，受让方同意接受转让方转让的股权；本股权转让协议经双方签字（盖章）之日起生效。当月，连胜科贸公司向工商行政管理机关提交股东会决议、修改后的公司章程、股权转让协议等材料，申请办理股东变更登记。工商行政管理机关核准了连胜科贸公司的股东变更登记申请，张某不再是该公司股东，股东王某出资比例变更为20%。

经查明，上述《股东会决议》和《股权转让协议》中"张某"的签名均非其本人所写；连胜科贸公司设立后，张某未参与公司的经营与管理。张某认为其股权被非法转让，财产权受到损害，为此向法院起诉，要求确认2006年7月的《股东会决议》无效，判令恢复其在连胜科贸公司的股东地位，享有该公司9%的股权。请分析：

1. 张某的诉讼请求能否获得法院支持？为什么？
2. 张某的哪些股东权利受到侵害？为什么？

（二）分析引导与思考

本案双方争议的焦点是确认股东权的问题。

1. 依法设立的有限责任公司，受该公司章程、我国公司法及其他法律、行政法规的调整与规范。公司法对于股东会的召开、表决等事项进行了明确的规定，公司必须依法进行这些活动。

2. 股东依法享有公司法及公司章程中规定的股东权利，任何单位和个人不能剥夺股东依法律及公司章程规定享有的股东权利。

3. 从程序上看，公司应通知股东参加股东会，行使表决权。从内容上看，股东会作出的决议不能违反公司章程与公司法的规定。

可根据上述法律基本精神确定张某的诉讼请求能否成立，张某的哪些股东权利受到损害。

案例二

（一）基本案情

2006年1月28日，张某和李某签署环宇公司章程，并对股东出资、股东的权利义务等进行了约定，但未涉及股东资格继承问题。环宇公司依法设立，按章程规定张某为公司的法定代表人，企业类型为有限责任公司，注册资本300万元，张某和李某各出资150万元，各占公司资本的50%。此后环宇公司正常经营业务。2008年2月8日，张某突然去世。环宇公司在张某去世后不再继续经营，原经营地点因房屋租赁合同到期没有续约不再使用，环宇公司至今没有经营地点。张某之妻王某和两个儿子在清理遗物时，发现张某保管的环宇公司的公章、财务章、法定代表人人名章，未经李某同意，张某的妻子王某拿走并保管。张某的妻子王某和两个儿子要求继承张某的股东资格。李某表示公司章程没有对股东资格继承问题进行约定，不同意张某妻子和儿子继承股权。因张某妻子王某及儿子未办理股权继承变更手续便拿走公司的印章、财务章导致环宇公司无法正常经营，李某的股东权益受损。故李某以股东身份，代表环宇公司诉至法院，要求法院判决王某及张某的儿子不能继承张某股东资格。请你分析本案应如何处理？为什么？

（二）分析引导与思考

本案争议的焦点是股权继承问题。

公司的设立、变更、终止等事项均应受公司法及公司章程的调整。

我国《公司法》第76条的规定："自然人股东死亡后，其合法继承人可以继承股东资格；但是，公司章程另有规定的除外。"按照公司法的规定，公司章程没有关于股东资格继承的约定，其合法继承人依法可以继承公司的股东资格。

可根据上述法律基本精神确定本案股权继承问题。

案例三

（一）基本案情

2003年12月16日，鸿雁公司为经工商行政管理机关核准设立的有限责任公司。法定代表人为钱某，注册资本50万元。股东张某出资46万元，占注册资本的92%，股东李某、王某、钱某、赵某各出资1万元，各占注册资本的2%。公司章程规定：股东会会议由股东按照出资比例行使表决权；股东会会议分为定期会议和临时会议，并应当于会议召开15日前通知全体股东。定期会议应每年召开一次，临时会议由代表1/4以上表决权的股东、执行董事或者监事提议方可召开；股东会会议由执行董事召集和主持；执行董事因特殊原因不能履行职务时，由执行董事指定的其他股东主持；股东会会议应对所议事项作出决议，决议应由代表1/2以上表决权的股东表决通过。但股东会对公司增加或者减少注册资本、分立、解散或者变更公司形式、修改公司章程做出的决议，应由代表2/3以上表决权的股东表决通过。股东会应对所议事项的决定作出会议记录，出席会议的股东应当在会议记录上签名；执行董事为公司的法定代表人，法定代表人有召集和主持股东会的职权。

2006年10月25日，张某以在《北京青年报》刊登会议通告的方式向钱某、王某、李某、赵某四名股东发出召开临时股东会议的通知，会议通告中写明：鸿雁公司大股东张某决定于2006年11月15日召开临时股东会。会议内容拟定取消公司原法定代表人钱某法定代表人资格，选定张某为本公司新法定代表人。现通知全体股东于2006年11月15日上午9点整到公司准时参加会议。如未到会者视为自动放弃股东表决权。2006年11月15日，鸿雁公司召开了股东会，并作出决议如下：①罢免原法定代表人钱某的法定代表人及执行董事的职务；②选举张某为公司新的法定代表人和执行董事，公司在10天内向公司登记部门办理相关变更手续；③责令原法定代表人钱某在本次会议结束后2天内把公司的《营业执照》正本及副本、公司的印章、合同专用章、财物专用章、法定代表人印章全部交给新的法定代表人张某。张某在股东会决议上签字，其余4名股东未参加会议，亦未行使表决权。

公司钱某、李某、王某、赵某认为股东会议召集程序及表决程序违反公司章程，导致其不能行使股东权利，致使他们的权利受到了侵犯。张某辩称，他已通过公告的方式通知钱某、李某、王某、赵某参加股东会，其四人不参加股东会属于自动放弃权利。请你分析：

1. 钱某、李某、王某、赵某的股东权是否受到侵犯？为什么？

2. 如你认为他们的股东权受到侵犯，请进一步分析他们的哪些股东权受到侵犯？

3. 本案应如何处理？为什么？

（二）分析引导与思考

本案双方争议的焦点是钱某、李某、王某、赵某的股东权是否受到侵犯。

1. 关于股东会议召集程序及表决程序问题。《公司法》第41条第3款规定："董事会或者执行董事不能履行或者不履行召集股东会会议职责的，由监事会或者不设监事会的公司的监事召集和主持；监事会或者监事不召集和主持的，代表1/10以上表决权的股东可以自行召集和主持。"《公司法》第42、43条规定："召开股东会会议，应当于会议召开15日以前通知全体股东"；"股东会会议由股东按照出资比例行使表决权"。鸿雁公司章程对股东会的召开也有规定。

2. 股东权利的行使问题。股东会作为公司的最高权力机构，出席股东会并表达意见是股东的基本权利之一。股东会会议的通知是股东得以参加股东会会议并行使其权利的前提，通知全体股东参加股东会会议是公司的义务。

3. 关于通知方式问题。公告送达是在受送达人下落不明或者用其他方式无法送达的情况下所使用的一种送达方式，其只有在采用其他方式后仍无法通知到受送达人的情况下才可以使用。

可根据上述法律基本精神确定本案钱某、李某、王某、赵某的股东权是否受到侵犯及本案的处理结果。

案例四

（一）基本案情

2005年10月，上海南方日用化学品有限责任公司与杭州食品有限责任公司签订了一份出资协议，约定上海南方日用化学品有限责任公司与杭州生物保健品有限责任公司共同出资设立上海迅腾生物保健品有限责任公司。上海迅腾生物保健品有限责任公司注册资本3 000万元。上海南方日用化学品有限责任公司以现金2 000万元出资，在出资协议签署后10日内支付；杭州食品有限责任公司以土地使用权、机器设备出资，折合人民币1 000万元，在上海迅腾生物保健品有限责任公司领取营业执照后3日内办理产权过户登记手续。随后，上海南方日用化学品有限责任公司履行了出资义务，上海迅腾生物保健品有限责任公司经工商注册登记成立。由于杭州食品有限责任公司拟出资的土地使用权、机器设备属于其全资子公司所有，杭州食品有限责任公司一直未将其过户到上海迅腾生物保健品有限责任公司名下。经上海迅腾生物保健品有限责任公司多次催促未果，2007年1月，上海迅腾生物保健品有限责任公司与上海南方日用化学品有限责任公司向法院提起诉讼，请求法院判令杭州食品有限责任公司把土地使用权、机器设备出资过户到上海迅腾生物保健品有限责任公司的名下。但杭州食品有限责任公司称其不是向上海南方日用化学品有限责任公司履行出资义务，故上海南方日用化学品有限责任公司不具有诉讼的主体资格。请你分析：

1. 上海南方日用化学品有限责任公司是否具有诉讼的主体资格？为什么？

2. 本案应如何处理？

（二）分析引导与思考

本案双方争议的焦点是股东代表诉讼的主体资格问题。

1. 股东应向公司履行出资义务的法律责任问题。不履行出资义务的股东除应向公司承担违约责任外，应对已足额缴纳出资的股东承担违约责任。

2. 股东代位诉讼权的问题。股东行使代位诉讼的条件是，公司权利受到侵害后，公司怠于行使权利。

3. 子公司的法律地位问题。子公司具有独立的法人资格。子公司对其财产享有所有权。股东无权处分公司的财产。

可根据上述法律基本精神确定本案上海南方日用化学品有限责任公司是否具有诉讼的主体资格及本案的处理结果。

案例五

（一）基本案情

2003 年 3 月，甲公司、乙公司、丙公司和丁公司就四方共同投资创办向阳针织有限责任公司签订合同，约定甲公司投资 34 万元、占公司资本的 40%，乙公司投资 25.5 万元、占公司资本的 30%，丙公司投资 17 万元、占公司资本的 20%，丁公司投资 8.5 万元、占公司资本的 10%；一方如向第三者转让其部分或全部出资额，须经另外三方同意，向原登记机构办理登记。合同签订后，四方共同出资设立了向阳公司。2006 年 3 月甲公司因经营管理不善等原因严重亏损，不能偿还到期债务被法院宣告破产。2006 年 3 月 20 日法院通知向阳公司的全体股东甲公司破产，在拍卖甲公司资产前可行使优先购买权，购买甲持有的向阳公司的股权。2006 年 4 月 15 日，甲公司财产经北京产权交易中心公开拍卖，快捷公司以 19 850 万元的价款竞买成交，并交付了全部价款。2006 年 4 月 18 日，向阳公司致函快捷公司，称由于股东乙公司坚持优先购买权，导致甲公司转让股权暂不能实现，快捷公司不能成为向阳公司的正式股东。向阳公司未就快捷公司的股东地位在工商行政管理等部门办理相关变更登记手续。快捷公司认为自己拍卖取得甲公司包括其所占向阳公司 40% 股权的全部破产财产，理应成为向阳公司的股东，向阳公司的做法损害了其股东权益，向阳公司辩称快捷公司未出具其与甲公司清算组签订的股权转让协议，向阳公司与快捷公司不存在法律关系。为此快捷公司向法院提起诉讼。

请问：

快捷公司的诉讼请求能否成立？为什么？

（二）分析引导与思考

本案双方争议的焦点是快捷公司股东资格的确认。

1. 公司通过拍卖获得破产企业全部财产后享有的权利问题。企业被法院依法宣告破产，竞买人通过公开拍卖的方式取得了破产企业的全部财产，竞买人对破产企业财产享有占有、使用和收益的权能。

2. 破产公司的股权处理问题。公司破产，股权处理应适用公司法有关股权强制转让的法律规定。《公司法》第73条规定："人民法院依照法律规定的强制执行程序转让股东的股权时，应当通知公司及全体股东。其他股东在同等条件下有优先购买权。其他股东自人民法院通知之日起满20日不行使优先购买权的，视为放弃优先购买权。"

可根据上述法律基本精神确定本案快捷公司的诉讼请求能否成立。

第五章　股权的确认与转让

【本章学习指引】

　　股东凭借公司签发的股权确认凭证享有股东权利和承担股东义务。有限责任公司向股东颁发的股权凭证为出资证明书，股份有限公司向股东颁发的股权凭证为股票。为了增加股东投资的灵活性，公司法允许股东转让股权。但为了保障公司的稳定与发展，公司法又对股东转让股权作了必要的限制。

　　本章以股权确认为出发点，以公司法的规定为重点，介绍了出资证明书、股份、股票、股东名册的概念、特征和法律意义，并分别介绍了有限责任公司和股份有限公司股东转让股权的相关法律规定。学习中应重点掌握股份、股票的概念、特征和法律意义，以及股东转让股权的法律规则。

第一节　有限责任公司股权的确认与转让

一、有限责任公司股权的确认

　　股东权的确认是公司经营管理和司法实践中经常遇到的问题，具有重要的理论与实践意义。确认股东权利的归属，其本质就是确认公司和股东之间的关系。依公司法的规定，股权的确认主要取决于以下两种股权证明文书。

（一）出资证明书

1. 出资证明书概念。出资证明书是有限责任公司成立后向股东签发的股东出资凭证，是股东权利证书。其具有以下特征：

（1）出资证明书是要式证书，它的制作及记载的事项都必须严格按照法律规定进行，否则将导致其无效。

（2）出资证明书必须在公司成立后向股东签发。

（3）出资证明书不能自由买卖，只能按照《公司法》的规定依法转让。

2. 出资证明书的记载事项。出资证明书是要式证书，记载的事项必须符合法律规定。《公司法》第32条规定，出资证明书应当载明公司名称；公司成立日期；公司注册资本；股东的姓名或者名称、缴纳的出资额和出资日期；出资证明书的编号和核发日期。

出资证明书由公司盖章并由董事长签字方可生效。

3. 出资证明书的法律效力。

（1）具有证明股东身份和股东权利义务的法律效力。股东依据出资证明书载明的内容享有权利、承担义务。公司有义务依据股东出示的股东身份证明书，为股东行使股东权利提供相应的便利条件。

（2）具有证明股东出资、股东出资金额和股东出资所占注册资本比例的效力。

（二）股东名册

1. 含义。股东名册，是指有限责任公司置备的记载股东及其出资额、出资种类等事项的簿册。

2. 记载事项。股东名册是法律明文规定的公司必须置备的公司内部文件，其内容具有法定性，必须依法记载。根据我国《公司法》第33条的规定，有限责任公司应当置备股东名册，记载下列事项：①股东的姓名或者名称及住所；②股东的出资额；③出资证明书编号。且公司依法应当将股东的姓名或者名称及其出资额向公司登记机关登记；登记事项发生变更的，应当办理变更登记。未经登记或者变更登记的，不得对抗第三人。

3. 股东名册的法律意义。

（1）股东名册是主张股东权利的依据。记载于股东名册的股东，可以依股东名册向公司主张行使股东权利。

（2）股东名册是公司认定股东身份的直接依据。股东名册是法定的留存在公司用作公司确认股东身份的依据。凡记载于股东名册上的自然人或法人均为公司股东，公司有义务按照法律的规定通知在册的股东向公司行使权利或履行义务。没有记载于股东名册的主体没有权利要求公司向其履行通知或披露义务。

（3）股东名册是确认股权转让的依据。股东依法转让股权后，公司依法应当修改公司章程和股东名册中有关股东姓名或者名称，以及出资额等基本情况的记载。已经修改的公司股东名册，是股东转让股权的形式证明依据。

二、有限责任公司的股权转让

（一）股权转让的概念及法律特征

所谓股权转让，是指公司的股东依照法律或公司章程的规定将自己的出资转让给他人的行为。股权转让的法律特征有：

1. 股权转让是股权买卖行为。通过股权转让，股东将自己的股权转让给受让人，受让人取得股权。

2. 股权转让不改变公司的资本。股权转让只是变更公司股东，会导致公司股东构成及股东出资比例的变化和变更公司股东名册，但不改变公司资本。

3. 股权转让是要式行为。股权转让必须符合法律规定的条件、形式及程序。

（二）股权转让的方式

在我国，股权转让方式包括股权协议转让、股权强制性转让、股权回购和股权继承。

1. 股权协议转让。股权协议转让，是指转让方与受让方在完全自愿的基础上通过签订协议转让股权的行为。具体可分为股权内部转让和股权外部转让。

（1）股权内部转让。股权内部转让，是指股东之间转让股权。股东之间转让股权，不会产生新的股东，不会破坏股东之间的信任关系，只改变股东之间的出资比例。所以，公司股权内部转让一般采取自由主义原则。我国《公司法》也采用了这一原则。《公司法》第72条第2、3、4款规定，有限责任公司的股东之间可以相互转让其全部或者部分股权，但公司章程对股权转让另有规定的，从其规定。即除公司章程另有规定外，股权转让可以不经股东会同意。股权转让双方协商一致，转让即可成立。

（2）股权外部转让。股权外部转让，是指股东向公司股东以外的第三人转让股权。《公司法》第72条第2、3、4款规定："股东向股东以外的人转让股权，应当经其他股东过半数同意。股东应就其股权转让事项书面通知其他股东征求同意，其他股东自接到书面通知之日起满30日未答复的，视为同意转让。其他股东半数以上不同意转让的，不同意的股东应当购买该转让的股权；不购买的，视为同意转让。经股东同意转让的股权，在同等条件下，其他股东有优先购买权。两个以上股东主张行使优先购买权的，协商确定各自的购买比例；协商不成的，按照转让时各自的出资比例行使优先购买权。公司章程对股权转让另有规定的，从其规定。"这一规定表明，我国《公司法》并没有禁止股东向股东以外的第三人转让股权，但是除章程另有规定外，股权外部转让应遵循以下限制性的规定：

第一，股东向股东以外的第三人转让股权必须经其他股东过半数同意。为了维持股东之间的信任关系，《公司法》规定股东向股东以外的第三人转让股权必须经其他股东过半数同意。这里的同意，既包括明示的同意，也包括默示的同意。所谓的默示的同意，是指股东对股东转让股权的通知到期不答复，或虽不同意转让但又不购买该股权的法定情形。

法律之所以在此规定特定的情形视为默示的同意，是考虑到如果法律不这么规定，一旦出现个别股东既不同意对外转让又不明示同意购买的意愿，就会妨碍股权转让的进行，这实质上等于将股东出资限定在公司内部，违背了财产可转让的特点，也会降低股东投资的积极性，不利于公司的发展。因此，《公司法》规定，如果股东对股东转让股权通知到期不答复或不同意的股东不购买该转让的股权的，应视为同意转让。

第二，经股东同意转让的出资，在同等条件下，其他股东对该股权有优先购买权。赋予股东优先购买权，仍是出于有限责任公司人合性的特点。需要注意两点：①优先购买权只能是股东向股东以外的第三人转让股权，其他股东才享有。股东之间转让股权，其他股东不能享有优先购买权。②在同等条件下的优先购买权。这一点非常重要，没有同等条件，优先购买权则没有实际意义。同等条件是指股权转让给股东的条件与转让给股东以外的第三人的条件相同。这样规定实际上既保护了转让股东的利益，同时也通过提供优先购买权方式保护了其他股东的利益。

2. 股权强制转让。股权强制转让，是指依照法律规定的强制执行程序转让股东的股权。《公司法》第73条规定："人民法院依照法律规定的强制执行程序转让股东的股权时，应当通知公司及全体股东。其他股东在同等条件下有优先购买权。其他股东自人民法院通知之日起满20日不行使优先购买权的，视为放弃优先购买权。"

根据法律规定，股权强制转让应遵循下列规定：

（1）强制执行人负有通知义务。人民法院强制执行转让股东的股权前，应当通知公司及全体股东。

（2）债务人股东的股权被强制转让时，其他股东有优先购买权。为维持公司内部的人合性，任何一位股东都可以通过行使优先权来阻止债权人进入本公司。但要注意，优先权有效的行使期限为20日。20日之后不行使，视为放弃。

3. 股权回购。股权回购，是指在法定情况下股东有权要求公司以公平的价格收购他们手中的股权，从而退出公司。

（1）股权回购的法定条件。根据我国《公司法》第75条规定，有限责任公司有下列情形之一的，可以请求公司按照合理的价格收购其股权：①公司连续5年不向股东分配利润，而公司该5年连续盈利，并且符合本法规定的分配利润条件的；②公司合并、分立、转让主要财产的；③公司章程规定的营业期限届满或者章程规定的其他解散事由出现，股东会会议通过决议修改章程使公司存续的。

（2）股权回购的主观条件。股东请求公司回购其股权除符合法定条件外，还必须符合主观条件，即股东对股东会就上述问题作出的决议投反对票，股东可以请求公司按照合理的价格收购其股权。

股东会会议通过上述决议后，对上述决议投反对票的股东自动获得股权回购权，公司有义务收购投反对票股东的股权。

（3）股权回购的途径。根据我国《公司法》第75条的规定，股权回购的途径有两种：①协议回购。自股东会会议决议通过之日起60日内双方达成收购协议。②股东向人民法院提起诉讼。股东不能与公司达成股权收购协议的，可以自股东会会议决议通过之日起90日内向人民法院提起诉讼。

4. 股权继承。股权继承是指自然人股东死亡后，其合法继承人可以继承其股权。我国《公司法》第76条规定："自然人股东死亡后，其合法继承人可以继承股东资格；但是，公司章程另有规定的除外。"股权的内容具有财产权益，财产权是可以继承的。基于这一点，《公司法》允许自然人股东死亡后，其合法继承人继承股东资格。但考虑到有限责任公司的人合性特点，如果不对其进行限制，可能会导致老股东与继承取得股权的新股东之间的不信任，产生纠纷，影响公司的稳定与发展。除此之外，还有可能出现合法继承人的人数过多，他们继承股权成为股东，导致公司的股东人数超过法定人数，公司不能继续存在。鉴于此，《公司法》第76条规定"公司章程另有规定的除外"，即公司章程可以对股权继承问题作出规定，如有规定的，应遵从章程规定。这既坚持了股权可以继承的特性，同时又兼顾了有限责任公司的人合性的特点。

（三）股权转让的变更登记

不论因何种原因导致股权转移，在股权发生转移后，都需要履行相应的股权变更手续。依据《公司法》第74条和《公司登记管理条例》第35条的规定，股权变更手续包括公司内部变更手续和公司外部变更手续：①由公司履行内部的变更手续。公司应当注销原股东的出资证明书，向新股东签发出资证明书，并相应修改公司章程和股东名册中有关股东及其出资额的记载。对公司章程的该项修改不需再由股东会表决。②由公司履行外部变更手续。有限责任公司股东转让股权的，应当自转让股权之日起30日内向公司登记机关申请变更登记，并应当提交新股东的主体资格证明或者自然人身份证明。有限责任公司的自然人股东死亡后，其合法继承人继承股东资格的，公司也应当依照上述规定申请变更登记。未经登记的，不得对抗第三人。

第二节 股份有限公司股权的确认与转让

股份有限公司股东的股权是通过其持有的本公司的股份体现的，因此，股份是确认股东持有股份有限公司股权的基本依据。股份的表现形式是股票，股票是股权确认的形式依据。为了保证记名股东权利的行使，我国公司法要求公司必须配置股东名册。因此，股东名册也是股权确认的形式依据之一。

一、股份与股票

（一）股份的概念及特征

股份是股份有限公司资本的基本构成单位，也是划分股东权利义务的基本构成单位。它有以下几个特征：

1. 股份是公司资本构成的最小单位，具有不可分性。股份有限公司的全部资本划分为等额股份，股份总额即为公司资本总额。因此，股份是公司资本的最小计算单位，不能将某一股份再进行划分。

2. 股份具有平等性。平等性表现在两方面：①每一股份金额相等。股份有限公司的全部资本划分为等额股份，每一股份的金额相等。对于额面股份，表现为股份金额相等，对于无额面股份，则表现为在资本总额中所占比例相等。②每一股份代表的股权相同。每一股份所包含的权利义务一律平等。

3. 股份具有可自由转让性。股份有限公司是典型的资合公司，不强调股东之间的信任关系，除非法律另有规定，股份可以自由转让和流通。

（二）股票

1. 股票的概念及特征。股票是股份的表现形式。股票是股份有限公司成立后签发的证明股东所持股份、享有权利和承担义务的凭证。股票与股份密不可分。股票的主要法律特征为：

（1）股票是股份公司成立后签发的。公司在设立阶段，发起人和认股人就需认购股份，但只有公司成立取得法人资格后，才能向股东签发股票。公司成立后发行的股份，则直接以股票来表现。

（2）股票是证权凭证，不是设权凭证。所谓证权凭证，是指凭证所代表的权利已经存在，该凭证只是对已经存在的权利起到了证明作用。设权凭证是指权利此前并不存在，由于凭证的设立权利才产生的凭证。如票据作成并经过交付，才创设了付给一定金额的请求权。而股票是证明股东权利的证权证券。股票是股份的表现形式，因而也是股东权的表现形式。股东权的产生是基于股东向公司出资而持有公司的股份，而不是基于股票的制作。因此，股票是股东权存在的证明及股东行使权利的凭证。

（3）股票是有价证券。股票是股份的表现形式，股东依此享有股权。股份代表股东投入公司的资产，可以用财产价值来衡量，股份的财产价值和权利是通过股票来表现的。股东可以以其持有的公司股票行使股东权，获得公司红利；也可以通过股票的依法转让实现股票代表的财产价值。无记名股票是一种典型的有价证券。无记名股票所代表的股东权与股票本身不可分离，股票的持有者即为股东权的享有者；股票的转让即为股东权的转让，股票可以自由流通。

（4）股票是要式证券。所谓要式证券，是指证券的记载事项及证券的制作都必须符合法律规定。股票是要式证券表现在：①股票的形式要符合法律规定。《公司法》第 129 条的规定："股票应采用纸面形式或者国务院证券监督管理机构规定的其他形式。"②股票的内容符合法律规定。《公司法》第 129 条规定，股票应载明公司名称、公司登记成立的日期、股票种类、票面金额及代表的股份数、股票的编号等主要事项、发起人的股票还应标明发起人股票字样。股票须由法定代表人签名、公司盖章。

（5）股票是流通证券。股票代表着一定的财产价值，可以成为买卖的标的。为了增加股东投资的灵活性，股东可以依法转让其所持有的股票。这就使股票得以在证券交易市场上流通，实现人们的投资目的。

（6）股票是永久性证券。股票没有固定期限，只要公司存在，股票就会永久存在。股票的持有者不能要求公司退股，只能依法转让。这一点使股票与到期还本付息的公司债券相区别。

2. 出资证明书与股票的区别。出资证明书与股票虽然都是公司成立后签发的证明股权凭证。但两者有不同之处：

（1）两者票面金额表现不同。出资证明书以股东的实际出资表现，每张出资证明书的记载金额不同，而股票的每一股金额相同。

（2）两者是否记名不同。出资证明书都是记载股东姓名的，而股票有记名股票和无记名股票之分。

（3）两者是否可自由流通不同。出资证明书只能依法转让，不得在证券交易市场上市流通，而股票可以上市交易。

（三）股份的分类

随着股份有限公司的发展，股份变得越来越复杂多样。各国的公司法根据本国的公司实践，对股份有限公司发行的股份种类进行了法律规定。根据不同的标准，可以对股份作以下分类：

1. 普通股和特别股。根据股东享有的股东权利大小不同，股份可分为普通股和特别股。

（1）普通股。普通股是指股东拥有的权利、义务相等，无差别待遇的股份。普通股是股份公司发行的最基本、最重要的股份。

普通股的最大特点是股息不固定，承担的风险大。普通股的收益分配及剩余资产分配排在优先股股东之后，股息随公司盈利的多少而变化，公司盈利时，普通股股东是主要的受益者；公司亏损时，是主要的受害者。因此，普通股承担的风险最大。正是由于普通股承担的风险大，公司法赋予普通股股东享有全面的股东权利，包括：参加公司的股东大会并享有表决权，即重大事项决策权、选择管理者权；参加公司的收益分配及剩余资产的分配权，即资产受益权；优先认股权等。

（2）特别股。特别股是股东权不同于普通股而享有特别内容的股份。特别股是公司股份的一种例外设置情况，其目的在于利用特别股特点吸引投资，促使公司资本的尽快募集和公司的顺利设立。特别股可分为优先股和劣后股，但主要表现为优先股。

第一，优先股。优先股，是指在公司盈余分配及剩余资产分配等方面比普通股股东享有优先权的股份。主要有：①盈余分配优先股。公司盈余分配优先于普通股，且股息是固定的，不受公司经营状况好坏的影响，在一定程度上表现出债权的性质，是股权债权化的典型表现。正因如此，优先股又被人们形象地称之为"旱涝保收股"。但当公司盈利丰厚时，则可能出现其收益显著低于普通股的情况。②剩余财产分配优先股。当公司破产或解散清算时，对公司剩余财产的分配优先于普通股。盈余分配优先股、剩余财产分配优先股由于在公司盈余分配和剩余财产分配上享有优先权，则其他方面的权利就会受到一定限制。上述优先股，一般无表决权。这实质上是以无表决权作为代价换取公司收益和剩余财产分配的优先权。③有表决权的优先股。股东既享有财产分配上的优先权，又享有表决权。也就是说股东享有财产分配的优先权不以放弃表决权作为代价。有表决权的优先股一般是向公司发起人发行的，以表彰他们为发起设立公司所做的努力。

第二，劣后股。劣后股又称"后配股"，是指在公司利润和剩余财产的分配上排在优先股和普通股之后的股份。后配股在优先股和普通股之后获得股息及剩余财产，因此其承担的风险更大。由于其在公司财产分配上的不利，根据权利义务一致，风险对等原则，后配股享有全面的股东权。劣后股的发行量很少，一般是由公司发起人认购，故又称"发起人股"、"管理人股"、"经营者股"。

我国《公司法》第132条规定："国务院可以对公司发行本法规定以外的其他种类的股份，另行作出规定。"所以，公司原则上发行普通股，在符合国务院规定时，法律不禁止发行特别股，但目前国务院尚没有作出有关规定。按照优先股多为章程约定产生的惯例，只要不损害国家利益和社会公共利益，公司设置各种优先股应予允许。

2. 记名股与无记名股。以股票和股东名册上是否记载股东姓名为标准进行分类，股份可分为记名股与无记名股。

（1）定义。记名股是将股东的姓名或名称记载于股东名册和股票上的股份。无记名股是股票和股东名册上不记载股东姓名或名称的股份。

（2）两者的主要区别：

第一，权利的依附程度不同。无记名股的权利完全依附于股票之上，持有股票者取得股东资格，享有股东权。所以，无记名股票属无因证券。记名股的权利并不完全依附于股票之上，股票实际持有人必须与股票上记载的姓名或名称一致，否则不享有股东权。所以，记名股票属于有因证券。

第二，股份转让的方式不同。无记名股的转让只需交付股票，转让即发生法律效力。无记名股的优点是转让方便、自由。记名股的转让必须采用背书的方式，将受让人的姓名或名称记载于公司股票之上，并将受让人的姓名或名称记载于公司股东名册之中，否则，转让不发生法律效力。虽然记名股份转让手续较繁琐，但它便于公司掌握股东情况及股份流通情况，对持股人来说，不怕遗失，遗失后可通过公示催告程序补发，比无记名股更安全。

我国公司法允许公司发行记名股和无记名股。《公司法》第130条及国务院的有关规定明确规定：①公司向发起人、法人发行的股票，应当为记名股票，并应当记载该发起人、法人的名称或者姓名，不得另立户名或者以代表人姓名记名。②境外上市的外资股也应采取记名股票的形式。③公司向社会公众发行的股票既可以为记名股票，也可以为不记名股票。

3. 额面股和无额面股。以股票是否载明一定金额为标准进行分类，股份可以分为额面股和无额面股。

（1）额面股，又称金额股，是指在股票票面上表示一定金额的股份。全部股份票面价额的总和即为公司的资本。我国公司法规定股票应载明票面金额，股票均属于额面股。《公司法》第128条规定，股票发行价格可以按票面金额，也可以超过票面金额，但不得低于票面金额。

（2）无额面股，又称为比例股，是指股票票面不表示一定的金额，只表示所占公司资本总额一定比例的股票。例如，某公司资本共1亿元，共分为1000万股，那么，每股金额实际上为10元，但股票票面上并不载明为10元，而只载明其占股份总数的千万分之一。无额面股最大的优点是公司在增加资本时不必发行新的股份，只是增加每股所代表的资本即可；主要的缺点在于股票的面值始终处于不确定的状态，这种不确定状态不利于股份转让与交易。我国与世界上大多数国家一样，不允许发行无额面股。

4. 国家股、法人股、社会公众股和外资股。以投资主体为标准，股份可分为国家股、法人股、社会公众股和外资股。

国家股是指国家以国有资产向股份公司投资所形成的股份。法人股是指具有法人资格的企业事业单位和社会团体向股份公司出资形成的股份。社会公众股是指个人投资者向股份公司投资形成的股份。社会公众股包括一般社会公众股和公司职工股。一般社会公众股是指股份公司采取募集设立方式设立时向社会公众募集的股份。公司职工股是指股份公司在本公司公开向社会发行股份时，由公司的职工按照发行价格所认购的股份。外资股是指由外国和我国港、澳、台地区投资者用外汇向公司投资形成的股份。外资股可分为境内上市外资股和境外上市外资股。境内上市外资股是以人民币标明票面值，以外币认购和买卖，在我国境内证券交易所上市交易的股份。这种股份又称为 B 股，主要是相对于人民币 A 股而言。但目前，经国务院决定，国内投资者也可以用外币买卖 B 股。境外上市的外资股是我国股份公司发行的，由境外投资者使用外币购买在境外证券交易所交易的股份。根据境外上市地点不同又分为 H 股、N 股、S 股。在香港上市交易的是 H 股；在纽约上市交易的是 N 股；在新加坡上市交易的是 S 股。

二、股东名册

股东名册是股份有限公司必备的法律文件。根据《公司法》第 130 条第 2 款的规定，公司向发起人、法人发行的股票应为记名股票。为了使公司及时了解记名股票股东的情况，保证持记名股票股东的权利，公司必须配置股东名册。

（一）股东名册的记载事项

我国《公司法》第 131 条规定股东名册的记载事项有：①股东的姓名或者名称及住所；②各股东所持股份数；③各股东所持股票的编号；④各股东取得其股份的日期。发行无记名股票的，公司应当记载其股票数量、编号及发行日期。

（二）股东名册停止变更登记的时间

为了使公司确定行使股东权的日期，公司法对股东名册停止变更登记的时间作出了规定。《公司法》第 140 条规定："记名股票，由股东以背书方式或者法律、行政法规规定的其他方式转让；转让后由公司将受让人的姓名或者名称及住所记载于股东名册。股东大会召开前 20 日内或者公司决定分配股利的基准日前 5 日内，不得进行前款规定的股东名册的变更登记。但是，法律对上市公司股东名册变更登记另有规定的，从其规定。"

三、股份有限公司的股权转让

（一）股份转让的含义与原则

股份有限公司股东的权利通过其持有公司股份体现，股权转让即为股份转让。股份转让，是指股份有限公司的股东依法将自己的股份转让给他人，使他人成为股份有限公司的股东。

股份有限公司是典型的资合公司，只强调资本的结合，股东之间无需信任关系，因此，股份以自由转让为原则。

(二) 股份转让的规则

股份有限公司的股份以自由转让为原则，只要双方意思协商一致，即可进行股权转让。但为了保护公司、股东及公司债权人的整体利益，尽可能限制股份转让可能产生的弊端，许多国家或地区的公司法、证券法都对股份转让作出一些必要的限制。我国公司法对股份转让也作了限制性规定。

1. 发起人转让股份的限制。由于发起人对公司设立及公司成立后的前期稳定与发展起着至关重要的作用。为了公司的稳定与发展，防止发起人利用公司设立进行投机活动，损害其他股东及社会公众利益，我国《公司法》第 142 条第 1 款规定："发起人持有的本公司股份，自公司成立之日起 1 年内不得转让。公司公开发行股份前已发行的股份，自公司股票在证券交易所上市交易之日起 1 年内不得转让。"

2. 公司董事、监事、高级管理人员转让持有本公司股份的限制。公司董事、监事、高级管理人员对公司的经营情况了如指掌，为了防止他们利用掌握的内部信息从事股票交易，牟取私利，同时为了使他们的利益与公司利益紧密相连，尽职尽责地为公司服务，我国《公司法》第 142 条第 2 款规定："公司董事、监事、高级管理人员应当向公司申报所持有的本公司的股份及其变动情况，在任职期间每年转让的股份不得超过其所持有的本公司股份总数的 25%；所持本公司股份自公司股票上市交易之日起 1 年内不得转让。上述人员离职后半年内，不得转让其所持有的本公司股份。公司章程可以对公司董事、监事、高级管理人员转让其所持有的本公司股份作出其他限制性规定。"

3. 公司收购自身股份的限制。公司收购自己的股份就会成为自己的股东，实际上等于股东退股，从而导致资本减少，损害债权人的利益，与公司资本维持原则相违背。因此，除法定特殊情况外，原则上不许公司收购自己的股份。《公司法》第 143 条第 1 款规定："公司不得收购本公司股份。但是，有下列情形之一的除外：①减少公司注册资本；②与持有本公司股份的其他公司合并；③将股份奖励给本公司职工；④股东因对股东大会作出的公司合并、分立决议持异议，要求公司收购其股份的。公司因前款第①项至第③项的原因收购本公司股份的，应当经股东大会决议。公司依照前款规定收购本公司股份后，属于第①项情形的，应当自收购之日起 10 日内注销；属于第②项、第④项情形的，应当在 6 个月内转让或者注销。公司依照第 1 款第③项规定收购的本公司股份，不得超过本公司已发行股份总额的 5%；用于收购的资金应当从公司的税后利润中支出；所收购的股份应当在 1 年内转让给职工。"由此看来，原则上禁止公司持有自身股份，但出现上述法定的四种情况时允许例外。

4. 公司接受本公司股票质押的限制。公司接受本公司的股票作为质押权的标的，当公司的债务人无力清偿到期债务时，公司有权行使质权。公司拍卖质押的股票如无人购买时，公司自然就成为质押股票的所有人，这等同于公司收购本公司的股份是一样的。为此，我国《公司法》第 143 条第 4 款规定，公司不得接受本公司的股票作为质押权的标的。

5. 转让场所的限制。为了保证交易安全，股份转让场所也要符合法律规定。《公司法》第 139 条规定："股东转让其股份，应当在依法设立的证券交易场所进行或者按照国务院规定的其他方式进行。"目前，我国设立了深圳证券交易所和上海证券交易所。上市公司的股票都在这两个交易所上市交易。依照《公司法》的规定，股份转让还可以按照国务院规定的其他方式进行。

（三）转让方式的规定

股份转让即为股票转让。股票种类不同时，其转让方式也不同。

1. 无记名股票的转让。我国《公司法》第141条规定："无记名股票的转让，由股东将该股票交付给受让人后即发生转让的效力。"依照该规定，无记名股的转让由股份所有人将股票交付给受让人，即发生法律效力，无须过户。

2. 记名股票的转让。《公司法》第140条规定："记名股票，由股东以背书方式或者法律、行政法规规定的其他方式转让；转让后由公司将受让人的姓名或者名称及住所记载于股东名册。股东大会召开前20日内或者公司决定分配股利的基准日前5日内，不得进行前款规定的股东名册的变更登记。但是，法律对上市公司股东名册变更登记另有规定的，从其规定。"依照该规定，记名股票的转让须经背书，而且须将受让人的姓名及住所记载于公司股东名册之上，方能生效，否则记名股票的转让对公司不发生法律效力。

【本章知识与技能训练】

一、基本知识训练

1. 重点概念
（1）出资证明
（2）股权转让
（3）股权强制转让
（4）股权回购
（5）股权继承
（6）股份
（7）股票
（8）普通股
（9）特别股
（10）记名股
（11）无记名股
（12）额面股
（13）无额面股
2. 重点思考题
（1）简述出资证明的含义与特征。
（2）简述股份的含义与特征。

(3) 简述股票的含义与特征。

(4) 简述股票与出资证明书的区别。

(5) 简述有限责任公司的股东转让股权的限制要求及意义。

(6) 简述股权回购的法定条件。

(7) 简述股份的分类及其依据。

(8) 简述股份有限公司股东转让股权的限制性要求。

(9) 简述股份有限公司股东转让股权的方式。

(10) 比较有限责任公司的股东转让股权与股份有限公司的股东转让股权的难易程度。

(11) 简述限制股份有限公司收购本公司股份的意义。

(12) 如何理解普通股股东承担的风险最大？

二、基本技能训练

1. 王芳是南方汽车租赁有限公司的股东，出资为货币 40 万元、汽车两辆，价值人民币 30 万元；占公司注册资本的 50%。她欲将其出资的 80% 转让给股东以外的张强，2007 年 12 月 8 日，经公司其他股东一致同意后，王芳与张强就转让出资一事，来到某律师事务所，请律师帮助其起草股权转让协议书，并请有关转让事宜一并进行说明。请你替王芳和张强起草一份股权转让协议书，并详细说明转让权股的手续问题。

2. 北京泰达经贸有限责任公司的注册资本为 300 万元，北京永康制衣有限责任公司是北京泰达经贸有限责任公司的股东之一。北京永康制衣有限责任公司以办公场地出资，折合人民币 180 万元。现北京泰达经贸有限责任公司经北京市工商局注册登记成立。北京泰达经贸有限责任公司需向股东签发股权证明。请你根据上述背景资料，结合本章有关知识，制作一份北京泰达经贸有限责任公司签发给股东北京永康制衣有限责任公司的股权证明书。

3. 天津广博房地产开发股份有限公司股本总额为人民币 1 亿元，每股金额为 1 000 元人民币。公司发起人甲、乙、丙、丁认购公司的股份 6 000 万元，其余部分向特定对象募集。天津大发科技咨询有限责任公司通过购买天津广博房地产开发股份有限公司的股份 1 万股，使其成为天津广博房地产开发股份有限公司的股东。天津广博房地产开发股份有限公司于 2007 年 12 月 28 日取得营业执照。请你根据上述背景资料，结合本章有关知识，制作一份天津广博房地产开发股份有限公司签发给股东天津大发科技咨询有限责任公司的股票。

三、技能提升训练

案例一

(一) 基本案情

2004 年 8 月 5 日，永亮科技发展公司经工商行政管理机关核准为有限责任公司，注册资本 500 万元，股东有王某和张某。其中王某出资 400 万元，占注册资本的 80%，张某出资 100 万元，占注册资本的 20%。2005 年 1 月 24 日，康某与王某签订《股权转让协议》，约定：王某同意将其持有的永亮科技发展公司 20% 的股份转让给康某，康某以货币形式支付转让款，支付时间不晚于 2005 年 1 月 30 日；康某受让上述股权后，由新股东会对原公司成立时订立的章程、协议等有关文件进行修改和完善。协议另就公司债权债务的承担及股东的权利义务进行了约定。2005 年 1 月 25 日，永亮科技发展公司的股东张某表示同意王某向康某转让永亮科技发展公司 20% 的股权，同意康某成为公司股东。2005 年 1 月 30 日，康某将股权转让款 100 万元交给王某，但永亮科技发展公司一直未办理变更股东的工商登记手续，亦未向康某签发出资证明书。康某曾多次提出要求，但永亮科技发展公司和王某以种种理由推诿，不予办理。2006 年 12 月 15 日，康某和王某就返还股权转让股款达成了一致意见。但王某迟迟不退还康某股权转让款，故康某诉至法院，要求王某返还股权转让款 100 万元，并赔偿利息损失。王某称工商登记变更与否对股权转让协议的效力不产生任何影响。双方在股权转让协议中并未明确约定工商变更登记的时间、期限、逾期违约的条款，康某至今为止仍是永亮科技发展公司的合法股东，无权要求王某返还股权转让款。请你分析本案应如何处理？为什么？

（二）引导分析与思考

本案双方争议的焦点是康某能否有权要求王某和永亮公司退回股权受让款。这涉及以下三个方面的法律问题。

1. 股权转让协议是否有效。判断协议的效力从两方面思考：一是《合同法》规定的合同生效的相关规定；二是《公司法》关于公司股东向股东以外的第三人转让股权的规定。从这两个方面结合本题内容可知股权转让协议已经生效。

2. 康某是否已经成为永亮公司的股东。根据《公司法》第 72 条规定，转让股权后公司内部应当注销原股东的出资证明书，向新股东签发出资证明书，并相应修改公司章程和股东名册中有关股东及其出资额的记载。在办理完内部变更手续后，按照《公司登记管理条例》的规定，公司还应该变更公司登记事项；有限责任公司股东转让股权的，应当自转让股权之日起 30 日内申请变更登记，并应当提交新股东的主体资格证明或者自然人身份证明。完成上述程序后，股权受让人受让股权的法律手续才算完整。

3. 返还股款协议是否生效以及其对股权转让协议的效力问题。如果原股权转让协议继续有效或者内容没有发生变更，则该股权转让协议还需继续履行，则股权受让人无权要求退回股权受让款。只有已生效的返还股款协议起到了解除或变更股权转让协议的效力，股权受让人才有可能要求退回股权受让款。

可根据上述原理分析本案应当如何处理。

案例二

（一）基本案情

2006 年 2 月，顺达实业公司连同其余 3 家单位发起成立了隆发股份有限公司。2006 年 8 月，顺达实业公司因资金紧缺，与宇轩实业公司签订了股份转让协议，将其在隆发股份有限公司的股票 2 万股，以价值人民币 200 万元转让给宇轩实业公司，并约定到 2007 年 4 月双方再办理股票过户登记手续。协议签订后，双方经背书当即交接完毕。2007 年 6 月，宇轩实业公司反悔并诉至法院，称其与顺达实业公司的股份转让行为违法无效，要求顺达实业公司返还价金 200 万元并赔偿银行利息损失。但顺达实业公司称其与宇轩实业公司签订的是一份附期限的合同。到 2007 年 4 月办理过户登记时，隆发股份有限公司成立已满 1 年，双方转让股权的行为没有违反法律、法规的强制性规定，应是有效的，故不同意返还宇轩实业公司股款 200 万元及银行利息。请你分析：

1. 顺达实业公司与宇轩实业公司的股份转让行为是否符合我国《公司法》的规定？为什么？

2. 本案应如何处理？为什么？

（二）分析引导与思考

本案双方争议的焦点是股权转让是否有效。

1. 股东转让股份必须符合我国法律、法规的规定。我国公司法规定对股份有限公司发起人转让股份有明确的法律规定。

2. 股份转让的法律程序问题。我国《公司法》、《证券法》规定股份有限公司向法人发行的股份为记名股票。记名股票的转让须经背书，而且须将受让人的姓名及住所记载于公司股东名册之上，方能生效。否则记名股票的转让对公司不发生法律效力。

3. 双方签订的合同是否是附期限的合同问题。我国《合同法》规定，附生效期限的合同自期限届至时生效。根据法律规定，附生效期限的协议在约定的期限到来之前效力处于暂停状态。

可根据上述法律基本精神，确定顺达实业公司与宇轩实业公司的股份转让行为是否符合我国公司法的规定以及本案的具体处理结果。

第六章 有限责任公司的组织机构

【本章学习指引】

公司组织机构是为体现公司独立人格，实现公司权利能力和行为能力而设置的公司内部重要机构系统，其是公司成立必须具备的条件，使公司与股东之间形成了一种新型的利益关系，也是公司对外经营活动的纽带。有限责任公司设置有股东会、董事会和监事会等组织机构，分别负责公司决策、执行和监督职能。同时公司法还对一人有限责任公司和国有独资公司的组织机构进行了特别规定。有限责任公司组织有着较强的人合性因素，因此法律在制定公司组织机构规范时给公司留有适当的空间，使公司股东得以通过章程将彼此之间基于信任构建的组织机构运作机制固定下来，有利于公司的稳定和发展。

本章以我国公司立法为依据，详细介绍了有限责任公司组织机构股东会、董事会、监事会等公司基本组织机构的设置、职权和职责。其中，重点介绍了股东会的职权与决议、董事会的职权与决议、监事会的职权、经理的职权及一人有限责任公司和国有独资公司的组织机构的特别规定。其难点在于公司组织机构具体职权责的划分及运作规则。

第一节 股 东 会

一、股东会的概念和法律地位

《公司法》第 37 条规定："有限责任公司股东会由全体股东组成。股东会是公司的权力机构，依照本法行使职权。"由此可见股东会是由有限责任公司全体股东组成的公司权力机构，其法律地位主要体现在以下几个方面：

（一）股东会是公司的最高权力机关

作为公司的组织机构之一，股东会公司的最高权力机关，依照公司法行使职权。法律一般赋予股东会对公司重大事项决策的职权，包括选举和罢免董事、监事等重要职权，董事会和监事会都需要对其负责。但股东会也并非对公司所有重大事项决策大权独揽，公司法按照分权与制衡的原则对公司各机构的职权有不同的分配，股东会也应在合法的职权范围内行使职权。

（二）除法律另有规定外，股东会是依法必须设立的公司组织机构

在公司设立中，什么样的公司应设股东会，法律有明确的规定，是强制性的约束。非经法律的规定，不得改变。但针对特殊类型的公司，相关法律有时也会灵活地作出特殊规定，如外商投资设立的有限责任公司、一人有限责任公司、国有独资公司不设股东会。

（三）股东会须由全体股东组成

股东会有两层含意，即作为公司机关的股东会和作为会议形式的股东会。前者由全体股东组成，是公司的权力机关；而后者则是股东行使权利并形成统一意志的方式，分为定期会议和临时会议，它并不要求全体股东必须出席。

（四）股东会是公司非常设机构

股东会虽然一般是公司必设机构，却非常设机构，它仅以股东会会议的形式存在，在闭会期间并没有常设的办事机构。

二、股东会的职权

股东会为公司最高权力机构，由全体股东组成，享有公司重大事项的决策权。因此，公司法规定股东会的职权，具有重要的意义。

依照我国《公司法》第38条的规定，股东会享有以下职权：①决定公司的经营方针和投资计划；②选举和更换非由职工代表担任的董事、监事，决定有关董事、监事的报酬事项；③审议批准董事会的报告；④审议批准监事会或者监事的报告；⑤审议批准公司的年度财务预算方案、决算方案；⑥审议批准公司的利润分配方案和弥补亏损方案；⑦对公司增加或者减少注册资本作出决议；⑧对发行公司债券作出决议；⑨对公司合并、分立、解散、清算或者变更公司形式作出决议；⑩修改公司章程；⑪公司章程规定的其他职权。

可见，股东会有法定职权和章程规定的职权两类，公司可以以章程的形式规定股东会拥有除法定职权以外的其他职权。但章程规定的职权不得与公司法规定的法定职权相矛盾，不得违反相关法律、法规的规定，不得侵害、剥夺股东的固有权利，否则无效。

三、股东会的召开

（一）会议的种类

股东会的会议方式主要分为定期会议和临时会议两类。

1. 定期会议，是指依据法律和公司章程的规定在一定时间内必须召开的股东会议。

定期会议主要决定股东会职权范围内的例行事项。

会议召开时间由公司章程规定。定期会议应当依照公司章程的规定按时召开。在我国，一般有限责任公司股东会定期会议于每个会计年度结束之后即行召开。

2. 临时会议，也称特别会议，是指在定期会议闭会期间在必要的时候，根据法定人员、机构的提议而召开的股东会议。

根据《公司法》第40条第2款的规定，代表1/10以上表决权的股东，1/3以上的董事，监事会或者不设监事会的公司的监事提议召开临时会议的，应当召开临时会议。

有限责任公司的股东会的活动方式，较为灵活，并非事事均需要召开股东会。《公司法》第38条第2款规定："对前款所列事项股东以书面形式一致表示同意的，可以不召开股东会会议，直接作出决定，并由全体股东在决定文件上签名、盖章。"

此外，股东会的首次会议也作为一种会议方式在《公司法》中进行了规定。

（二）会议的召集和主持

依照我国《公司法》的规定，有限责任公司首次股东会会议由出资最多的股东召集和主持，依照《公司法》的规定行使职权。

根据《公司法》第41条的规定，有限责任公司在举行股东会会议时，设立董事会的公司，股东会会议由董事会召集，董事长主持；董事长不能履行职务或者不履行职务的，由副董事长主持；副董事长不能履行职务或者不履行职务的，由半数以上董事共同推举1名董事主持。有限责任公司不设董事会的，股东会会议由执行董事召集和主持。董事会或者执行董事不能履行或者不履行召集股东会会议职责的，由监事会或者不设监事会的公司的监事召集和主持；监事会或者监事不召集和主持的，代表1/10以上表决权的股东可以自行召集和主持。

（三）会议通知

有限责任公司董事会或执行董事履行召集股东会会议的职责，最主要的工作就是确定股东会召开的议题、时间、地点等有关事项，并通知给全体股东。《公司法》第42条规定："召开股东会会议，应当于会议召开15日以前通知全体股东；但是，公司章程另有规定或者全体股东另有约定的除外。"

四、股东会的表决

（一）表决原则

股东的表决权又称股东议决权，是指股东基于股东地位享有的就股东大会的议案作出一定意思表示的权利。表决权是股东权利的主要体现，非依法律规定，不得被公司章程或股东会决议限制或剥夺。公司法规定的行使股东会表决权的基本原则是：除公司章程另有规定外，股东会会议由股东按照出资比例行使表决权。这一原则是由有限责任公司以出资多少为基础和标准决定股东的利益分配和风险分担这一内在特性决定的。

（二）表决方式

股东进行表决的方式有以下几种：

1. 出席表决与代理表决。出席表决是指股东出席股东会会议，亲自行使表决权进行表决的一种方式，是股东进行表决的最基本方式；代理表决是指代理人依据股东委托或法律规定代为股东出席股东会会议并行使表决权的一种表决方式。

2. 书面表决与口头表决。书面表决是指股东不出席股东会而用书面的方式对股东会有关事项表明自己意见的一种表决方式；口头表决是指股东以口头方式对股东会有关事项表明自己意见的一种表决方式。

五、股东会的决议

（一）股东会决议的概念

股东会决议是股东会按照公司法和公司章程的规定，经过股东表决形成的对一定事项的决策。股东会决议是全体股东的集体意志，这种集体意志在公司内部具有管理决策的功能，对外则具有公司行为意思的意义。

（二）股东会决议通过的法定比率

股东会的决议均采用多数决原则，即有限责任公司股东会决议必须由持有公司股东表决权多数的股东通过方为有效。但是，对于不同的决议事项，公司法规定了多数的不同标准。据此，我们可将股东会的决议分为普通决议和特别决议：

1. 普通决议，是对股东会职权范围内一般事项的表决决议，只须经代表 1/2 以上表决权的股东通过，决议即可生效。

2. 特别决议，是对较股东会职权范围内一般事项更为重要的事项所作的决议，必须经代表 2/3 以上表决权的股东通过，决议方能有效。需要经过特别决议的法定事项包括以下几个方面：①修改公司章程；②增加或减少注册资本；③公司的合并、分立、解散；④变更公司形式。

（三）股东会决议的无效与撤销

由于股东会的决议是根据"资本多数决"的原则作出的，贯彻少数股份服从多数股份的制度。这要求决议内容和程序必须合法、公正，以满足各方权利行使的需要。修正后的《公司法》为了保证股东会的正常运作规定了股东会决议的无效与撤销。

1. 股东会决议的无效。根据《公司法》第 22 条第 1 款的规定，公司股东会、董事会决议内容违反法律、行政法规的无效。

关于上述规定，应注意理解以下两个问题：

（1）决议无效的事由。决议无效是由其内容违反强制性的法律、行政法规的规定导致的。强制性的法律、行政法规规定必须得到遵守，否则行为即告无效。违反强制性的法律、行政法规规定的股东会决议从决议作出之时即为无效。

（2）决议无效的法律后果。无效意味着股东会决议自始不发生法律效力，具有绝对的溯及力。

2. 股东会决议的撤销。《公司法》第 22 条第 2 款规定，股东会或者股东大会、董事会的会议召集程序、表决方式违反法律、行政法规或者公司章程，或者决议内容违反公司章程的，股东可以自决议作出之日起 60 日内，请求人民法院撤销。

关于上述规定，应注意理解以下两个问题：

（1）决议撤销的事由。撤销决议的事由包括以下几个方面：①召集程序违反法律、行政法规或公司章程。如，会议由没有召集权的人召集；董事会未向部分股东召集，或通知时间、通知方法不合法，或通知内容不齐全。②表决方式违反法律、行政法规或公司章程。如，通过决议的股东所持有的股份数量或所持有的表决权不足法定要求；将特别决议事项以普通决议来表决。③决议内容违反公司章程。例如，控股股东滥用表决权，侵害了公司章程赋予公司的和小股东的利益。

（2）决议撤销的法律后果。被撤销的法律行为自行为开始起无效，因此，决议撤销判决的效力应当溯及于决议之时。但不应溯及基于撤销前的股东会决议而与公司产生交易关系的善意第三人。

应注意基于被确认无效、被撤销的股东会决议而实施的变更登记事项，人民法院宣告该决议无效或者撤销该决议后，公司应当向公司登记机关申请撤销变更登记。

另外，从《公司法》第 22 条可知，该条同样适用于我国公司的股东大会、董事会决议的无效和撤销。此后，本书所涉及的股份有限公司股东大会及董事会决议的无效和撤销问题不再赘述。

第二节　董事会与经理

一、董事会的概念与法律地位

董事会是指依法由股东会选举产生，代表公司并行使经营决策权的公司常设机关。其法律地位主要体现在以下几个方面：

1. 董事会对股东会负责，执行股东会的决议。

2. 董事会是公司法定的常设机关。董事会自公司成立之日起一直存在。虽然它的成员可依法定程序更换，但董事会本身作为一个组织始终存在，不能撤销。

股东人数较少或者规模较小的有限责任公司，可以设一名执行董事，不设立董事会。执行董事可以兼任公司经理。

3. 董事会是公司对外代表机关。董事会的活动具有对外效力，董事长、执行董事或者董事会聘任的经理可担任公司的法定代表人，对外代表公司。

4. 董事会是公司的执行机构和经营决策机关。表现为董事会执行股东会决议，并在法律和章程规定的范围内对公司的经营管理行使决策权，负责公司的经营决策，并通过任命经理来执行公司的日常经营事务，经理对董事会负责。

二、董事会的组成

(一) 基本组成

1. 成员身份构成。根据公司法规定，董事会设董事长1人，可以设副董事长。据此可见，董事会由董事长、副董事长、董事组成。其中，副董事长不是必设成员。副董事长人数由公司自行确定。

2. 组成人数。有限责任公司董事会由3~13人组成。董事会决策公司事务通常由全体董事按一人一票的表决权设定，因而在实践中公司的董事会组成人员一般为单数。

3. 成员来源的特殊规定。公司董事会成员一般由股东选举出的董事构成，也可以由公司职工代表出任。董事会中的职工代表由公司职工通过职工代表大会、职工大会或者其他形式民主选举产生。

根据公司法的规定，由两个以上的国有企业或者两个以上的其他国有投资主体投资设立的有限责任公司，其董事会成员中应当有公司职工代表。这一规定体现了我国人民当家作主的法律精神，同时也有利于公司的民主化管理。

除了两个以上的国有企业或者两个以上的其他国有投资主体投资设立的有限责任公司，其董事会成员中应当有公司职工代表外，其他有限责任公司董事会成员中可以有公司职工代表，也可以没有，但法律提倡在其他有限责任公司中也有职工代表加入董事会，以利于公司职工参与民主管理。

(二) 董事

1. 董事的任职资格。股东并不能以股东的身份直接参加公司日常的经营管理决策。公司的日常经营管理决策，是由董事会负责的。因此，需对进入董事会的董事任职资格作出限制以保证公司经营管理的安全可靠。

各国公司法对董事任职资格的限制不同。有积极条件，即只有满足某些条件才能成为公司董事；也有消极条件，即董事不得具备某些条件。这些消极条件一般包括：国籍限制、年龄限制、持股限制、兼职限制、能力品行限制等。

我国公司法对董事任职资格的限制，主要见《公司法》第147条的规定，有下列情形之一的，不得担任公司的董事、监事和经理：

(1) 无民事行为能力或者限制民事行为能力；

(2) 因犯有贪污、贿赂、侵占财产、挪用财产或者破坏社会主义市场经济秩序，被判处刑罚，执行期满未逾5年，或者因犯罪被剥夺政治权利，执行期满未逾5年；

(3) 担任破产清算的公司、企业的董事或者厂长、经理，对该公司、企业的破产负有个人责任的，自该公司、企业破产清算完结之日起未逾3年；

(4) 担任因违法被吊销营业执照、责令关闭的公司、企业的法定代表人，并负有个人责任的，自该公司、企业被吊销营业执照之日起未逾3年；

(5) 个人所负数额较大的债务到期未清偿。

公司违反前款规定选举董事的，该选举无效；董事在任职期间出现上述情形之一的，公司应当解除其职务。

2. 董事的任免与聘用。

（1）任免。有限责任公司的非由职工代表出任的董事，由股东会选举和更换；由职工代表出任的董事的产生或撤换由公司的全体职工民主决定。

（2）聘用。有限责任公司董事的任期为每届不得超过 3 年。董事任期届满，可以连选连任。

董事任期届满未及时改选，或者董事在任期内辞职导致董事会成员低于法定人数的，在改选出的董事就任前，原董事仍应当依照法律、行政法规和公司章程的规定，履行董事职务。

通常股东通过法定程序被股东会选举为董事后，应与公司签订聘任合同，明确公司和董事之间的权利义务、董事的任期、董事违反法律法规和公司章程的责任以及公司因故提前解除合同的补偿等内容。

（三）董事长

1. 设置。董事会设董事长 1 人，并可以设副董事长协助董事长工作。

2. 产生。根据《公司法》第 45 条的规定，有限责任公司的董事长和副董事长的产生办法由公司章程规定。

3. 职权。

（1）可根据章程的规定担任公司的法定代表人，对外代表公司；

（2）主持股东会和召集、主持董事会会议；

（3）其他职权。对于董事长的其他职权法律没有明确规定。根据董事长职位的法律属性，应当有权检查董事会决议的实施情况等。至于签署公司债券的权力则取决于董事长是否为公司法定代表人。

三、董事会的职权

根据《公司法》第 47 条的规定，我国公司法对董事会的职权采取了列举式的规定。董事会对股东会负责，行使下列职权：①负责召集股东会会议，并向股东会报告工作；②执行股东会的决议；③决定公司的经营计划和投资方案；④制订公司的年度财务预算方案、决算方案；⑤制订公司的利润分配方案和弥补亏损方案；⑥制订公司增加或者减少注册资本以及发行公司债券的方案；⑦制订公司合并、分立、解散或者变更公司形式的方案；⑧决定公司内部管理机构的设置；⑨决定聘任或者解聘公司经理及其报酬事项，并根据经理的提名决定聘任或者解聘公司副经理、财务负责人及其报酬事项；⑩制定公司的基本管理制度；⑪公司章程规定的其他职权。

四、董事会会议

（一）董事会的召集和主持

有限责任公司董事会由董事长召集并主持。董事长因特殊原因不能履行职务或不履行职务时，由副董事长召集和主持；副董事长不能履行职务或者不履行职务的，由半数以上董事共同推举一名董事召集和主持。

（二）议事方式和表决程序

《公司法》对董事会的议事方式和表决程序作了如下规定：

1. 董事会应当对所议事项的决定作成会议记录，出席会议的董事应当在会议记录上签名。

2. 董事会决议的表决，实行一人一票。

除以上两点明文规定外，《公司法》没有再作其他具体规定。主要考虑到有限责任公司本身规模多小于股份有限公司，股东人数也较少，社会关注度不强，各企业的情况差别很大，又是具有较强人合性的企业。如果对有限责任公司的议事方式和表决程序作出硬性的千篇一律的具体规定，反不利于公司人合性优势的发挥。因此，立法在董事会的活动方式上留有必要的空间，以便于公司的投资者通过章程规定出更加符合本公司特点的运作规则。这不仅是必要的，而且还会收到培养投资者权利意识和规则意识的效用。

五、经理

有限责任公司的经理是由董事会聘任的，在董事会领导下主持公司日常经营管理工作、执行公司具体事务的机关。

（一）经理的概念和地位

经理是由董事会聘任的、负责组织日常经营管理活动的公司常设业务执行机关。与股东会、董事会、监事会不同，经理机关并非会议形式的机关，其决策行为不需要以会议决议的方式形成，而是以担任总经理的高级管理者的最终意志为准，虽然公司也设副总经理，但其只是由总经理提名协助其工作的人员。

现代社会，随着证券市场的发展，公司股权日益分散化，从而导致股东对公司管理的日益漠视，并且随着经济分工的细化和竞争的激烈化，管理日益成为一门专业技能，股东也没有能力对公司经营进行全方位的管理，因此，虽然各国公司法一般规定经理为依公司章程任意设立的机构，但实践中，经理不仅成为公司组织机构中不可或缺的常设机构，而且其权力有不断膨胀的趋势。即使如此，经理的基本性质和地位仍未发生根本变化，经理仍为公司的业务执行机构，由董事会聘任，对董事会负责，具体落实股东会和董事会的决议，主持公司的生产经营管理活动，维持公司运转。

（二）经理的聘任

依照《公司法》第50条的规定，有限责任公司设经理，由董事会聘任或者解聘。经理由董事会聘任或解聘，这是由经理的法律地位决定的。

依照《公司法》第51条的规定，股东人数较少或规模较小的有限责任公司，可以不设董事会而设立执行董事，执行董事可以兼任经理。公司董事会可以决定由董事会成员兼任经理。董事可以兼任经理，这是由两者都具有执行公司事务职能的性质所决定的。经理作为董事可以参与董事会决策，有利于董事会与经理之间的工作联系，提高工作效率。

公司监事不得被聘为经理。具有《公司法》第147条所规定的董事消极资格情形的人员也不得被聘任为公司经理。

（三）经理的职权

依照《公司法》第50条的规定，有限责任公司的经理职权具体包括：①主持公司的生产经营管理工作，组织实施董事会决议；②组织实施公司年度经营计划和投资方案；③拟订公司内部管理机构设置方案；④拟订公司的基本管理制度；⑤制定公司的具体规章；⑥提请聘任或解聘公司副经理、财务负责人；⑦聘任或者解聘除应由董事会决定聘任或者解聘以外的负责管理人员；⑧董事会授予的其他职权。另外，公司章程对经理职权另有规定的，从其规定。

第三节 监事会

一、监事会的概念与特点

监事会，是依《公司法》规定而设立，对董事和经理的经营管理行为及公司财务进行监督的常设机构。它代表全体股东对公司经营管理进行监督，行使监督职能，是公司的监督机构。其特点主要体现在以下几个方面：

1. 监事会是由依法产生的监事组成的。监事会由股东代表和适当比例的公司职工代表组成。股东代表由公司股东会依法选举产生，监事会中的职工代表由公司职工民主选举产生。

2. 监事会是对公司事务进行监督的机构。监督职能包括两个方面：①对董事、经理的职务行为进行监督；②对公司财务监督，也称为专业监督。财务监督是监督机构职权的重要部分，因为公司的财务状况是公司经营信息的直接反映，且上市公司财务状况是信息披露最重要的部分，是股东了解公司状况的主要途径。

3. 监事个人与监事会并行行使监督职权。监事会的职责是尽量发现公司经营中违法、违规、违章、违反股东会决议的的行为。为了充分掌握公司信息，法律规定了监事对公司业务和财务资料有平等的监督检查权，不是所有的监督职权的行使都需要以集体决议为前提的。我国公司法规定监督职权的主体就是监事会或者监事。

二、监事会的组成与任期

1. 监事会的组成。有限责任公司设监事会，其成员不得少于3人。股东人数较少或规模较小的有限责任公司，可以设1至2名监事，不设监事会。

监事会由股东代表监事和职工代表监事组成，其中职工代表的比例不得低于1/3，具体比例由公司章程规定，一般应为单数。

监事会中的股东代表监事由股东会依法选举产生；职工代表监事由公司职工通过职工代表大会、职工大会或者其他形式民主选举产生。

监事会设主席 1 人，可以设副主席。监事会主席和副主席由全体监事过半数选举产生。

董事、高级管理人员不得兼任监事。

2. 监事的任期。监事的任期为每届 3 年。监事任期届满，连选可以连任。监事任期届满未及时改选，或者监事在任期内辞职导致监事会成员低于法定人数的，在改选出的监事就任前，原监事仍应当依照法律、行政法规和公司章程的规定，履行监事职务。

三、监事会的职权

按照我国《公司法》第 54 条、55 条之规定，监事会或者监事行使下列职权：

1. 财务检查权。检查公司财务。

2. 监督与罢免建议权。对董事、高级管理人员执行公司职务的行为进行监督，对违反法律、行政法规、公司章程或者股东会决议的董事、高级管理人员提出罢免的建议。

3. 监督与要求纠正权。当董事和高级管理人员的行为损害公司的利益时，要求董事和高级管理人员予以纠正。

4. 召集临时股东会提议权、召集主持权。提议召开临时股东会会议，在董事会不履行公司法规定的召集和主持股东会会议职责时召集和主持股东会会议。

5. 提案权。向股东会会议提出提案。

6. 诉权。依照《公司法》第 152 条的规定，对董事、高级管理人员提起诉讼。

7. 列席权、质询建议权。监事有权列席董事会会议，并对董事会决议事项提出质询或者建议。

8. 调查权。监事会、不设监事会的公司的监事发现公司经营情况异常，可以进行调查；必要时，可以聘请会计师事务所等协助其工作，费用由公司承担。

9. 其他职权。公司章程规定的其他职权。

四、监事会会议

（一）监事会的召开

1. 会议召开期限。根据《公司法》规定，有限责任公司的监事会会议每年度至少召开一次。监事可以提议召开临时会议，法律未规定提议召开临时监事会会议的监事人数的限制，任何监事都可以提议召开临时监事会会议。

2. 召集和主持。监事会主席召集和主持监事会会议；监事会主席不能履行职务或者不履行职务的，由监事会副主席召集和主持监事会会议；监事会副主席不能履行职务或者不履行职务的，由半数以上监事共同推举一名监事召集和主持监事会会议。

（二）议事方式和表决程序

除法律明确规定外，监事会的议事方式和表决程序由《公司法》授权公司章程规定。监事会决议应当经半数以上监事通过，以保证监督者能正确、有效地行使权力。在公司章程中确定公司监事会的议事方式和表决程序要满足两个要求：一方面，监事会需要以集体决策的方式作出决定，而不是个人行使监督权与个人决策；另一方面，监事会作出决定应当有明确、合法的程序，以保证监事会能够有效地形成集体决定。

（三）会议记录

监事会会议是监事受公司股东委托行使监督权力的法定场合。因此，监事会会议的召开和所议事项，都应作完整、准确的记录，并与有关资料一并保存。《公司法》规定，监事会应当对所议事项的决定作出会议记录，出席会议的监事应当在会议记录上签字。

第四节　董事、监事、高级管理人员的义务与民事责任

一、董事、监事、高级管理人员的义务

公司董事、监事和高级管理人员的义务，是指公司董事、监事、高级管理人员因担当一定的公司职务而应当以法律和章程的规定承受的法律负担，即按法律和章程规定在履行职务时应实施或不应实施一定行为的要求。公司法针对公司组织机构的特点，主要采用禁止性规范，规定了有限责任公司和股份有限公司董事、监事和高级管理人员应当对公司承担的义务，切实保证公司的合法权益，保护股东的利益。根据我国《公司法》第148条第1款规定："董事、监事、高级管理人员应当遵守法律、行政法规和公司章程，对公司负有忠实义务和勤勉义务。"

（一）忠实义务

忠实义务是指董事、监事和高级管理人员在履行职务过程中应当以公司利益为重，当公司利益和个人利益发生冲突时，不得将个人利益置于公司利益之上。根据《公司法》第148条规定，董事、监事和高级管理人员对公司均负有忠实义务，这具体表现在《公司法》第148条第2款和第149条之中。具体表现如下[1]：

1. 不得利用职权谋取非法利益的义务。即董事、监事、高级管理人员在行使职权时应当维护公司和股东的利益，不得从中获利。依公司法的规定，这表现在两点：①董事、监事、高级管理人员不得利用职权收受贿赂或者其他非法收入，不得侵占公司的财产。②董事和高级管理人员不得接受他人与公司交易的佣金归为已有。

[1] 在八项忠实义务中，除了第1项中的"董事、监事、高级管理人员不得利用职权收受贿赂或者其他非法收入，不得侵占公司的财产"的规定是《公司法》第148条第2款规定的内容外，其他各项内容见《公司法》第149条之规定。

2. 不得挪用公司资金的义务。董事、高级管理人员应当遵守法律和公司章程规定，忠实履行职务，维护公司利益，不得挪用资金。

3. 不得以非公司名义存储公司资金的义务。董事、高级管理人员不得将公司资金以其个人名义或者以其他个人名义开立账户存储。

4. 不得越权处置公司资金的义务。董事、高级管理人员不得违反公司章程的规定，未经股东会、股东大会或者董事会同意，将公司资金借贷给他人或者以公司财产为他人提供担保。

5. 自我交易的限制义务。董事、高级管理人员不得违反公司章程的规定或者未经股东会、股东大会同意，与本公司订立合同或者进行交易。

6. 不得篡夺公司机会和竞业限制义务。董事、高级管理人员不得未经股东会或者股东大会同意，利用职务便利为自己或者他人谋取属于公司的商业再会，自营或者为他人经营与所任职公司同类的业务。

7. 保守公司秘密的义务。董事、经理除依照法律和章程的规定或者经董事会、股东（大）会同意外，不得擅自泄露公司秘密。

8. 不得有其他违反对公司忠实义务的行为。

由以上八项忠实义务可知，《公司法》对董事、监事和高级管理人员的忠实义务的调理更侧重于对董事和高级管理人员忠实义务的调整。

（二）善管义务

善管义务也称注意义务或勤勉义务，即董事、监事、高级管理人员应诚信地履行对公司的职责，尽到普通人在类似情况和地位下谨慎的合理注意义务，为实现公司最大利益努力工作。

我国《公司法》第 148 条和第 149 条规定了善管义务，董事、监事、高级管理人员必须遵守诚信原则，谨慎、认真、勤勉地在其职权范围内履行职责，为实现公司利益最大化而尽到合理的注意义务。

二、董事、监事、高级管理人员的民事责任

（一）责任承担

董事、监事、高级管理人与公司之间的法律关系有两种学说，一种是大陆法系的委托代理关系说，另一种是英美法系信托说。无论基于哪种法律关系，董事、监事、高级管理人都负有遵守法律、法规和公司章程，忠实地履行自己的职责的义务，当其怠于履行自己的职责给公司造成损害时，应当向公司承担责任。

1. 违反法律、行政法规或公司章程的法律责任。我国《公司法》第 150 条规定，公司董事、监事、高级管理人员执行公司职务时违反法律、行政法规或者公司章程的规定，给公司造成损失的，应当承担赔偿责任。根据该法第 21 条规定，公司董事、监事、高级管理人员不得利用其关联关系损害公司利益，违反此规定，给公司造成损失的，应当承担赔偿责任。公司董事、监事、高级管理人员享有法律和公司章程赋予的管理经营监督公司事务的职权，他们在执行职务时，应当依照法律和公司章程行使职权，履行义务，维护公司利益。如果公司董事、监事、高级管理人员履行职权时违反法律、行政法规或者公司章程的规定，给公司利益造成损害，应当承担法律责任。对此应从以下几方面来理解：

（1）责任主体为对公司负有责任的董事、监事、高级管理人员；

（2）必须有公司受损害的事实存在；

（3）必须是公司董事、监事、高级管理人员故意或过失违反法律、行政法规或公司章程执行公司职务的行为，如果是非职务行为则不适用；

（4）违法行为与损害事实之间有因果关系。

2. 违反忠实义务和勤勉义务的责任。根据《公司法》第148条和第149条的规定，公司董事、高级管理人员如果违反了其应负的勤勉义务和忠实义务，有①挪用公司资金；②将公司资金以其个人名义或者以其他个人名义开立账户存储；③违反公司章程的规定，或者未经股东会、股东大会或者董事会的同意，将公司资金借贷给他人或者以公司财产为他人提供担保；④利用职权收受贿赂或其他应归属于公司的收入；⑤违反公司章程的规定或者未经股东会、股东大会同意，利用职务便利为自己或者他人谋取属于公司的商业机会，自营或为他人经营与所任职公司同类的业务；⑥接受他人与公司交易的佣金归为己有；⑦擅自披露公司秘密等行为，理应为此向公司承担责任，应当将违法所得归公司所有。

（二）责任追究

对公司董事、监事和高级管理人员在执行职务时违反法律、行政法规或公司章程，损害公司和股东利益的行为，要追究其法律责任，最有效的方法就是寻求司法救济。我国公司法规定了如下诉讼方式：

1. 直接诉讼。直接诉讼是指公司或股东在其权利受到公司董事、监事、高级管理人员违反法律、行政法规或公司章程的行为的损害时，以自己的名义向人民法院提起的诉讼。

《公司法》第153条规定，董事、高级管理人员违反法律、行政法规或者公司章程的规定，损害股东利益的，股东可以向人民法院提起诉讼。其正是对直接诉讼方式的明确规定。

2. 股东代表诉讼。股东代表诉讼是指当公司的合法权益受到公司董事、监事、高级管理人员或者他人行为的损害，而公司怠于或者不能通过自身行为追究侵害公司权益的人，尤其是大股东的法律责任时，为了维护公司的利益，具备法定资格的股东有权以自己的名义代表公司对侵害人提起诉讼，追究侵害人法律责任，所得赔偿归于公司的一种诉讼制度。

《公司法》第152条规定，董事、高级管理人员有本法第150条规定的情形的，有限责任公司的股东、股份有限公司连续180日以上单独或者合计持有公司1%以上股份的股东，可以书面请求监事会或者不设监事会的有限责任公司的监事向人民法院提起诉讼；监事有本法第150条规定的情形的，前述股东可以书面请求董事会或者不设董事会的有限责任公司的执行董事向人民法院提起诉讼。

监事会、不设监事会的有限责任公司的监事，或者董事会、执行董事收到前款规定的股东书面请求后拒绝提起诉讼，或者自收到请求之日起 30 日内未提起诉讼，或者情况紧急、不立即提起诉讼将会使公司利益受到难以弥补的损害的，前款规定的股东有权为了公司的利益以自己的名义直接向人民法院提起诉讼。

他人侵犯公司合法权益，给公司造成损失的，本条第 1 款规定的股东可以依照前两款的规定向人民法院提起诉讼。

第五节　特殊的有限责任公司的组织机构

一、国有独资公司的组织机构

（一）国有独资公司的概念和组织机构的特点

依据《公司法》第 65 条的规定，国有独资公司是指国家单独投资出资、由国务院或者地方人民政府委托本级人民政府国有资产监督管理机构履行出资人职责的有限责任公司。

依照《公司法》及《国有企业监事会暂行条例》等法规的规定，国有独资公司组织机构法律制度的基本特点是，由国务院或者地方人民政府授权的本级人民政府国有资产监督管理机构、董事会、经理、监事会分别行使国有独资公司的决策权、经营管理权、业务执行权和监督权。

（二）国有独资公司权力机构职能的行使

国有独资公司不设股东会，由国有资产监督管理机构行使股东会职权。由于国有资产监督管理机构是国有独资公司的唯一股东，从而在国有独资公司中没有设立股东会的必要，而由国有资产监督管理机构直接行使一般有限责任公司的股东会的职权。与一般有限责任公司的股东会不同的是，国有资产监督管理机构可依法授权公司董事会行使股东会的部分职权，决定公司的重大事项。

尽管国有资产监督管理机构可依法授权公司董事会行使股东会的部分职权，但国有独资公司的合并、分立、解散、增加或者减少注册资本和发行公司债券，必须由国有资产监督管理机构决定；其中，重要的国有独资公司合并、分立、解散、申请破产的，应当由国有资产监督管理机构审核后，报本级人民政府批准。

（三）国有独资公司的执行机构

董事会是国有独资公司的常设经营决策机构，而且是必设机关。国有独资公司的董事会成员由两部分人组成，一是由股东委派，即由国有资产监督管理机构按照董事会的任期委派或者更换；二是由公司职工民主选举产生，一般由国有独资公司职工代表大会选举产生，这是国有独资公司董事会组成的一个特点。董事会每届任期不得超过 3 年。董事会设董事长 1 人，可以根据需要设副董事长。董事长和副董事长由国有资产监督管理机构从董事会成员中指定。

国有独资公司董事会除了依法享有有限责任公司董事会的所有职权外，还包括经国有资产监督管理机构授予的股东会的部分职权：①决定公司的经营方针和投资计划；②审议批准公司的年度财务预算方案、决算方案；③审议批准公司的利润分配方案和弥补亏损方案；④对公司聘用、解聘承办公司审计业务的会计师事务所作出决议；⑤公司章程规定可由董事会行使的其他职权。

国有独资公司设经理，由董事会聘任或者解聘。经国有资产监督管理机构同意，国有独资公司的董事可以兼任经理。国有独资公司经理的职权与一般有限责任公司的经理相同。

（四）国有独资公司的监督机构

依据《公司法》第 71 条的规定，国有独资公司监事会成员不得少于 5 人，其中职工代表的比例不得低于 1/3，具体比例由公司章程规定。监事会成员由国有资产监督管理机构委派；但是，监事会中的职工代表由公司职工代表大会选举产生。监事会主席由国有资产监督管理机构从监事会成员中指定。监事会行使本法第 54 条第 1 项至第 3 项规定的职权和国务院规定的其他职权。

从公司法的规定可以看出，国有独资公司的监事会与一般有限责任公司的监事会有所不同。一般有限责任公司的监事会由股东代表和适当比例的公司职工代表组成，股东代表由股东会从所有股东中选举产生。由于国有独资公司的股东只有一个，即国家，而国有资产监督管理机构代表国家行使出资人的职权，因此监事会成员中的股东代表主要由国有资产监督管理机构委派。

二、一人有限责任公司的组织机构

一人有限责任公司是指公司的出资或股份由股东一人所有，并由该股东持有公司全部出资的有限责任公司。其中的"一人"不仅指自然人，也指法人。

在公司法上，股东会是由全体股东组成的议事、表决机构。对只有一名股东的一人有限责任公司而言，没有设立议事、表决机构的必要，所以我国《公司法》第 62 条明确规定，一人有限责任公司不设股东会。但这并不意味着否认公司权力机构职能的存在，一人有限责任公司的权力机构职能应当由公司的股东一人行使。

由于一人有限责任公司的股东一人就能行使公司权力机构的职能，容易使股东个人意思与公司法人意思相混同，因此《公司法》规定，股东在做出公司权力机构职权的决定时，"应当采用书面形式，并由股东签名后置备于公司"，以有利于区分股东意思和公司意思。

对于一人有限责任公司的执行机构和监督机构，公司法没有作出特别的规定。根据《公司法》第 65 条第 1 款的规定，国有独资公司的设立和组织机构，适用本法第二章第四节的规定，该节没有规定的，适用第二章第一节、第二节的规定。即适用一般有限责任公司组织机构的有关规定。

三、中外合资经营企业的组织机构

（一）中外合资经营企业的概念和特征

1. 概念。中外合资经营企业，是指中国合营者与外国合营者依照中国法律的规定，在中国境内共同投资、共同经营，并按投资比例分享利润、分担风险及亏损的企业。

2. 特征。

（1）中外合资经营企业的组织形式为有限责任公司，具有法人资格，作为股东的中外合营各方以投资额为限对企业债务承担有限责任。

（2）在中外合资经营企业的注册资本中，外方合营者的出资比例一般不得低于25%。

（3）中外各方依照出资比例分享利润，分担亏损，回收投资。

（4）合资企业建立由董事会、经理组成的组织机构，实行法律规定的企业内部治理制度。

（二）中外合资经营企业的组织机构

1. 中外合资经营企业的权力机构。根据《中外合资经营企业法实施条例》的规定，中外合资经营企业不设股东会。董事会是合营企业的最高权力机构，决定合营企业的一切重大问题。

董事会成员不得少于3人。董事名额的分配由合营各方参照出资比例协商确定。对其上限则没有限定性规定。董事由合营各方委派和撤换。董事长和副董事长由合营各方协商确定或由董事会选举产生。中外合营者的一方担任董事长的，由他方担任副董事长。董事会根据平等互利的原则，决定合营企业的重大问题。但下列事项由出席董事会会议的董事一致通过方可作出决议：①企业章程的修改；②合营企业的中止、解散；③企业注册资本的增加、减少；④合营企业的合并、分立。

其他事项，可以根据合营企业章程载明的议事规则作出决议。在董事会决议时，每一个董事享有一票表决权，即根据董事人数行使表决权。

董事会会议每年至少召开1次，由董事长负责召集并主持。董事长不能召集或不履行召集职责时，由董事长委托副董事长或者其他董事负责召集并主持董事会会议。经1/3以上董事提议，可以由董事长召开董事会临时会议。

董事会会议应当有2/3以上董事出席方能举行。董事不能出席的，可以出具委托书委托他人代表其出席和表决。

2. 中外合资经营企业的执行机构。中外合资经营企业的执行机构是总经理和副总经理等组成的经营管理机构，其权力来源于最高权力机构即董事会的授权。

中外合资经营企业的总经理执行董事会会议的各项决议，组织领导合营企业的日常经营管理工作。在董事会授权范围内，总经理对外代表合营企业，对内任免下属人员，行使董事会授予的其他职权。

3. 中外合资经营企业的监督机构。《公司法》第 218 条规定："外商投资的有限责任公司和股份有限公司适用本法；有关外商投资的法律另有规定的，适用其规定。"由该条规定可以得出，中外合资经营企业也可以设立监事会，作为对董事、经理的管理行为及企业的财务进行监督的机构。

【本章知识与技能训练】

一、基本知识训练

1. 重点概念
(1) 股东会
(2) 董事会
(3) 董事长
(4) 监事会
(5) 经理
(6) 国有独资公司
(7) 一人有限责任公司
(8) 中外合资经营企业
(9) 善管义务
(10) 忠实义务

2. 重点思考题
(1) 简述股东会的法律地位。
(2) 简述股东会会议的种类。
(3) 简述股东会会议的表决原则和方式。
(4) 简述股东会决议的无效与撤销。
(5) 简述董事会的职权。
(6) 简述董事的任职资格。
(7) 简述监事会的组成与任期。
(8) 简述监事会的职权。
(9) 简述董事、监事、高级管理人员的义务。
(10) 简述董事、监事、高级管理人员的民事责任。
(11) 简述国有独资公司组织机构的特别规定。
(12) 简述一人有限责任公司组织机构的特别规定。
(13) 简述中外合资经营企业组织机构的特别规定。

二、基本技能训练

1. 海化市东方制衣有限责任公司成立于 2003 年。公司有股东 20 人且均为记名股东。公司于 2007 年 3 月 22 日召开董事会会议，决议预定于 2007 年 6 月 14 日 15：00 时在本公司办公大楼会议室召开年度股东会,会议采用现场会议形式召开,审议公司 2006 年度董事会工作报告、监事会工作报告、财务决算方案和 2007 年度财务预算方案。

请根据上述情况起草一份股东会会议通知。

2. 海化市兴隆有限责任公司在 2006 年 2 月 16 日经董事会决议定于 3 月 16 日在公司总部召开公司第三届股东会第二次临时会议,会议议题为讨论增选王才为本公司独立董事的议案、增选张智为本公司监事的议案。公司拟通知股东参加会议,并随通知寄给每位股东一张授权委托书。

请为公司制作一张授权委托书。

三、技能提升训练

案例一

(一) 基本案情

旭南市腾飞电子有限责任公司(简称腾飞电子公司)成立于 2005 年 1 月 1 日,公司成立时注册资本 50 万元,共有股东 5 人。大股东顾某出资 30 万,持有公司 60% 的股权,王某、张某、边某、陈某四人各出资 5 万元,各占有公司 10% 的股份。公司章程规定:"股东向股东以外的人转让其出资时,必须经过全体股东过半数同意。"2006 年 5 月 14 日,腾飞电子公司召开第一届四次股东会并作出决议,同意股东顾某将全部股权中 20 万元转让给腾飞咨询公司,占注册资本的 40%;并同意吸收腾飞特化公司为法人股东。吸收腾飞特化公司为公司股东后,腾飞特化公司向腾飞电子公司增资 250 万元。腾飞电子公司召开第二届一次股东会,通过公司章程修正案,通过了变更公司注册资本的决议。王某、张某、边某未参加这两次股东会,也未在股东会决议和章程修正案上签字,股东会决议中"股东亲笔签字"项下王某、张某、边某三人的签名均非本人书写。同年,腾飞电子公司向工商部门申请变更登记,公司注册资本由 50 万元人民币变更为 300 万元人民币,新增股东腾飞特化公司和腾飞咨询公司,股东顾某的出资额变更为 10 万元,占公司资本总额的 1/30,股东某、张某、边某出资额不变,所占股份百分比变更为各占公司股份的 1/60。

请问:腾飞电子公司第一届四次股东会决议、第二届一次股东会决议及章程修正案是否有效?

(二) 分析引导与思考

本案争议的焦点是王某、张某、边某未参加股东会,也未在股东会决议和章程修正案上签字的情况下股东会决议及公司章程修正案是否有效的问题。这要考虑以下几个问题:

1. 腾飞电子公司章程对于该公司股权转让、股东会的召开与公司增资、股东变更的决议的形成均做出了明确规定。腾飞电子公司第一届四次股东会决议、第二届一次股东会决议的形成程序均不符合该公司章程和公司法的相关规定。事实上,王某、张某、边某三人作为公司股东并未实际到会。涉案的两份股东会决议中王某、张某、边某的签字均非本人签写，可以认定决议不是三原告的真实意思表示，该两份股东会决议实为冒用三原告名义所形成，内容不真实。

2. 第一届四次股东会对股东转让出资以及吸收新的法人股东等事项形成决议，也不符合公司章程关于"股东向股东以外的人转让其出资时，必须经过全体股东过半数同意"的规定，也侵犯了王某、张某、边某三人作为股东对公司其他股东所持股份的优先购买权。

3. 被腾飞电子公司用于办理工商变更登记手续的两份股东会决议均系冒用股东名义，侵犯股东合法权益，违反了相关法律规定，应属无效，该股东会决议所通过的章程修正案亦当然无效。

案例二

（一）基本案情

2005 年 5 月 26 日，皇朝有限责任公司经核准登记设立。工商登记材料显示：该公司注册资金 200 万元，股东甲出资 160 万元，股东乙、股东丙各出资 20 万元。甲与乙原为夫妻关系。2007 年 8 月 21 日二人签订《离婚协议书》，同意解除双方的婚姻关系，并对双方婚姻关系存续期间的房产、汽车等共同财产和共同债务的分担等进行了处理，同时约定：乙在皇朝有限公司所持有的 10% 股权全部归甲所有，股权转让手续由甲负责办理，费用由甲承担，自该协议签字之日起，乙不再享有皇朝有限责任公司的任何权益等。甲按照约定支付相应款项后，双方到法院申请办理协议离婚。同年 8 月 27 日，法院做出民事调解书，对双方达成自愿离婚的协议予以确认。

2007 年 11 月 7 日，皇朝有限责任公司分别形成第三届第二次《股东会决议》和《董事会决议》。《股东会决议》上载明：以电话方式通知全体股东到会参加会议，股东 3 人到会，会议由甲主持、丙记录；决议免去甲、乙和丙的公司董事职务、撤销董事会、免去王某的公司监事职务、乙和丙将各自在公司所持的 20 万元股权全部转让给甲、修改公司章程；该文件上签有甲、乙、丙的姓名。同日做出的《董事会决议》同样载明以电话方式通知全体董事到会参加会议，三董事到会，决议内容为免去甲在公司的董事长职务、解聘甲在公司的总经理职务、免去朱某在公司的副总经理职务。该文件全体董事签字栏内同样签有甲、乙、丙的姓名。皇朝有限责任公司用上述材料办理了股东变更登记，将该公司股东变更为甲一人。上述两份决议中均非乙本人签字。请问：乙是否有权请求法院撤销 2007 年 11 月 7 日的股东会决议和董事会决议？

（二）分析引导与思考

本案争议的焦点是乙在与甲签订《离婚协议书》并将其持有的 10% 股权全部归甲所有后是否有权要求撤销股东会决议和董事会决议，这要考虑以下几个问题：

1. 甲与乙基于真实意思表示签订《离婚协议书》，其中乙将所持有的皇朝有限责任公司 10% 股权转让给甲，股权转让手续由甲负责办理的约定，表明了乙对甲办理股权转让手续的授权；有关自签约之日起乙不再对皇朝有限责任公司享有任何权益的内容，则是乙自此放弃行使股东权利的表示。

2. 公司申请变更登记，应当提交依法做出的变更决议或决定。双方所争议的《股东会决议》、《董事会决议》以股东和随之发生的公司管理人员的变动为内容，均是变更登记的必要文件。皇朝有限责任公司也正是将这两份文件用作办理变更登记。从内容上看，这两份决议也不违背乙出让股权并不再享有皇朝公司任何权益的真实意愿。既然乙授权甲办理股权转让手续，且明示自签署离婚协议之日即放弃行使股东权利，因此乙本人没有参加股东会和董事会，也没有亲自在《股东会决议》和《董事会决议》上签名，并不构成《股东会决议》和《董事会决议》程序上的瑕疵。

乙无权要求撤销 2007 年 11 月 7 日的股东会决议和董事会决议。

第七章　股份有限公司的组织机构

【本章学习指引】

　　股份有限公司组织机构与有限责任公司组织机构有着基本的相似性，又有相当程度的差异性。按照公司内部职能的划分，股份有限公司与有限责任公司一样设置有股东大会、董事会和监事会，分别负责公司决策、执行和监督职能；同时，与有限责任公司组织机构设置相比较又存在明显的差异，一方面是法律对股份有限公司组织机构设置的强制性规定进一步强化，另一个方面法律又进一步严格规定股份有限公司组织机构中股东大会和董事会的会议程序和董事会运作中的中心地位，使得股份有限公司的组织机构的设置和运作与有限责任公司相比较，有着形似而神不似的特点。

　　本章以我国公司立法为依据，详细介绍了股份有限公司组织机构股东大会、董事会、监事会等公司基本组织机构的设置、职权和职责。其中，重点介绍了股东大会、董事会及上市公司组织机构的特别规定。本章难点是在掌握股份有限公司组织机构主要法律规定的基础上，比较理解股份有限公司和有限责任公司机构运作的不同。

第一节　股东大会

一、股东大会的概念和法律地位

　　根据《公司法》第99条的规定："股份有限公司股东大会由全体股东组成。股东大会是公司的权力机构，依照本法行使职权。"由此可见股东大会是由股份有限公司全体股东组成的公司权力机构，其法律地位主要体现在以下几个方面：

　　首先，股东大会是公司的最高权力机关。这反映在股东大会是公司的意思表示机关、权力机关、重大问题决策机关，行使决策权；董事会、监事会都由股东大会产生，对股东大会负责。

　　其次，股东大会是公司依法必须设立的非常设机构。股东大会作为股份有限公司的权力机构依照法律的规定必须设立，缺失即为违法。然而虽为公司必设机构，却非常设机构，它仅以股东大会会议的形式存在，在闭会期间并没有常设的办事机构。

最后，股东大会须由全体股东组成。股东大会是由全体股东组成的，每一股东都有权利参加股东大会，股东大会不应排除任何一个股东。但应指出，作为公司机关的股东大会与表现为股东会议的股东大会是两个不同的概念。虽然习惯上将其两者都称为股东大会，但是两者内涵并不同，前者由全体股东组成，是公司的权力机关；而后者是股东集体行使权利的方式，它并不要求全体股东必须出席。

二、股东大会的职权

股东大会为公司最高权力机构，由全体股东组成，享有公司重大事项的决策权。因此，公司法规定股东大会的职权，具有重要的意义。

依照我国《公司法》第100条和第38条的规定，股东大会享有以下职权：①决定公司的经营方针和投资计划；②选举和更换非由职工代表担任的董事、监事，决定有关董事、监事的报酬事项；③审议批准董事会的报告；④审议批准监事会或者监事的报告；⑤审议批准公司的年度财务预算方案、决算方案；⑥审议批准公司的利润分配方案和弥补亏损方案；⑦对公司增加或者减少注册资本作出决议；⑧对发行公司债券作出决议；⑨对公司合并、分立、变更公司形式、解散和清算等事项作出决议；⑩修改公司章程；⑪公司章程规定的其他职权。

上述有关股东大会职权的规定与有限责任公司股东会职权的规定是相同的。

三、股东大会的召开

（一）会议的种类

股东大会的会议方式主要分为股东年会和临时会议两类。

1. 股东年会，也称为定期会议，是指依据法律和章程规定在规定的时间内必须召开的股东大会。定期会议主要决定股东大会职权范围内的例行重大事项。

股东年会，依照我国公司法规定，每年召开1次，具体召开时间由公司章程进行规定。股东大会年会一般于每个会计年度结束之后即行召开；其中，上市公司的股东大会年会一般于会计年度终了后6个月内召开。

2. 临时会议，也称特别会议，是指在定期会议以外必要的时候，由于发生法定事由或者根据法定人员、机构的提议而召开的股东大会。

根据《公司法》第101条规定，有下列情形之一的，应当在两个月内召开临时股东大会：①董事人数不足本法规定人数或者公司章程所定人数的2/3时；②公司未弥补的亏损达实收股本总额1/3时；③单独或者合计持有公司10%以上股份的股东请求时；④董事会认为必要时；⑤监事会提议召开时；⑥公司章程规定的其他情形

（二）会议的召集和主持

根据《公司法》第102条规定，股东大会会议由董事会召集，董事长主持；董事长不能履行职务或者不履行职务的，由副董事长主持；副董事长不能履行职务或者不履行

职务的，由半数以上董事共同推举1名董事主持。

董事会不能履行或者不履行召集股东大会会议职责的，监事会应当及时召集和主持；监事会不召集和主持的，连续90日以上单独或者合计持有公司10%以上股份的股东可以自行召集和主持。

股份有限公司定期会议应按章程规定时间召集，但临时会议需要在法律规定情形发生后2个月内召集。

（三）会议通知与临时提案规则

1. 会议通知规则。我国《公司法》第103条第1款规定，召开股东大会会议，应当将会议召开的时间、地点和审议的事项于会议召开20日前通知各股东；临时股东大会应当于会议召开15日前通知各股东；发行无记名股票的，应当于会议召开30日前公告会议召开的时间、地点和审议事项。

2. 临时提案的规则。我国《公司法》第103条第2款规定，单独或者合计持有公司3%以上股份的股东，可以在股东大会召开10日前提出临时提案并书面提交董事会；董事会应当在收到提案后2日内通知其他股东，并将该临时提案提交股东大会审议。临时提案的内容应当属于股东大会职权范围，并有明确议题和具体决议事项。

从上述规定可以看出，股份有限公司的会议通知较有限责任公司股东会的会议通知有更严格的法律规定，指明了会议通知的时间、地点，特别是会议审议事项。公司法明确规定，股东大会不得对上述会议通知和临时提案通知中未列明的事项作出决议。之所以如此规定，是因为股东大会不是公司常设机构，股东不是公司工作人员，股东对公司需要审议的事项并不熟悉，为了提高股东大会开会的效率和股东的出席率，也为了防止董事会或控股股东在股东大会上利用突袭手段控制股东大会决议，公司法规定了股东大会召集的通知程序。

此外，公司法还规定，无记名股票持有人出席股东大会会议的，应当于会议召开5日前至股东大会闭会时将股票交存于公司。

四、股东大会的表决

（一）表决原则及方式

股东的表决权又称股东议决权，是指股东基于股东地位享有的，就股东大会的议案作出一定意思表示的权利。股东参加股东大会并行使表决权，是行使其权利的重要方式。

股东大会的表决权行使的基本原则是：每一股份有一表决权，即一股一权原则，指在股东大会会议上进行表决时，是按股东持有的股份数量来计算表决权，每一股份为一个表决权，而不是按参加会议的股东人数来计算表决权。

作为"一股一权"原则的例外，《公司法》第104条规定公司持有的本公司股份没有表决权。

股东大会的表决方式与有限责任公司股东会的表决方式基本相同，此处不再赘述。

（二）累积投票制

根据我国《公司法》第106条的规定，累积投票制是指"股东大会选举董事或者监事时，每一股份拥有与应选董事或者监事人数相同的表决权，股东拥有的表决权可以集中使用"。

累积投票制的法理基础是考虑到如下因素：凡公司的重要事务，在股东大会讨论表决时，股东大会的决议虽然往往直接受到大股东的重大影响，甚至是控制，导致股东大会会议决议与大股东的意见形成一致，但中小股东还是有发言的机会。然而，由于股东大会并非是常设机构，股东大会闭会期间，公司的很多重要事务完全由董事会控制。股东不能直接参与公司的经营管理。如果按照直接投票的方式选举董事、监事，董事会、监事会的成员可能完全出自大股东一家，中小股东在董事会中就缺少利益代言人，中小股东利益就难以得到保障。累积投票制改变了原有投票方式，能够限制大股东对董事会的控制，较充分地体现中小股东意志，从另一个侧面来维护中小股东的利益。

五、股东大会的决议

（一）股东大会决议的概念

股东大会决议是股东大会按照公司法和公司章程的规定，经过股东表决形成的对一定事项的决策。股东大会决议是全体股东的集体意志，这种集体意志在公司内部具有管理决策的功能，对外则具有公司行为意思表示的意义。

（二）股东大会决议通过的法定比例

股东大会的决议均采用多数决原则，即决议必须由出席股东大会的代表表决权多数的股东通过方为有效。但是，对于不同的决议事项，公司法规定了多数的不同标准。据此，我们可将股东大会的决议分为普通决议和特别决议。

1. 特别决议。特别决议，根据《公司法》第104的规定，公司对法定事项的决议必须经出席会议的股东所持表决权的2/3以上通过，决议方能有效。法定事项包括以下几个方面：①修改公司章程；②增加或减少注册资本；③公司的合并、分立或者变更公司形式；④公司的解散。

应注意，上市公司股东大会特别决议的范围，除了上述范围之外，《公司法》还有专门的规定，遇到以下情况也须公司股东大会特别决议通过：在1年内，购买、出售重大资产或担保金额超过公司资产总额30%的。

2. 普通决议。对股东大会职权范围内一般事项的表决决议，即对特别决议事项之外的属于股东大会职权范围内事项的表决。

对于公司股东大会普通决议，必须经出席会议的股东所持表决权过半数通过。

关于股东大会决议的无效与撤销问题，与有限责任公司股东会会议决议的无效与撤销内容基本相同，此处不再赘述。

第二节　董事会与经理

一、董事会的概念与组成

董事会是指依法由股东大会选举产生，代表公司并行使经营决策权的公司常设机关。

（一）基本组成

1．成员身份构成。董事会由董事长、副董事长、董事组成。其中，副董事长不是必设成员。副董事长人数由公司根据实际需要设定。

2．组成人数。股份有限公司的董事会由 5～19 人组成。董事会决策公司事务通常由全体董事按一人一票的表决权设定，因而实践中公司的董事会组成人员一般为单数。

3．成员来源的特殊规定。公司董事会成员一般由股东选举出的董事构成，也可以有公司职工代表。董事会中的职工代表由公司职工通过职工代表大会、职工大会或者其他形式民主选举产生。

（二）董事

1．董事的种类。董事是董事会的成员，是董事会职权的实际行使者。董事主要可分为两类：

（1）内部董事，又称执行董事，是指同时担任公司其他职务的董事为内部董事。内部董事在公司中担任经营管理等职务，对公司信息掌握全面，有利于及时、正确地决策并能较好地协调与经理的关系，有利于决策的执行。但由于内部董事与经理等管理人员存在直接利益关系，有的甚至兼任公司经理，其行为也就不可避免地缺乏独立性和客观性。

（2）外部董事，也称非执行董事，是指在担任董事职务的同时，不再担任公司内部其他职务的董事。外部董事一般由其他公司的经理阶层、有关专家或投资机构的代表构成。

外部董事，又可分为"非独立的外部董事"和"独立的外部董事"。其中，独立的外部董事，就是独立董事。所谓独立董事是指不在公司担任除董事外的其他职务，并与其所受聘的公司及其主要股东不存在可能妨碍其进行客观判断的重要关系的董事。独立董事除享有法律赋予董事的一般职权外，通常还享有一些特别的职权，如对关联交易事项和信息公开事项的特别认可和独立发表意见的职权等。

2．董事的任职资格。根据《公司法》第 147 条规定，具有该条规定的法定情形之一的，不得担任公司的董事、监事和经理。该规定同样适用于股份有限公司。具体规定参见有限责任公司组织机构的相关阐述。

3．董事的任免。董事一般均由股东大会任免。《公司法》第 46 条有关有限责任公司董事任免的规定，同样适用于股份有限公司。董事由股东大会选举和更换。董事任期由公司章程规定，每届任期不得超过 3 年。董事任期届满，连选可以连任。董事任期届满未及时改选，或者董事在任期内辞职导致董事会成员低于法定人数的，在改选出的董事就任前，原董事仍应当依照法律、行政法规和公司章程的规定，履行董事职务。

（三）董事长

董事会设董事长一人，并可以设副董事长协助董事长工作。根据《公司法》第 110 条的规定，股份有限公司的董事长和副董事长由董事会以全体董事的过半数选举产生。

董事长的主要职责是主持股东大会和召集、主持董事会会议，可根据章程的规定担任公司的法定代表人，对外代表公司，如果为公司的法定代表人还享有签署公司股票、公司债券的权力。除此之外，法律并没有明确赋予董事长其他职权，但以董事长职位的法律属性，应当有权检查董事会决议的实施情况等。

二、董事会的职权

根据《公司法》规定，我国公司法对董事会的职权采取了列举式的规定。董事会对股东大会负责，行使下列职权：①负责召集股东大会，并向股东大会报告工作；②执行股东大会的决议；③决定公司的经营计划和投资方案；④制订公司的年度财务预算方案、决算方案；⑤制订公司的利润分配方案和弥补亏损方案；⑥制订公司增加或者减少注册资本以及发行公司债券的方案；⑦制订公司合并、分立、变更公司形式、解散的方案；⑧决定公司内部管理机构的设置；⑨决定聘任或者解聘公司经理及其报酬事项，并根据经理的提名决定聘任或者解聘公司副经理、财务负责人及其报酬事项；⑩制定公司的基本管理制度；⑪公司章程规定的其他职权。

由上述列举式规定可见，董事会拥有召集、报告和执行权、经营管理的决定权、重大方案的制订权等。召集、报告和执行权，直接反映了董事会的地位及其和股东大会的关系；经营管理的决定权，突出体现了董事会依法享有的不受其他公司机关干涉的经营管理权限范围；制订权，实质是起草各个重大方案的职权，反映了董事会在执行经营管理职能时在一些重大财务问题上与股东大会的权力平衡关系。

三、董事会会议

（一）会议种类

董事会是通过召开会议并形成决议的方式行使职权的。董事会会议一般可以分为普通会议和临时会议两类。这两类董事会会议的议事方式和表决程序，除法律有规定的以外，均应由公司章程规定。

1. 普通会议。普通会议是在公司章程规定的固定时间召开的例会。我国公司法规定股份有限公司每年度至少召开两次董事会会议。

2. 临时会议。当公司经营中遇到需要董事会及时决策的必要事项时，董事会可以召开临时会议。

股份有限公司临时董事会的召集，须有法定提议主体提议后召开。享有提议权的主体包括：代表 1/10 以上表决权的股东、1/3 以上董事或者监事会。董事长应当自接到提议后 10 日内，召集和主持临时董事会会议。

（二）召集和主持

1. 召集和主持人。董事会由董事长召集并主持。董事长因特殊原因不能履行职务或不履行职务时，由副董事长召集和主持；副董事长不能履行职务或者不履行职务的，由半数以上董事共同推举一名董事召集和主持。

2. 召集和主持的通知时限。在召集董事会会议时，需要履行一定的通知程序。

普通董事会会议，公司法规定股份有限公司董事会每次会议应当于会议召开 10 日前通知全体董事和监事。

临时董事会会议，由公司另行规定召集董事会的通知方式和通知时限。之所以由公司另行规定，是因为临时会议要解决的往往是公司经营中急需解决的问题，因此没有必要，也不可能规定和普通会议一样的召开程序。

（三）董事会的决议

一般而言，有效的董事会决议，需要法律明确规定出席董事会的董事的法定比例，作出董事会有效决议的法定最低赞成比例、出席的方式等。我国《公司法》第 111、112 条分别作了以下几点基本的法定议事程序的规定，其余的具体的董事会议事规则，则赋予公司章程进行规定。

1. 召开董事会会议，必须有过半数的董事出席；

2. 董事会作出决议，必须经全体董事的过半数通过；

3. 出席董事会会议，应由董事本人出席或书面委托其他董事代为出席。董事因故不能出席，可以书面委托其他董事代为出席董事会，委托书中应载明授权范围。

4. 董事会应当对会议所议事项的决定作成会议记录，出席会议的董事应当在会议记录上签名。

董事会的决议违反法律、行政法规或者公司章程、股东大会决议，致使公司遭受严重损失的，参与决议的董事对公司负赔偿责任，但经证明在表决时曾表明异议并记载于会议记录的，该董事可以免除责任。

四、经理

（一）经理的设立

公司经理不同于公司董事、监事，他并非选举产生，而是由董事会聘任产生。各国公司法多规定聘任经理为董事会的职权，董事会通过投票决定公司经理的人选。在美国，有的公司董事会还下设提名委员会以寻找并向董事会推荐经理等公司重要职务的合适人选。经过董事会表决通过的经理与公司签订聘任合同，成为公司的经理。

因为经理由董事会聘任，其权力虽由《公司法》规定了一般的内容与范围，但其职务的取得源自于董事会。因此，如果经理违法经营或者其能力、素质不足以管理公司，董事会认为其不适合管理本公司，可以依法在召开的董事会会议中决定解聘该经理。

我国《公司法》同样规定经理由董事会聘任或者解聘。

（二）经理的任职资格

经理是公司日常经营的实际管理者，是公司的高级管理人员，因此，经理的资格（即具备什么条件的人员才能被选聘为经理）便成为公司运营中的重要问题。经理的资格包括两个方面，一方面为积极条件，即经理应该具备的各种能力和素质，主要包括：品质素质、知识素质、管理能力素质、生理和心理素质等；另一方面为消极条件，即经理不得拥有的条件。

经理素质等积极条件需要通过考察其学历、品行、业绩、声誉等因素后综合认定，很难有统一标准，完全属于各个公司内部事务，应由董事会自由决定，不应由法律强行干预，因此，各国公司法主要从消极条件对公司经理的任职资格进行相应规范，我国立法也是如此。我国《公司法》第147条对于经理消极方面所作的资格条件限制与董事、监事任职条件限制是一致的。

（三）经理的职权

虽然经理由董事会选聘并对董事会负责，不同公司的经理的实际权限并不完全相同，但是为了使公司能有效率地持续运营，从较多的公司运营的实践中总结提炼出经理机关的一般职权范围，在公司法上予以规定是非常必要的。

我国《公司法》第50、114条规定经理行使下列职权：①主持公司的生产经营管理工作，组织实施董事会决议；②组织实施公司年度经营计划和投资方案；③拟订公司内部管理机构设置方案；④拟订公司的基本管理制度；⑤制定公司的具体规章；⑥提请聘任或者解聘公司副经理、财务负责人；⑦决定聘任或者解聘除应由董事会聘任或者解聘以外的负责管理人员；⑧董事会授予的其他职权。

经理有权列席董事会会议。此外，公司章程还可对经理的职权作出其他规定。

第三节 监 事 会

股份有限公司的监事会代表全体股东对董事和经理的经营管理行为及公司财务进行监督，行使监督职能，是公司的监督机构。它依公司法的规定设立，是股份有限公司的必设机构和常设机构。公司法对股份有限责任公司监事会规定了与有限责任公司监事会大致相同的法律规范。鉴于此，本书对股份有限公司监事会的阐述，在指明其不同于有限责任公司监事会之处外，相同之处从简阐述。

一、监事会的组成与任期

1. 监事会的组成。公司法对股份有限公司监事会的组成与对有限责任公司监事会的组成规定的内容基本相同，但应注意的是，股东人数较少或规模较小的有限责任公司，可以设 1 至 2 名监事，不设监事会；而股份有限公司的监事会则是其必设机构，不可不设。

2. 监事的任期。《公司法》第 118 条第 5 款规定，本法第 53 条关于有限责任公司监事任期的规定，适用于股份有限公司监事。

二、监事会的职权

《公司法》第 119 条规定："本法第 54 条、第 55 条关于有限责任公司监事会职权的规定，适用于股份有限公司监事会。"因此，股份有限公司监事会的职权内容可参照有限责任公司监事会的职权内容，此处不再赘述。

三、监事会会议

与有限责任公司监事会每年召开一次会议不同，股份有限公司监事会至少每 6 个月召开一次会议。公司法关于股份有限公司监事会会议议事方式、表决程序和会议记录的规定与有限责任公司的相关规定基本相同，此处不再赘述。

第四节 上市公司组织机构的特别规定

一、上市公司的概念

《公司法》第 121 条规定："本法所称上市公司，是指其股票在证券交易所上市交易的股份有限公司。"上市公司就是指所发行的股票经国务院证券监督管理机构核准在证券交易所上市交易的股份有限公司。

虽然上市公司必须是股份有限公司，但并不是所有的股份有限公司都可以在证券交易所上市和交易股票。依据我国证券法第 50 条的规定，股份有限公司申请股票上市，应当符合下列条件：①股票经国务院证券监督管理机构核准已公开发行；②公司股本总额不少于人民币 3 000 万元；③公开发行的股份达到公司股份总数的 25% 以上；公司股本总额超过人民币 4 亿元的，公开发行股份的比例为 10% 以上；④公司最近 3 年无重大违法行为，财务会计报告无虚假记载。证券交易所可以规定高于前款规定的上市条件，并报国务院证券监督管理机构批准。

二、上市公司机构决议的特别规定

（一）上市公司股东大会决议的特别规定

依照《公司法》第 122 条的规定，上市公司股东大会除了要遵守公司法关于股份有限公司股东大会决议的一般规定，在一年内购买、出售重大资产或者担保金额超过公司资产总额 30% 的，也应当由股东大会经出席会议股东所持表决权的 2/3 以上通过做出决议，从而保护广大中小投资者的利益，降低投资风险，保持公司的稳定发展。

（二）上市公司董事会会议表决权排除的特别规定

依照《公司法》第125条的规定，上市公司董事与董事会会议决议事项所涉及的企业有关联关系的，不得对该项决议行使表决权，也不得代理其他董事行使表决权。该董事会会议所作决议须经无关联关系董事过半数通过。出席董事会的无关联关系董事人数不足3人时，应将该事项提交上市公司股东大会审议。此项规定旨在防止上市公司的董事滥用其在公司重要机构中的优势地位，保护公司和股东的利益，保障董事会决议尽可能公正和合理。

三、独立董事

独立董事制度起源于美国。1940年美国的《投资公司法》规定投资公司须有40%以上的董事会成员不能是公司的利益人。但是在一般公司中推行独立董事制度，则开始于20世纪70年代后期。因独立董事制度在美国的示范效应，20世纪90年代以来被各国纷纷效仿，在一定程度上引发了一场关于公司治理的"独立董事革命"。

（一）独立董事的概念

所谓独立董事，又称作独立非执行董事，是指不在公司担任除董事职务以外的其他任何职务，并与其所受聘的上市公司及其主要股东不存在可能妨碍其进行独立客观判断的一切关系的特定董事。独立董事独立于公司的管理和经营活动，以及那些有可能影响他们作出独立判断的事务之外，不能与公司有任何影响其客观、独立的作出判断的关系。独立董事的最大特点就是独立性，独立性是独立董事能否在董事会中发挥相应作用的关键所在，是独立董事制度的核心和灵魂。

（二）独立董事的作用

独立董事在公司战略、运作、资源配置、经营目标以及一些重大事项上能够作出自己独立的判断，既不代表出资人，也不代表公司管理层，其具体作用体现在以下几个方面：

1. 保护公司和股东利益。独立董事在保护公司和股东利益方面的重要作用就是保护公司和股东的财产不受侵犯和滥用，保证公司投融资决策的客观性和准确性，保证公司的活动都以增加股东的利益或避免公司资产贬值为目的，保证董事会与管理层之间的信息传递准确、完整、及时。

2. 监督企业经营管理。独立董事在监督企业经营管理方面的重要作用就是审查公司的重要决策，保证公司的财务及其他控制系统有效运行，保证公司的运作不违反有关的监管要求，保证股东充分了解他们所关注的问题的有关信息，判断公司是否达到了主要利益相关者的预期目标。

3. 促进信息披露。独立董事在促进信息披露方面不仅会关注公司信息的数量，同时会关注公司信息的质量。如果外部审计员与公司经理层有着各种利益关系，就很难保证其所提供的公司财务审计报告具有可信性。因此强化审计中介机构的独立性是信息披露机制有效性的重要保证。除公司外部的审计中介机构外，公司内部的审计委员会地位也十分突出，发挥独立董事在信息披露方面的作用，对防止经理层的隐瞒和欺诈行为、保证信息披露的真实性也较为重要。

（三）独立董事的独立性

为保障独立董事的独立性，中国证监会《关于在上市公司建立独立董事的指导意见》中对影响董事独立性因而不能担任独立董事的"重要关系"作了具体规定，包括：①在上市公司或者其附属企业任职的人员及其直系亲属、主要社会关系（直系亲属是指配偶、父母、子女等；主要社会关系是指兄弟姐妹、岳父母、儿媳女婿、兄弟姐妹的配偶、配偶的兄弟姐妹等）；②直接或间接持有上市公司已发行股份1%以上或者是上市公司前10名股东中的自然人股东及其直系亲属；③在直接或间接持有上市公司已发行股份5%以上的股东单位或者在上市公司前5名股东单位任职的人员及其直系亲属；④最近1年内曾经具有前三项所列举情形的人员；⑤为上市公司或者其附属企业提供财务、法律、咨询等服务的人员；⑥公司章程规定的其他人员；⑦中国证监会认定的其他人员。

（四）独立董事的职权

为了更好地行使职权，维护公司和中小股东的权益，法律还赋予独立董事一些特别的职权。我国独立董事的特别职权包括：①重大关联交易（指上市公司拟与关联人达成的总额高于300万元或高于上市公司最近经审计的净资产值的5%的关联交易）应由独立董事认可后，提交董事会讨论；独立董事作出判断前，可以聘请中介机构出具独立财务顾问报告，作为其判断的依据；②向董事会提议聘用或解聘会计师事务所；③向董事会提请召开临时股东大会；④提议召开董事会；⑤独立聘请外部审计机构和咨询机构；⑥可以在股东大会召开前公开向股东征集投票权。

此外，独立董事还应当对上市公司任免董事及发生可能损害中小股东权益等重大事项发表独立意见。

【本章知识与技能训练】

一、基本知识训练

1. 重点概念
（1）股东大会
（2）股东年会
（3）临时提案
（4）外部董事
（5）累计投票制

（6）上市公司

（7）独立董事

2．重点思考题

（1）简述股东大会会议的种类。

（2）简述股东大会决议的无效与撤销。

（3）如何理解累积投票制。

（4）简述董事的种类。

（5）简述董事会的召集与主持。

（6）简述经理的职权。

（7）简述监事会的召开、议事方式和表决程序。

（8）简述上市公司机构决议的特别规定。

（9）简述独立董事的特征。

（10）简述独立董事的独立性与职权。

二、基本技能训练

1．2006 年 2 月 16 日 9 时，根据公司董事会的提议，在本公司第二会议室召开 2006 年度股东会第二次临时会议。出席会议的股东共有 23 名，代表 200 000 股，代表股份总数的 80%。9 时整，会议主席、董事长 A 宣布会议开始。会议讨论以下问题：关于增选 D 为公司董事的议案。董事长 A 代表董事会宣读了《关于增选 D 为公司董事的议案》，副董事长 B 简短介绍了 D 的简况。会议进行投票，一致同意 D 先生出任董事。10 时 30 分，会议主席宣布散会。

请根据上述情况作一份股东大会会议记录。

2．海德市东顺股份有限公司（上市公司）董事会共有 13 名董事。2007 年 4 月 25 日，公司第一届董事会第二十一次会议在本公司办公大楼以现场方式召开。会议主要议题有两项：①2007 年第一季度报告的议案；②关于召集 2006 年度股东年会的议案。会议由董事长李三主持，出席会议的董事有 12 名，另有 1 名董事张一委托王二董事出席会议并代为行使表决权。全会一致通过以下两项决议。其中，会议决议拟于 2007 年 6 月 12 日在海德市东顺股份有限公司办公大楼召开 2006 年度股东年会。

请根据上述事项制作一份董事会决议公告。

三、基本技能提升训练

案例一

（一）基本案情

2007 年 1 月 A 股份有限公司董事长王某突然患病住进医院，自感难以继续胜任董事长职务，便向公司提出辞呈，并委托副董事长陈某代行其职权。2007 年 2 月 28 日，谢某等 4 名董事联名向副董事长陈某提议召开临时董事会会议，要求改选董事长。副董事长陈某于 3 月 1 日要求秘书通知各位董事，公司将于 2007 年 3 月 14 日召开临时董事会，讨论改选董事长问题。

A公司董事会共有董事11名，其中3名董事长期在外地没有赶回来参会，董事长王某因病也未能到会，其余7名董事出席了会议。会议首先由到会董事提名董事长人选，结果集中在谢某和陈某两人。最后表决时，公司董事7名，委托投票3名（票），弃权票1票（董事长王某未委托投票），谢某获6票，陈某获4票。谢某当选为董事长并形成董事会决议。后陈某提出四点理由，认为此次董事会决议无效：

1. 此次董事会不是董事长召集的；

2. 王某没有接到要召开董事会的书面通知；

3. 三位外地董事未亲自参会；

4. 向谢某投反对票的董事所代表的股东的股份占公司股份的51%。

你认为陈某的理由是否成立？为什么？

（二）分析引导与思考

本案争议的焦点是董事会决议是否有效，谢某是否可以当选为公司的董事长，这要考虑以下几个问题：

1. 根据《公司法》第110条的规定，董事长不能履行职务时，由副董事长履行职责。本案中副董事长陈某正是履行副董事长的职权召集临时董事会的，因此完全合法。

2. 根据《公司法》的规定，临时董事会会议在通知方式和通知时限上较定期董事会灵活一些，这是为了保证公司有较强的应变能力，所以临时董事会的通知既不受10日前通知的时间限制，也不一定非要书面通知。

3. 根据《公司法》第113条的规定，董事因故不能出席，可以书面委托其他董事代为出席，委托中应载明授权范围。

4. 根据《公司法》第112条的规定，董事会决议的表决，实行一人一票。针对每一表决事项，一位董事有一票表决权，而不是根据董事代表的股份多少来表决。

综上所述，本案中陈某的理由均不能成立。

案例二

（一）基本案情

A公司董事会于2007年11月29日中午12时发出会议通知，于当日下午2时召开临时董事会会议。2007年11月30日A公司董事会发布公告：我公司于11月29日下午2时召开了董事会临时会议，9名董事全部到会，会议由董事长张某主持，3名监事会成员全部列席了会议。会议在8人同意、1人反对的情况下形成决议，聘任王某为公司总经理，高某为副总经理。

该公司监事会于2007年12月2日公告称，11月29日的董事会会议通知时间是中午12时，会议召开时间是下午2时，时间间隔不符合该公司章程的规定，且有一名董事不同意开会。该公司章程规定：董事会召开临时董事会会议，通知时限不得迟于会议召开前的3天；如遇紧急事态，经全体董事一致同意，方可不受此款限制。据此，监事会认为，董事会临时会议违反了公司章程的规定，是无效的。请问：A 公司监事会是否有权否决董事会的决议？为什么？

（二）分析引导与思考

本案争议的焦点是 A 公司的监事会是否有权因董事会临时会议召开的时间不符合章程的规定而直接否决董事会通过的决议，这涉及监事会的质询权与否决权，这要考虑以下几个问题：

1. A 公司章程规定：董事会召开临时董事会会议，通知时限不得迟于会议召开前的 3 天；如遇紧急事态，经全体董事一致同意，方可不受此款限制。但 A 公司 11 月 29 日召开临时董事会会议时，是在当天通知的，而且一名董事不同意开会。

2. A 公司的 3 名监事列席了董事会的临时会议，了解到临时会议的召集和召开时间，认为临时会议的召开时间违反了公司章程的规定，是违规召开，因此会议上所表决的事项无效，体现了监事会对董事会的监督权。但根据《公司法》第 119、55 条的规定，监事会只是有权质询董事会决议，并未明确说明可以否决董事会的决议。

所以，本案中 A 公司的监事会因董事会临时会议召开的时间不符合章程的规定而直接否决本次会议通过的决议，如果公司章程中没有赋予监事会如此职权，那么其行为并没有相应的法律依据。

第八章　公司债券

【本章学习指引】

公司债券是一种重要的投资性有价证券，它不仅具有有价证券所有固有的特征，表彰了债券持有人与发行公司之间的债权债务法律关系，同时也是一种公司融资的重要手段和公众投资的工具。

本章阐述了公司债券的概念、特征、主要种类，公司债券的发行、转让、偿还、转换制度，以及公司债券持有人保护制度等。

本章的学习重点是公司债券的概念、特征，公司债券的发行条件、偿还制度等。本章学习的难点是与可转换公司债券相关的法律制度，以及公司债券持有人的保护制度等。

第一节　公司债券概述

一、公司债券的概念

我国《公司法》所称的公司债券，是指公司依照法定程序发行的、约定在一定期限还本付息的有价证券。

很多国家都制订有专门的法律对与公司债券相关的社会关系进行调整。我国除了在《公司法》第七章"公司债券"设专章对公司债券的发行、转让、转换等进行规制外，还制定有《证券法》这部专门调整和规范证券法律关系的法律，并在此基础上制定了大量与之配套的相关法规、部门规章等，这些共同构成了我国较为完整的公司证券法律制度。

公司债与公司债券关系密切，不仅在理论著述中，甚至在立法中也经常被作为同一概念来使用，把公司债作为公司债券的简称。虽然从严格的理论意义上分析，公司债与公司债券并不是同一概念，公司债应当更宽泛些，法律在对它们规制的具体规定上也不完全相同，但从实践效果看，二者时有混用，通常并不会引起误解或带来混乱，在不作特别规定、特别约定或特别说明的情况下，将公司债与公司债券作为同一概念理解和处理也没有问题。

企业债券与公司债券的情况较为复杂。企业债券与公司债券并不是同一概念，企业债券应当更宽泛些，与公司债券所依据的法律规范也不完全相同。我国 1983 年颁布《企业债券管理条例》，建立了企业债券的相关法律制度，1993 年《公司法》颁布后虽然从立法上将公司债券从企业债券中分离出来，但无论在理论上还是在实践中二者仍然时常被混用并产生混乱。随着《公司法》的实施和符合发行企业债券条件的企业目前都已经被公司化，"企业债券"事实上已经很少发行，虽然在理论上二者混乱依旧，但实践中却很少再引起混乱。因此，在没有特别规定、特别约定或特别说明的情况下，将企业债券与公司债券的概念混用，实践中已无大碍。

但是，考虑到本教材为公司法教材，其内容主要是围绕公司法的相关法律规定展开，而公司法中使用的概念是"公司债券"，为保持一致，本章也采用了"公司债券"这一概念。

二、公司债券的法律特征

与普通借贷凭证以及同为有价证券的股票等相比较，公司债券呈现出不同的法律特征。

（一）公司债券与普通借贷凭证的区别

1. 公司债券是由符合法定条件的公司发行的债权凭证。与公司普通的借贷行为不同的是并不是任何公司都可以以发行公司债券的形式进行借贷，法律对哪些公司才有资格发行公司债券有严格的条件限制。我国《证券法》第 16 条对公开发行债券的公司的条件就作了严格的限定，包括要求发行债券的股份有限公司的净资产不低于人民币 3 000 万元，有限责任公司的净资产不低于人民币 6 000 万元等。

2. 公司债券是依照法定程序发行的债权凭证。与公司的普通借贷行为不同，发行公司债券实质是公司向不特定的社会公众的借贷行为，涉及广大社会公众的利益，一旦发生问题，就可能影响社会安定。为慎重起见，法律不仅对发行债券的公司有更高的条件要求，还规定了严格的审核程序。我国《证券法》第 10 条规定："公开发行证券，必须符合法律、行政法规规定的条件，并依法报经国务院证券监督管理机构或者国务院授权的部门核准；未经依法核准，任何单位和个人不得公开发行证券。"

3. 发行公司债券筹集资金的用途有法定限制。法律对公司通过普通借贷行为筹集资金的用途并没有限制，但对发行公司债券筹集资金的用途却通过法律的明文规定作了严格限制。我国《证券法》第 16 条规定，公开发行公司债券筹集的资金，必须用于核准的用途，不得用于弥补亏损和非生产性支出。

4. 公司债券是可以在证券交易所公开上市交易的债权凭证。《证券法》第 39 条规定："依法公开发行的股票、公司债券及其他证券，应当在依法设立的证券交易所上市交易或者在国务院批准的其他证券交易场所转让。"这表明公司债券是一种可以在证券交易所公开上市交易的债权凭证，而普通的债权凭证并不能在证券交易所公开上市交易。

5. 公司债券是一种要式债权凭证。我国《公司法》第 158 条规定，公司发行公司债券应当置备公司债券存根簿。发行记名公司债券的，还应当在公司债券存根簿上载明债券持有人的姓名或者名称及住所；债券持有人取得债券的日期及债券的编号；债券总额，债券的票面金额、利率、还本付息的期限和方式；债券的发行日期等事项。从这些规定看，公司债券是一种要式证券。由于公司债券是一种可以在证券交易所公开上市交易的有价证券，为方便其公开上市交易流转，将其设计为要式债权凭证是必要的。而普通的债权凭证由于不能在证券交易所公开上市交易流转，也就没有必要对其形式提出过多要求，完全可以由当事人协商自定。

（二）公司债券与股票的区别

公司债券与公司股票有许多相同或相似之处，它们都是投资类有价证券，都是公司直接融资的重要手段；都是以公司为发行人，以社会公众作为发行对象；持有者都拥有一定的权利；都具有流通性，可以在证券交易所公开上市交易等，但二者也有实质性的区别。

1. 持券人的法律地位不同。公司债券的持券人是发行债券的公司的债权人，与发行债券的公司之间是债权债务关系。公司股票的持券人是发行股票的公司的股东，与发行股票的公司之间是因投资而形成的股权关系。

2. 持券人享有权利的内容不同。股票持券人享有的是对发行股票的公司的一系列股东权利，包括分配红利权、表决权等。公司债券的持券人享有的是对发行债券的公司的债权，包括要求返还本金权，收取利息权等。

3. 持券人给付对价的投资形式不同。公司债券与股票虽然都是投资性证券，但二者的认购形式不完全相同。认购公司债券给付对价的投资形式仅限于金钱给付，而获得股权所支付的对价可以是货币，也可以实物、知识产权、土地使用权等可以以货币估价并可以依法转让的其他非货币财产。

4. 持券人投资的风险责任不同。股票持有人与发行股票的公司之间是股权关系，要以自己的出资额为限对公司债务承担有限责任；股票投资没有偿还期限，在公司存续期间不能要求退股，只能在公司解散时参加对清偿包括公司债券持有人的债务后的剩余财产的分配。公司债券持有人与发行债券的公司之间是债权债务关系，债券持有人有权要求公司在约定期限内偿还本金并支付利息，而不管公司经营状况如何，也无须为公司的债务承担责任。公司债券持有人作为投资者所承担的只是公司在破产时不能清偿全部或部分债务的风险。显然，股票投资者承担的风险责任要远远高于公司债券投资者所承担的风险责任。

5. 投资收益不同。公司债券的持券人作为发行公司的债权人，无论公司盈亏，都有权要求公司在约定期限内偿还本金并支付利息，而且债券利率是在公司债券发行时就已经预先确定的，因此，投资公司债券的收益比较稳固；当然，在公司效益好的情况下，投资公司债券的收益也比投资股票要低。与公司债券债权人不同，股东收益权的实现程度取决于公司经营业绩的好坏，收益的多少取决于公司的可分配盈利的多少，多盈多分、少盈少分、无盈不分，与投资债券相比较，投资股票的收益不够稳定。

6. 发行成本不同。公司债券的利息可以列入费用，从公司的收入中扣除并在所得税缴纳之前列支。而股息不能列为费用，而应作为可分配的净收益在所得税缴纳之后列支。因此，与发行股票相比较，发行公司债券的成本较低。

三、公司债券的分类

依据不同的标准进行划分，可以将公司债券进行不同的分类。不同的分类不仅具有理论意义，也有实践意义。

（一）记名公司债券和无记名公司债券

依据公司债券上是否记载持券人姓名或名称，可把公司债券分为记名公司债券和无记名公司债券。债券上记载有持券人姓名或者名称的为记名公司债券，反之，则是无记名公司债券。

区分记名公司债券与无记名公司债券的法律意义在于：这两种债券的转让方式不同。记名债券由债券持有人以背书方式或者法律、行政法规规定的其他方式转让，并由公司将受让人的姓名或者名称及住所记载于公司债券存根簿，即发生法律效力。无记名公司债券的转让，由债券持有人将该债券交付给受让人，即发生法律效力，不必办理过户手续。因此，无记名债券和持券人不可分离，持有债券，即为公司的债权人，可以对抗公司和第三人。

（二）担保公司债券与无担保公司债券

依据公司债券有无担保，可把公司债券分为担保公司债券和无担保公司债券。

担保公司债券是指公司在发行债券时以特定财产或第三人的保证为债券的还本付息提供担保的公司债券。没有提供担保，仅以发行债券的公司的信用为基础所发行的公司债券为无担保公司债券。

区分担保公司债券和无担保公司债券的法律意义在于：到期还本付息时，如果发行债券的公司不按约定偿还，担保公司债券的持券人有权将用于担保的财产依法处理并优先受偿，或者要求保证人承担清偿责任，以实现自己的债权。而无担保公司债券的持券人只能以普通债权人的身份向发行债券的公司提出偿债要求。因此，担保公司债券比无担保公司债券更能保障持券人的利益。

（三）可转换公司债券和非转换公司债券

依据公司债券能否转换为公司股票，可以把公司债券分为可转换公司债券和非转换公司债券。

可转换公司债券全称应为可转换为股份的公司债券，是指发行人依照法定程序发行、在一定期间内依据约定的条件可以转换成股份的公司债券。而非转换公司债券，则是指不能转换为公司股份的公司债券。根据我国公司法目前的规定，只有上市公司才可以发行可转换公司债券，因此，目前我国的可转换公司债券，应当是指发行人依照法定程序发行、在一定期间内依据约定的条件可以转换成股票的公司债券。

我国《公司法》第162条规定："上市公司经股东大会决议可以发行可转换为股票

的公司债券，并在公司债券募集办法中规定具体的转换办法。上市公司发行可转换为股票的公司债券，应当报国务院证券监督管理机构核准。发行可转换为股票的公司债券，应当在债券上标明可转换公司债券字样，并在公司债券存根簿上载明可转换公司债券的数额。"

区分可转换公司债券和非转换公司债券的法律意义在于：两种公司债券的债权人享有不同的权利。《公司法》第163条规定："发行可转换为股票的公司债券的，公司应当按照其转换办法向债券持有人换发股票，但债券持有人对转换股票或者不转换股票有选择权。"持券人可以通过行使其选择权由债权人转换为股东，从而可能通过从发行公司分取股息和红利，或者通过高价转让股票得到比作为债券持有人更多的利益。而非转换公司债券的持券人只能作为债权人享有到期受偿固定的本金和利息的权利。

（四）公开发行的公司债券和非公开发行的公司债券

向社会公众公开发行的公司债券，为公开发行的公司债券；反之，则为非公开发行的公司债券。何为向社会公众公开发行，我国《证券法》第10条规定：有下列情形之一的，为公开发行的公司债券：①向不特定对象发行证券；②向累计超过200人的特定对象发行证券；③法律、行政法规规定的其他发行行为。

（五）公司债券的其他分类

除上述分类外，还可以依据其他分类标准将公司债券作其他分类，如：依据发行债券的公司是否可以将其发行的公司债券赎回，将公司债券分为可赎回公司债券和不可赎回公司债券；依据公司债券持有人是否可以将其持有的公司债券回售给发行公司为标准，将公司债券分为可回售公司债券和不可回售公司债券；依据募集地不同为标准，将公司债券分为本国公司债券和外国公司债券。依据公司债券的期限长短为标准，将公司债券分为长期、中期、短期公司债券等。

第二节　公司债券的发行

公司债券的发行是指公司以筹集生产经营资金为目的，依照法定的条件和程序向不特定的社会公众发行债券的行为。

一、发行公司债券的利弊

（一）公司发行公司债券筹集资金的积极意义

1. 增加了公司可选择的融资渠道。公司的融资渠道很多，可以通过发行股票筹集资金，也可以向银行或非银行金融机构借贷筹集资金，不同的融资渠道各有利弊，在允许公司通过发行公司债券融资的情况下，公司对融资渠道的选择有了更多的选项，有利于公司根据市场和自身的实际情况，作出最有利于自己的选择。

2. 降低公司的筹资成本。与发行股票筹资相比较，由于公司债券的利息固定，在公司经营情况较好，收益水平较高的情况下，发行公司债券的筹资成本相对较低。

3. 不影响对公司的控制权。从对发行公司的控制权看，由于公司债券是一种债权债务凭证，投资者是发行公司的债权人而不是股东，不享有对公司经营管理的参与权，通过发行公司债券筹资不会对公司的控制权产生影响。而股票持有者是公司的股东，享有对公司事务的表决权，通过发行公司股票筹资将引起公司股权结构的变化，从而影响公司的控制权。

（二）公司发行公司债券筹集资金的不利影响

不同的融资渠道各有利弊，发行公司债券筹资给公司带来好处的同时，也会给公司造成一些不利影响：

1. 经济风险增大。所有公司债券都有明确的到期日。不论公司的经营状况如何，到期都要如数还本付息。届时发行债券的公司如果经营状况不好，就会面临困境，甚至引起公司破产。而发行股票筹资，只要公司还在，股东就不允许退股，这样的困境也就不会出现。

2. 筹集资金的用途受限制。我国《证券法》第 16 条规定："公开发行公司债券筹集的资金，必须用于核准的用途，不得用于弥补亏损和非生产性支出。"将发行公司债券筹集资金的用途严格限制在事先核准的用途范围内。而对发行股票筹资的用途限制就有所不同。《证券法》第 15 条规定："公司对公开发行股票所募集资金，必须按照招股说明书所列资金用途使用。改变招股说明书所列资金用途，必须经股东大会作出决议。"该条规定虽然对发行股票筹集资金的用途也进行了限制，但又规定了可以通过股东大会决议的形式变更其用途。与发行股票筹资相比较，发行公司债券筹集资金的用途显然受到了更严格的限制，资金使用更缺乏灵活性，从而给公司对资金的使用带来不利影响。

鉴于不同的筹资方式各有利弊，公司在决定以什么方式筹资时必须慎重。应结合市场和自身情况及法律、法规和政策因素综合考虑，才能作出科学合理的决策。

二、公司债券发行的条件

为了规范公司债券的发行，我国《公司法》从两个方面对公司债券的发行条件作了规定。

（一）发行公司债券的积极条件

我国《公司法》第 154 条规定："公司发行公司债券应当符合《中华人民共和国证券法》规定的发行条件。"《证券法》第 16 条规定了发行公司债券的六项一般性条件：

1. 股份有限公司的净资产额不低于人民币 3 000 万元，有限责任公司的净资产额不低于人民币 6 000 万元。所谓净资产额，是指公司资产总额减去全部负债后的余额。发行债券的公司只有资金充足、效益较好的情况下，偿债能力才有保证。《证券法》对发行债券的公司的净资产额提出较高要求，有利于保护公司债券持有人的合法权益，维护证券市场的交易安全和社会经济的稳定发展。

2. 公司累计债券余额不超过公司净资产额的40%。所谓累计债券余额，是指公司各次发行的尚未到期的全部公司债券的总和，而不是指某次发行的公司债券的数额。由于已经到期并已偿还的公司债券，不会影响发行债券的公司的偿还能力，因此不必作为限制性因素考虑在内。《证券法》对发行债券的公司的累计债券余额作出限制性规定，其目的也是为了使发行债券的公司的偿债能力更有保证，以保护公司债券持有人的合法权益，维护证券市场的交易安全和社会经济的稳定发展。

3. 公司最近3年平均可分配利润足以支付公司债券的1年的利息。公司可分配利润，是指公司依法纳税、弥补亏损、提取公积金后可用于分配的利润。公司可分配利润的多少，是衡量公司经济效益好坏的主要指标之一。《证券法》将公司可分配利润作为发行公司债券的一个条件，其目的也是为了使发行债券的公司的偿债能力更有保证，保护公司债券持有人的合法权益，维护证券市场的交易安全和社会经济的稳定发展。

4. 筹集的资金投向符合国家产业政策。国家产业政策，是指国家在一定时期内，运用宏观调控手段，支持或者限制某些产业的政策。《证券法》要求发行债券筹集的资金投向符合国家的产业政策，有利于发挥国家在资源配置方面的宏观调控职能，促进社会经济的平衡发展。

5. 债券的利率不得超过国务院限定的利率水平。在通常情况下，公司债券的利率应高于银行的同期储蓄存款利率，否则很难与银行储蓄存款竞争，吸引社会公众购买公司债券。但公司债券的利率也不宜过高，否则不仅会影响资金的合理流向，甚至对金融业务造成过大的冲击，还可能使发行债券的公司不堪重负，影响其偿债能力，最终损害公司债券投资者的利益。公司债券的利率限定在什么标准最为合适，《证券法》没有作具体规定，国务院颁发的《企业债券管理条例》第18条规定："企业债券的利率不得高于银行相同期限居民储蓄定期存款利率的40%。"在发行公司债券时可以参照执行。

6. 国务院规定的其他条件。《证券法》只是规范证券发行与交易活动的基本法，其规定不可能事无巨细、面面俱到，而且法律也不可能预见到将来可能发生的所有情况并预先加以解决，该项条件为《证券法》对相关事项没有规定或规定得不够具体时，通过国务院的补充性规定予以解决留下了余地。

（二）发行公司债券的消极条件

发行公司债券除了应当符合《证券法》第16条规定的上述六项积极条件外，《证券法》第18条还规定了三项禁止性条件。有下列情形之一的，不得再次公开发行公司债券：

1. 前一次发行的公司债券尚未募足。公司发行的公司债券尚未募足，或者说尚未全部被认购的原因很多，但公众对发行公司的偿债能力信心不足，无疑也是重要的原因之一。为了使发行债券的公司的偿债能力更有保证，保护公司债券持有人的合法权益，维护证券市场的交易安全和社会经济的稳定发展，有必要规定公司在前一次发行的公司债券尚未募足的情况下，禁止其再发行新一期公司债券。

另外，在公司前一次发行的债券尚未被全部认购的情况下，就允许其公开开始下一期债券的发行，也会造成不同种类、不同金额、不同发行日期、不同偿还办法的公司债券的重叠，造成公司债券发行秩序的混乱。从这方面考虑，在公司前一次发行的债券尚未募足的情况下，也不宜允许其再发行新一期公司债券。

2. 对已发行的公司债券或者其他债务有违约或者延迟支付本息的事实，并且仍处于继续状态的。公司对已发行的公司债券或者其他债务有违约或者延迟支付本息的事实，并且仍处于继续状态，说明公司的经营或者资信状况有问题，其偿债能力很可能得不到保障，在这种情况下仍允许其继续发行公司债券，势必损害公司债券认购者的合法权益。因此，在公司对已发行的公司债券或者其他债务有违约或者延迟支付本息的事实，并且仍处于继续状态的情况下，不能允许其再次发行公司债券。

3. 违反《证券法》规定，改变公开发行公司债券所募资金的用途的。发行公司债券所募资金的用途不仅是一项发行条件，经公告后也是公众决定是否认购公司债券的一项考虑因素和双方合同关系中约定的一项内容，擅自改变发行公司债券所募资金的用途不仅违法，同时也违约，不仅公司资信度会受到严重损害，而且其偿债能力也可能出现了实际问题。在这种情况时，不应允许其再次发行公司债券。

发行公司债券除应当具备上述一般性条件外，如果发行的是可转换为股票的公司债券，除应当符合上述发行普通公司债券的条件外，还应当符合一些特殊条件。如在发行主体方面，在《公司法》和《证券法》中只规定了上市公司可以发行可转换公司债券。又如，根据《证券法》第16条规定，发行可转换公司债券，除了满足发行公司债券的一般条件要求外，还应当同时满足发行股票的条件要求。

三、公司债券发行程序

公司债券必须经过依法核准方可发行。根据我国《公司法》和《证券法》的有关规定，公司债券发行程序须经过以下几个阶段：

（一）董事会制订公司债券发行方案

我国《公司法》第47条规定，董事会应对股东会负责，依法行使包括制订发行公司债券的方案在内的各项职权。《公司法》第109条第4款的规定："本法第47条关于有限责任公司董事会职权的规定，适用于股份有限公司董事会。"由上述规定可以看出，无论有限责任公司还是股份有限公司，制订发行公司债券的方案，都是董事会的职权。因此，如果公司有发行公司债券的意向，首先应由董事会制订发行公司债券方案。

发行公司债券方案的内容应当包括公司债券的发行总额、种类、利率、债券面额、偿还方法及期限和发行方法等。

（二）股东（大）会作出通过公司债券发行方案决议

我国《公司法》第38条规定，有限责任公司股东会行使包括对发行公司债券作出决议的职权。《公司法》第100条规定："本法第38条第1款关于有限责任公司股东会职权的规定，适用于股份有限公司股东大会。"从上述规定可以看出，无论有限责任公司还是股份有限公司，通过公司债券发行方案的决议，都是股东（大）会的职权。

根据我国公司法的规定，对公司债券发行方案的表决属于股东（大）会的普通表决事项。有限责任公司股东会对发行公司债券的表决，只需要经股东所持表决权过半数通过，即可形成决议。股份有限公司股东大会对发行公司债券的表决，只需要经出席会议的股东所持表决权过半数通过，即可形成决议。

（三）向国务院授权的部门或国务院证券监督管理机构报请核准

公司股东（大）会在作出通过公司债券发行方案的决议后，公司应当向国务院授权的部门或国务院证券监督管理机构提交公开发行公司债券的申请材料，申请核准。根据《证券法》第17条规定，申请公开发行公司债券，应当向国务院授权的部门或者国务院证券监督管理机构报送的文件包括：①公司营业执照；②公司章程；③公司债券募集办法；④资产评估报告和验资报告；⑤国务院授权的部门或者国务院证券监督管理机构规定的其他文件。依照《证券法》规定聘请保荐人的，还应当报送保荐人出具的发行保荐书。

（四）国务院授权的部门或国务院证券监督管理机构审查核准

国务院授权的部门或国务院证券监督管理机构在接到公开发行公司债券的申请材料后，应当认真审查，根据《公司法》和《证券法》规定的公司债券发行条件决定是否核准。根据《证券法》第24条规定："国务院证券监督管理机构或者国务院授权的部门应当自受理证券发行申请文件之日起3个月内，依照法定条件和法定程序作出予以核准或者不予核准的决定，发行人根据要求补充、修改发行申请文件的时间不计算在内；不予核准的，应当说明理由。"

（五）公告公司债券募集办法

根据《公司法》第155条规定，发行公司债券的申请经国务院授权的部门核准后，应当公告公司债券募集办法。公司债券募集办法中应当载明下列主要事项：①公司名称；②债券募集资金的用途；③债券总额和债券的票面金额；④债券利率的确定方式；⑤还本付息的期限和方式；⑥债券担保情况；⑦债券的发行价格、发行的起止日期；⑧公司净资产额；⑨已发行的尚未到期的公司债券总额；⑩公司债券的承销机构。

公告公司债券募集文件的方式，除了在指定的报刊上公告外，还应当将文件置备于指定场所，供公众查阅。

（六）证券公司承销发售公司债券

《证券法》第28至33条对证券公司承销发售公司债券作出明确规定。

1. 发行人向不特定对象公开发行的证券，应当同证券公司签订承销协议。证券承销业务采取代销或者包销方式。

2. 发行人与证券公司签订公司债券代销或者包销协议。协议应当载明下列事项：①当事人的名称、住所及法定代表人姓名；②代销、包销证券的种类、数量、金额及发行价格；③代销、包销的期限及起止日期；④代销、包销的付款方式及日期；⑤代销、包销的费用和结算办法；⑥违约责任；⑦国务院证券监督管理机构规定的其他事项。

3. 向不特定对象公开发行的证券票面总值超过人民币 5 000 万元的，应当由承销团承销。承销团应当由主承销和参与承销的证券公司组成。

4. 证券的代销、包销期限最长不得超过 90 日。

公开发行证券的发行人有权依法自主选择承销的证券公司。证券公司不得以不正当竞争手段招揽证券承销业务。证券公司承销证券，应当对公开发行募集文件的真实性、准确性、完整性进行核查；发现有虚假记载、误导性陈述或者重大遗漏的，不得进行销售活动；已经销售的，必须立即停止销售活动，并采取纠正措施。

（七）向公众发售公司债券，并记载于发行公司置备的公司债券存根簿。

向公众发行的公司债券为要式有价证券，根据《公司法》第 156 条规定，公司以实物券方式发行公司债券的，必须在债券上载明公司名称、债券票面金额、利率、偿还期限等事项，并由法定代表人签名，公司盖章。

公司在公司债券发行工作结束后，应当依法置备公司债券存根簿。《公司法》第 158 条规定："公司发行公司债券应当置备公司债券存根簿。发行记名公司债券的，应当在公司债券存根簿上载明下列事项：①债券持有人的姓名或者名称及住所；②债券持有人取得债券的日期及债券的编号；③债券总额，债券的票面金额、利率、还本付息的期限和方式；④债券的发行日期。发行无记名公司债券的，应当在公司债券存根簿上载明债券总额、利率、偿还期限和方式、发行日期及债券的编号。"

公司债券存根簿，是发行债券的公司制作的用以记载公司债券持有人及其所持公司债券的有关情况的专门簿册。它是公司发行公司债券的原始记录，也是确认公司债券的发行规模及发行债券的公司与债券持有人之间权利义务关系的原始依据。公司债券存根簿应存放于发行债券的公司，以方便公司与债券持有人联系和公司债券的持有人及有关主管部门必要时查阅。

四、公司债券发行方式

公司债券的发行可以分为直接募集发行和委托募集发行。直接募集发行，是指发行公司债券的公司直接向社会公众公开发行其公司债券。委托募集发行，是指发行公司债券的公司不自己办理发行事务，而是委托其他经营公司债券发行业务的机构发行。我国《证券法》第 28 条规定："发行人向不特定对象公开发行的证券，法律、行政法规规定应当由证券公司承销的，发行人应当同证券公司签订承销协议。"根据这一规定，我国公司债券的发行应采取委托募集发行的方式，由证券公司承销。

《证券法》第 28 条规定："证券承销业务采取代销或者包销方式。证券代销是指证券公司代发行人发售证券，在承销期结束时，将未售出的证券全部退还给发行人的承销方式。证券包销是指证券公司将发行人的证券按照协议全部购入或者在承销期结束时将售后剩余证券全部自行购入的承销方式。"

对作为委托方的公司债券发行公司与作为受托方的证券公司来说，采用不同的委托募集发行方式，双方的权利义务和风险责任不同，对双方也各有利弊。

采用代销承销方式的，根据委托代销协议约定，委托人将其公司证券委托给受托人销售，受托人收取一定的手续费；受托人在协议约定的承销期内没有将公司债券全部售出的，受托人可以将剩余的公司债券退还给委托人。显然，采用代销承销方式，公司债券销售不畅的损失和风险责任由委托人承担，但委托人只是向受托人支付手续费，发行成本也不高；受托人因为不承担公司债券销售不畅的损失和风险责任，所以没有风险，但受托人只是向委托人收取固定的手续费，所以收益也不高。

采用包销承销方式的，根据委托包销协议约定，委托人以较低的价格将其发行的公司证券委托受托人销售，受托人或者先将委托人发行的公司债券全部认购，再向公众出售；或者先向公众销售，在协议约定的承销期内没有将公司债券全部售出，再由受托人将剩余的公司债券自行认购。显然，采用包销承销方式的，公司债券销售不畅的损失和风险责任是由受托人承担，但在发行债券的公司信誉良好，公司债券在证券市场上供不应求或行情看好时，受托人可以从公司债券的溢价售出中取得比收取手续费更高的收益。委托人虽然不承担公司债券销售不畅的损失和风险责任，甚至无须向受托人支付手续费，但在委托人信誉良好，其公司债券在证券市场上供不应求或行情看好时，却把本可以由自己得到的公司债券价格中的溢价部分让利给了受托人，实际受到了更大的损失。

究竟是采用代销承销方式还是采用包销承销方式对发行债券的公司有利不能一概而论，应当根据发行债券的公司的经营情况、信誉度，以及宏观经济形势、债券市场的总体情况等确定。

五、公司债券的质押和继承

（一）公司债券的质押

我国《中华人民共和国担保法》（以下简称《担保法》）第 75 条第 1 款规定：债券等权利可以质押。《公司法》第 157 条规定券。："公司债券，可以为记名债券，也可以为无记名债券。"从相关法律规定看，以记名公司债券质押和以无记名公司债券质押，其出质方式和质押的生效条件有所不同。

1. 以记名公司债券出质的方式和生效条件。最高人民法院《关于适用〈中华人民共和国担保法〉若干问题的解释》第 99 条规定："以公司债券出质的，出质人与质权人没有背书记载'质押'字样，以债券出质对抗公司和第三人的，人民法院不予支持。"从这条规定可以看出，以记名公司债券出质的，出质人应当以背书的方式记载"质押"字样，并在交付质权人后，才能在当事人之间产生质押的效力。否则不能以公司债券出质对抗公司和第三人。

2. 以无记名公司债券出质的方式和生效条件。根据《物权法》第 224 条规定，以债券出质的，当事人应当订立书面合同。质权自权利凭证交付质权人时设立。从这条规定可以看出，无记名公司债券是以出质人与质权人之间订立书面的质押合同，并将公司债券交付质权人的方式出质。双方签订书面的质押合同后，公司债券一经交付，即产生质押效力，当事人得以持有的公司债券对抗公司及第三人。

（二）公司债券的继承

公司债券也可依法继承。法定继承人和受遗赠人可以凭借经公证机关公证的有关继承证书，成为记名公司债券的合法持有人。

六、公司债券的清偿

公司债券的持有人与发行债券的公司是债权债务关系。发行债券的公司应当在公司债募集办法中明确规定公司债券的偿还办法，并在债券上载明。公司债券到期后，发行公司应当按照约定的利率、期限和方式偿还债券的本金和利息。可以约定在公司债券到期时本金和利息一并偿还，也可以约定利息分期支付，本金在到期时一次性偿还，还可以一次连本带利支付。

七、可转换公司债券的发行与转换

（一）可转换公司债券的概念

可转换公司债券全称应为可转换为股份的公司债券，是指发行人依照法定程序发行、在一定期间内依据约定的条件可以转换成股份的公司债券。可转换公司债券是与不能转换为发行公司股份的非转换公司债券的对称。根据我国《公司法》的规定，只有上市公司才可以发行可转换公司债券，因此，目前我国的可转换公司债券，应当是指发行人依照法定程序发行、在一定期间内依据约定的条件可以转换成股票的公司债券。

以持券人对转换有无选择权为标准，可转换公司债券又可分为选择性可转换公司债券和非选择性可转换公司债券。与持券人没有选择权，必须将公司债券转换为发行公司股票的非选择性可转换公司债券不同，选择性可转换公司债券是指持券人享有是否将其所持发行公司债券转换为公司股票的选择权的可转换公司债券。这是被包括我国在内的许多国家的立法普遍确认的一类最普通的可转换公司债券。我国《公司法》第 163 条规定："发行可转换为股票的公司债券的，公司应当按照其转换办法向债券持有人换发股票，但债券持有人对转换股票或者不转换股票有选择权。"说明我国的可转换公司债券为选择性可转换公司债券。

（二）可转换公司债券的特点

与普通公司债券相比较，我国的可转换公司债券有以下特点：

1. 债券持有人享有在一定期限内依照约定的条件和程序将所持有的公司债券转换为发行公司股票的选择权。我国《公司法》第 163 条规定："发行可转换为股票的公司债券的，公司应当按照其转换办法向债券持有人换发股票，但债券持有人对转换股票或者不转换股票有选择权。"

从此条规定可以看出，债券持有人享有对所持企业债券是否转换为股票的选择权，债券持有人不愿意将其所持有的公司债券转换为股票时，发行公司不得强迫其转换；债券持有人要求将其所持有的公司债券转换为股票时，发行公司则不得拒绝。

2. 法律对可转换公司债券的发行主体有更为严格的限定。我国法律对可转换公司债券的发行主体有明确限定。比如，在《公司法》和《证券法》中只规定了上市公司可以发行可转换公司债券。但我国《公司法》、《证券法》等法律中对哪类公司可以作为发行普通公司债券的主体却没有明确的限定。

3. 法律对发行可转换公司债券的条件有更为严格的要求。由于可转换公司债券有可能被转换为股票，我国《证券法》第16条规定，上市公司发行可转换为股票的公司债券，除应当符合本节前述公开发行公司债券的一般性条件外，还应当符合公开发行可转换公司债券的特殊条件，即公开发行股票的条件。而对发行普通公司债券，则没有这方面的条件要求。

（三）可转换公司债券的发行条件

如前所述，我国法律对发行可转换公司债券的发行主体是有严格限定的。现行《公司法》和《证券法》都规定只有上市公司才可以发行可转换公司债券。

根据我国《证券法》第16条规定，上市公司发行可转换为股票的公司债券，除应当符合本节前述公开发行公司债券的一般性条件外，还应当符合公开发行可转换公司债券的特殊条件，即公开发行股票的条件：①具备健全且运行良好的组织机构；②具有持续盈利能力，财务状况良好；③最近3年财务会计文件无虚假记载，无其他重大违法行为；④经国务院批准的国务院证券监督管理机构规定的其他条件。

（四）可转换公司债券的发行程序和方式

我国法律对发行可转换公司债券的程序和方式的规定与普通公司债券的发行程序和方式的规定大致相同，为避免重复，这里不再赘述。

（五）可转换公司债券的转换及偿还

我国《公司法》第163条规定："发行可转换为股票的公司债券的，公司应当按照其转换办法向债券持有人换发股票，但债券持有人对转换股票或者不转换股票有选择权。"按照这一规定，当可转换公司债券持有人要求将公司债券转换为股票时，公司就必须按其公告的转换办法为持券人换发股票。如果持券人不愿意将债券转换为股票，公司不得强迫其转换，只能到期偿还本金和利息。

第三节 公司债券的交易

一、公司债券交易概述

公司债券的交易，也称公司债券的转让，是指公司债券的持有人在法定的交易场所，依照法定的交易方式、规则和程序，将其持有公司债券所享有的权利让渡给他人的行为。

我国《证券法》第 39 条规定："依法公开发行的股票、公司债券及其他证券，应当在依法设立的证券交易所上市交易或者在国务院批准的其他证券交易场所转让。"从这条规定可以看到，我国公开发行的公司债券的法定的交易场所包括两类：一类是依法设立的证券交易所，目前我国依法设立的证券交易所共有两家，分别为上海证券交易所和深圳证券交易所，上市公司债券必须在证券交易所采用公开的集中交易方式，或者国务院证券监督管理机构批准的其他交易方式转让；另一类是国务院批准的其他证券交易场所，非上市公司债券应当在这些场所交易转让。无论是上市公司债券还是非上市公司债券，均不得私下转让。

二、影响公司债券转让价格的因素

公司债券的转让价格，主要受以下因素的影响：

（一）银行存款利率的影响

银行存款利率与公司债券的转让价格呈反向关系，银行存款利率上升，将钱款存在银行取得的利息收入较多时，人们购买公司债券的积极性就会下降，公司债券的转让价格也会随之下降；反之，银行存款利率下降，将钱款存在银行取得的利息收入较少时，人们购买公司债券的积极性就会上升，公司债券的转让价格也会随之上升。

（二）公司债券供求关系的影响

从实质上看，公司债券也是一种商品，其价格也必然受供求关系的影响。在我国公司债券的发行规模受国家宏观控制的情况下，公司债券的供求关系对公司债券转让价格的影响更为明显。公司债券的供求关系与公司债券的转让价格呈反向关系，公司债券供应增加时，公司债券的转让价格下降；反之，公司债券供应减少时，公司债券的转让价格上升。

（三）公司债券发行人经营情况的影响

公司债券的发行人的经营情况与公司债券的转让价格呈同向关系，发行公司债券的公司的经营情况转好时，公司债券的转让价格上升；反之，发行公司债券的公司的经营情况变差时，公司债券的转让价格下降。

（四）公司债券发行人的信誉度变化的影响

公司债券发行人的信誉度评价情况与公司债券的转让价格呈同向关系，公司债券发行人的信誉度评价上升时，公司债券的转让价格上升；反之，公司债券发行人的信誉度评价下降时，公司债券的转让价格下降。

正常情况下，公司债券的转让价格应略高于其面值和发行价格，但在公司债券发行人的经营状况严重恶化，或者信誉度评价大幅度下降的情况下，持券人可能会担心连本金都无法收回，也可能以低于公司债券的面值和发行价格转让。而可转换公司债券的转让价格，在债券发行人的经营情况良好，信誉度大幅度提升的情况下，受让方寄希望于转换为发行人的股票后可能取得比债券更高的收益，公司债券的转让价格也可能大幅度高于其面值和发行价格。

为了便于债券的流通，也为了方便不同投资者进行投资，我国法律按国际惯例，并不硬性统一规定公司债券的转让价格，而是允许转让方与受让方自由约定转让价格。由于我国《公司法》规定公司债券在证券交易所上市交易的，按照证券交易规则来确定转让价格，所以双方大多采用集中竞价方式约定转让上市债券的价格。而非上市的公司债券转让价格由双方协商确定，应当由买卖双方即转让人和受让人商议确定。这种价格往往高于或低于公司债券的票面价值。

三、公司债券转让的方式

（一）记名公司债券的转让方式

《公司法》第161条规定："记名公司债券，由债券持有人以背书方式或者法律、行政法规规定的其他方式转让；转让后由公司将受让人的姓名或者名称及住所记载于公司债券存根簿。"记名公司债券的持券人在公司债券上进行背书，并交付受让人，是记名公司债券转让生效的必要条件。对记名公司债券进行转让时，除了持券人在公司债券上进行背书，并交付受让人外，还应当由公司将受让人的姓名或者名称及住所记载于公司债券存根簿。经背书后交付受让人，并记载于公司债券存根簿，即可以此对抗发行公司和第三人。

（二）无记名公司债券的转让方式

《公司法》第161条第2款规定："无记名公司债券的转让，由债券持有人将该债券交付给受让人后即发生转让的效力。"在债券持有人交付该债券后受让人可以此转让对抗公司和第三人。

四、公司债券交易的上市、暂停与终止

（一）公司债券的上市交易

根据《证券法》第48、57、58、59条的规定，公司债券申请上市交易应遵循以下条件、程序和方式。

1. 申请证券上市交易，应当向证券交易所提出申请，由证券交易所依法审核同意，并由双方签订上市协议。公司债券上市交易的申请可以向上海证券交易所提出，也可以向深圳证券交易所提出，但不得同时向两家证券交易所提出。

2. 公司申请公司债券上市交易，应当符合下列条件：

（1）公司债券的期限为1年以上；

（2）公司债券实际发行额不少于人民币5 000万元；

（3）公司申请债券上市时仍符合法定的公司债券发行条件。

3. 申请公司债券上市交易，应当向证券交易所报送下列文件：

（1）上市报告书；

（2）申请公司债券上市的董事会决议；

（3）公司章程；

（4）公司营业执照；

（5）公司债券募集办法；

（6）公司债券的实际发行数额；

（7）证券交易所上市规则规定的其他文件；

（8）申请可转换为股票的公司债券上市交易，还应当报送保荐人出具的上市保荐书。目前，上海证券交易所和深圳交易所均对债券上市实行上市推荐人制度，企业债券在本所申请上市，必须由1~2个该所认可的机构推荐并出具上市推荐书。

4. 证券交易所收到公司债券上市交易的申请后，进行审核。《证券法》第59条规定："公司债券上市交易申请经证券交易所审核同意后，签订上市协议的公司应当在规定的期限内公告公司债券上市文件及有关文件，并将其申请文件置备于指定场所供公众查阅。"

5. 证券交易所报中国证监会核准。证券交易所对公司债券上市申请审核同意的，应出具初审意见，并报中国证监会核准。

6. 签订上市协议，安排上市交易。债券上市申请经中国证监会核准后，证券交易所应在接到核准文件之日起3个月内安排该债券上市交易。公司债券上市前，发行人应与交易所签订上市协议。

7. 实施托管工作。在债券上市申请核准后，发行人和上市推荐人必须在债券上市交易前完成上市债券在交易所指定的托管机构的托管工作，并将债券持有人名册核对无误后报送交易所指定的托管机构，发行人和上市推荐人对该名册的准确性负全部责任。

8. 发布上市公告书。发行人应当在债券上市交易5日前在中国证监会指定的报刊上刊登债券上市公告书，并将债券上市公告书、核准文件及有关上市申请文件备置于指定场所，以供公众查阅。

在完成上述工作后，上市公司的公司债券可按照《证券法》第40条的规定，采用公开的集中交易方式或者国务院证券监督管理机构批准的其他方式进行交易。

（二）公司债券暂停上市交易和终止交易

公司债券上市交易后，公司有下列情形之一的，由证券交易所决定暂停其公司债券上市交易：①公司有重大违法行为；②公司情况发生重大变化不符合公司债券上市条件；③公司债券所募集的资金不按照核准的用途使用；④未按照公司债券募集办法履行义务；⑤公司最近2年连续亏损。

其中，发行债券的公司有前述暂停上市交易的法定情形中第①、④项情形之一，经查实后果严重的，或者有第②、③、⑤项情形之一，在限期内未能消除的，或者公司解散或者被宣告破产的，由证券交易所决定终止其公司债券上市交易。

对证券交易所作出的不予上市、暂停上市、终止上市决定不服的，可以向证券交易所设立的复核机构申请复核。

五、公司债券的托管、登记、结算

公司债券的托管，是指发行债券的公司与公司债券登记结算机构签订托管协议，委托其保管公司债券、并负责办理公司债券的登记和清算交割等事务的行为。

证券登记结算机构是经国务院证券监督管理机构批准设立的，为证券交易提供集中登记、存管与结算服务，不以营利为目的的法人。我国目前的证券登记结算机构是中国证券登记结算有限责任公司。根据《证券法》第157条规定，证券登记结算机构履行下列职能：①证券账户、结算账户的设立；②证券的存管和过户；③证券持有人名册登记；④证券交易所上市证券交易的清算和交收；⑤受发行人的委托派发证券权益；⑥办理与上述业务有关的查询；⑦国务院证券监督管理机构批准的其他业务。

第四节 对公司债券持有人的保护

公司债券持有人较为分散，实力也较弱，自行获取全面而准确的相关信息的成本相对较高，容易因被欺骗和操纵，或者因内幕交易而蒙受损失。为了有效维护公司债券持有人的利益，我国《证券法》等相关法律中制定了一些对公司债券持有人的特别保护措施。本节仅介绍其中主要的几种。

一、持续信息公开

掌握真实、准确、完整的相关信息，有利于公司债券持有人对是否认购公司债券，是否进行交易，选择什么时机进行交易做出正确判断，有利于维护社会公众和公司债券持有人的利益。在保障真实、准确、完整地将相关信息持续公开方面，《证券法》对公司债券的发行人、承销人、保荐人、证券登记结算机构、证券服务机构、证券业协会等相关单位及其工作人员都提出了明确要求，并对违反规定的法律责任作了明确规定。

《证券法》第63条规定："发行人、上市公司依法披露的信息，必须真实、准确、完整，不得有虚假记载、误导性陈述或者重大遗漏。"第69条规定，发行人、上市公司公告的招股说明书、公司债券募集办法、财务会计报告、上市报告文件、年度报告、中期报告、临时报告以及其他信息披露资料，有虚假记载、误导性陈述或者重大遗漏，致使投资者在证券交易中遭受损失的，发行人、上市公司应当承担赔偿责任；发行人、上市公司的董事、监事、高级管理人员和其他直接责任人员以及保荐人、承销的证券公司，应当与发行人、上市公司承担连带赔偿责任，但是能够证明自己没有过错的除外；发行人、上市公司的控股股东、实际控制人有过错的，应当与发行人、上市公司承担连带赔偿责任。第70条规定，依法必须披露的信息，应当在国务院证券监督管理机构指定的媒体发布，同时将其置备于公司住所、证券交易所，供社会公众查阅。

《证券法》第191、192、200条对违反信息披露规定应当承担的法律责任，作了明确、具体的规定。

二、禁止内幕交易

所谓内幕交易，是指证券交易内幕信息的知情人或者非法获取内幕信息的人，在涉及证券的发行、交易或者其他对证券的价格有重大影响的信息公开前，买卖该证券，或者泄露该信息，或者建议他人买卖该证券的违法行为。从事内幕交易，违反了公开、公平、公正的原则，也侵害了其他从事公司债券交易的人的利益，必须予以制止和处罚。

《证券法》第 202 条对违反规定进行内幕交易行为应当承担的法律责任，作了明确、具体的规定。

三、禁止操纵市场

公司债券持有人较为分散、实力较弱、信息不全，在证券交易中较为盲目，容易跟风。一些实力雄厚的机构交易者利用社会公众持券人的这一弱点，操纵市场制造假象，诱使公众持券人跟风上当，以非法牟利。为了有效维护公司债券持有人的利益，我国《证券法》等相关法律作出了禁止操纵市场的相关规定。

《证券法》第 203 条对操纵市场应当承担的法律责任，作了明确、具体的规定。

【本章知识与技能训练】

一、基本知识训练

（一）重点概念

1. 公司债券
2. 可转换公司债券
3. 证券代销
4. 证券包销
5. 内幕交易

（二）重点思考题

1. 简述公司债券的法律特征。
2. 分析区分可转换公司债券与非转换公司债券的法律意义。
3. 分析公司债券与股票的区别。
4. 分析发行公司债券筹资的利弊。
5. 简述公司债券的发行条件。
6. 分析影响公司债券转让价格的因素。

二、基本技能训练

某股份公司为发行票面金额为 5 000 万元的公司债券，聘用某证券公司为承销商。

请模拟制作一份公司债券代销协议。协议中以下事项的具体内容请自定：

1. 当事人的名称、住所及法定代表人姓名；
2. 代销证券的种类、票面金额及发行价格；
3. 代销期限及起止日期；
4. 代销付款方式及日期；
5. 代销费用和结算办法；
6. 违约责任；
7. 其他事项。

三、技能提升训练

案例一

（一）基本案情

某上市公司办公室秘书王某在打印董事会会议记录时，得知董事会一项决议的内容，认为该决议公告后将导致公司债券价格下跌，遂通知其夫人将所持有的本公司债券卖出，从而避免了自己可能受到的损失。

王某的行为是否构成内幕交易？请说明理由。

（二）分析引导与思考

所谓内幕交易，是指证券交易内幕信息的知情人或者非法获取内幕信息的人，在涉及证券的发行、交易或者其他对证券的价格有重大影响的信息公开前，买卖该证券，或者泄露该信息，或者建议他人买卖该证券的违法行为。从这一定义分析，正确判断本案的关键在于弄清王某是不是内幕信息知情人；其所掌握并透露给其夫人的信息是不是内幕信息；其主观上是否具有故意；客观上其本人或者其夫人是否实施了内幕交易行为。从本案的情况看，王某的行为具备上述各项特征，其行为构成内幕交易。王某是在打印董事会会议记录时得知了董事会一项决议的内容，认为该决议公告后将导致公司债券价格下跌，在决议内容未公开前，该内容为内幕信息，王某为内幕信息知情人。王某将内幕信息告知其夫人，通知其将所持有的本公司债券卖出，客观上实施了内幕交易行为，主观上的故意也是显而易见的。

案例二

（一）基本案情

周某因做生意急需资金，于 2003 年 8 月 15 日向王某借款 95 000 元。在周某向王某出具的《收据》上载明："2003 年 8 月 15 日借到王某现金拾万元整，借期 1 年，2004 年 8 月 15 日前归还。同意以 100 000 元的公司债券为借款提供担保，借款到期如不归还，债券自动转归王某所有。"周某在《收据》上签了字，并当场将总面额 100 000 元的公司债券全部交给了王某。周某为其借款提供质押担保的公司债券是某股份有限公司于 2001 年 1 月 15 日发行的记名公司债券，期限 5 年，于 2006 年 1 月 15 日到期。

借款到期后，周某一直未向王某还款。公司债券于 2006 年 1 月 15 日到期后，王某持公司债券向发行债券的某股份有限公司请求兑付。

问：发行债券的某股份有限公司是否有权利拒绝向王某兑付公司债券？请说明理由。

（二）分析引导与思考

对本案作出正确的分析判断的关键在于这批公司债券是记名公司债券，其转让并不能像无记名公司债券那样"债券持有人将该债券交付给受让人后，即发生转让的效力"。《公司法》第 161 条规定："记名公司债券，由债券持有人以背书方式或者法律、行政法规规定的其他方式转让；转让后由公司将受让人的姓名或者名称及住所记载于公司债券存根簿。"依据本条法律规定，记名债券所有权并不能"自动"转移。本案中周某虽然已将公司债券交付给了王某，并在向王某出具的《收据》上载明："借款到期如不归还，债券自动转归王某所有。"但没有在公司债券上背书，也没有将受让人周某的姓名及住所记载于发行公司的债券存根簿，也没有办理法定的公司债券转让手续，转让缺少法定的形式，尚未发生法律效力。因此，发行债券的某股份有限公司有权利拒绝向王某兑付公司债券。

第九章 公司财务会计制度

【本章学习指引】

公司财务会计揭示公司资金运行的基本信息，涉及到公司各方的根本利益。建立公司财务会计制度对平衡和保护公司各方的利益有重要的法律意义。本章从公司财务会计制度的含义、功能和作用入手，概括阐述了公司财务会计制度、公司财务会计报告制度，并对公司财务会计报告的构成、主要内容、财务会计报表的主要内容、编制、验证与公告等作了阐述。本章还对公司的公积金制度与公司利润分配制度作了重点阐述，分析了公积金的涵义、种类、来源、作用，以及公司利润分配的基本原则与分配顺序。

本章学习的重点是公积金制度和公司利润分配，学习的难点是公司会计制度和公司财务会计报告。

第一节 公司财务会计制度概述

一、公司财务会计制度的含义

公司财务会计制度是公司财务制度和会计制度的统称，也可简称为"财会制度"，是指利用货币价值形式，反映公司财务状况和经营成果，加强内部经营管理，提高经济效益的一项重要制度。

公司财务制度，是指关于公司资金管理、成本费用的计算、营业收入的分配、货币的管理、公司的财务报告、公司纳税等方面的规程。

公司会计制度，是指公司会计体制、会计组织、会计记账、会计核算等方面的规程。它是公司生产经营过程中各种财务制度的具体反映。公司的财务制度是通过公司的会计制度来实现的。

虽然公司的财务制度由公司的财务制度和公司的会计制度共同构成，但它们实质上是融为一体、密不可分的。

我国有关公司财务会计制度的立法，除了《公司法》第八章"公司财务、会计"的专章规定外，还制定颁布了《中华人民共和国会计法》、《企业财务会计报告条例》、《企业财务通则》，以及《企业会计准则》和具体科目的企业会计准则，《企业会计制度》和不同行业的企业会计制度等，这些相关的法律、法规、规章等，共同构成了我国公司财务会计法律制度的基础。

二、公司财务会计制度的功能和作用

《公司法》第164条规定："公司应当依照法律、行政法规和国务院财政部门的规定建立本公司的财务、会计制度。"完善的公司财务会计制度有助于公司了解自身经营状况和提高经营效率，也对维护公司股东、债权人等相关各方的利益，保障国家税收和对国民经济进行宏观调控和监管等发挥着重要作用。

（一）有利于公司了解自身经营状况，提高经营效率

公司的经营者要作出正确的生产经营决策，进行有效的组织管理，必须以真实可靠、全面完整的财务信息为基础。公司财务会计信息可以反映出公司的资金、原材料、成本费用等的收支、使用、库存情况和公司的经营业绩，经营者能够从中了解公司的经营现状、结果和发展趋势，为进一步合理有效地筹措和使用资金、提高资金收益率和公司的运行效率提供了保障。

（二）有利于保护公司股东利益

股东向公司投资的主要目的是获取利润，即取得股息和红利，公司的经营绩效直接关系到股东的收益。公司依法建立和完善公司财务会计制度，定期编制和向股东公开有关财务会计报告和会计表册，有利于保护公司股东的利益。一方面，股东们可以从公司的财务会计信息中了解公司资源的管理使用情况和公司的经营效果，考评经营者的经营绩效，督促经营者提高公司运行效率。另一方面，公司的业务是由董事、经理等高级管理人员执行的，在通常情况下，股东们除了参加股东（大）会行使表决权外并无机会参与公司的经营管理，由此可能导致董事、经理等高级管理人员利用对公司的实际控制权侵害股东的合法利益。公开的公司财务会计信息有利于股东及时发现问题，采取措施，避免或减少损失。

（三）有利于维护公司债权人利益，保证交易安全

目前我国的法定公司形式只有有限责任公司和股份有限公司。《公司法》第3条规定："公司以其全部财产对公司的债务承担责任。有限责任公司的股东以其认缴的出资额为限对公司承担责任；股份有限公司的股东以其认购的股份为限对公司承担责任。"从本条规定可以看到，无论有限责任公司还是股份有限公司，对公司债务都只承担有限责任，公司债权人的利益的实现取决于公司的资产状况，公司资产数量的增减、结构的变动与公司债权人的利益密切相关。依法建立和完善公司财务会计制度，向公司交易的

对方公开必要的财务会计信息，有利于交易的对方了解公司的资产状况和偿债能力，从而降低交易风险，保证交易安全，维护公司债权人的利益。

（四）有利于保障国家税收和对国民经济的调控和监管

公司的税收是政府财政收入的主要来源。完善的公司财务会计制度，依法编制公司的财务会计报告和会计表册，全面、真实、准确的公司财务会计信息，是国家制定科学、合理的税收政策，建立和完善税收法律制度的重要依据，也是国家税收征收管理的重要保障。同时，完善的公司财务会计制度和来自公司的全面、真实、准确的财务会计信息，也为政府制定宏观经济政策，对国民经济进行宏观调控，以及对公司实施有效监管提供了重要保障。

第二节　公司财务会计报告

一、公司财务会计报告概述

《会计法》第9条规定："各单位必须根据实际发生的经济业务事项进行会计核算，填制会计凭证，登记会计帐簿，编制财务会计报告。"国务院2000年06月21日制定颁布的《企业财务会计报告条例》是真实、完整、规范地编制公司财务会计报告的专项立法和重要依据。《企业财务会计报告条例》第2条规定："本条例所称财务会计报告，是指企业对外提供的反映企业某一特定日期财务状况和某一会计期间经营成果、现金流量的文件。"

公司编制和对外提供财务会计报告应当遵守《企业财务会计报告条例》和国家统一的会计制度的规定，不得违反该条例和国家统一的会计制度规定，随意改变财务会计报告的编制基础、编制依据、编制原则和方法。对外提供的财务会计报告反映的会计信息应当真实、完整，不得编制和对外提供虚假的或者隐瞒重要事实的财务会计报告。企业负责人对本企业财务会计报告的真实性、完整性负责。注册会计师、会计师事务所审计企业财务会计报告，应当依照有关法律、行政法规以及注册会计师执业规则的规定进行，并对所出具的审计报告负责。

公司应当依照法律、行政法规和国家统一的会计制度有关财务会计报告提供期限的规定，及时对外提供财务会计报告。

二、公司财务会计报告的构成

《企业财务会计报告条例》第6条至第8条规定，财务会计报告分为年度、半年度、季度和月度财务会计报告。年度、半年度财务会计报告应当包括会计报表、会计报表附注和财务情况说明书。其中会计报表应当包括资产负债表、利润表、现金流量表及相关附表。季度、月度财务会计报告通常仅指会计报表，会计报表至少应当包括资产负债表和利润表。国家统一的会计制度规定季度、月度财务会计报告需要编制会计报表附注的，从其规定。

《企业会计准则》第57条规定："财务报告是反映企业财务状况和经营成果的书面文件，包括资产负债表、损益表、财务状况变动表（或者现金流量表）、附表及会计报表附注和财务情况说明书。"

《企业财务会计报告条例》第12条规定："相关附表是反映企业财务状况、经营成果和现金流量的补充报表，主要包括利润分配表以及国家统一的会计制度规定的其他附表。"

根据上述规定可以看到，公司财务会计报告由会计报表、会计报表附注、财务情况说明书构成；其中会计报表主要包括资产负债表、利润表（也称损益表、收益表）、现金流量表（财务状况变动表）和会计报表的相关附表；会计报表的相关附表又包括利润分配表以及国家统一的会计制度规定的其他附表等。

三、公司财务会计报告的主要内容

（一）会计报表的主要内容

会计报表包括资产负债表、损益表、财务状况变动表（或者现金流量表）和会计报表的相关附表。

1. 资产负债表的主要内容。《企业财务会计报告条例》第9条规定："资产负债表是反映企业在某一特定日期财务状况的报表。"资产负债表反映的内容主要是公司在某一特定时点的资产、负债和所有者权益的静态状况。通过资产负债表能够全面反映公司的资金来源及其运用情况，因此，资产负债表是公司最重要的会计报表。

资产负债表是根据"资产＝负债＋所有者权益"这一会计等式，按一定的分类标准和一定的秩序，把公司在特定日期的资产、负债和所有者权益项目予以适当排列，并按规定的编制要求编制而成的。在编制资产负债表时，应当将资产、负债和所有者权益分类分项列示。

其中，资产、负债和所有者权益的定义及列示应当遵循下列规定：

（1）资产，是指过去的交易、事项形成的并由企业拥有或者控制的资源，该资源预期会给企业带来经济利益。在资产负债表上，资产应当按照其流动性分类分项列示，包括流动资产、长期投资、固定资产、无形资产及其他资产。银行、保险公司和非银行金融机构的各项资产有特殊性的，按照其性质分类分项列示。

（2）负债，是指过去的交易、事项形成的现时义务，履行该义务预期会导致经济利益流出企业。在资产负债表上，负债应当按照其流动性分类分项列示，包括流动负债、长期负债等。银行、保险公司和非银行金融机构的各项负债有特殊性的，按照其性质分类分项列示。

（3）所有者权益，是指所有者在企业资产中享有的经济利益，其金额为资产减去负债后的余额。在资产负债表上，所有者权益应当按照实收资本（或者股本）、资本公积、盈余公积、未分配利润等项目分项列示。

根据《企业会计制度》第9条规定，企业的会计记账采用借贷记账法。资产负债表应以左右平衡式账户列示"借方"与"贷方"。左方为"借方"，记载各类资产项目；右方为"贷方"，记载各类"负债"和"股东权益"项目。左右借贷双方必须平衡，故资产负债表又称资产负债平衡表。

2. 利润表的主要内容。利润表，也称损益表、收益表。《企业财务会计报告条例》第 10 条规定："利润表是反映企业在一定会计期间经营成果的报表。利润表应当按照各项收入、费用以及构成利润的各个项目分类分项列示。"其中，收入、费用和利润的定义及列示应当遵循下列规定：

（1）收入，是指企业在销售商品、提供劳务及让渡资产使用权等日常活动中所形成的经济利益的总流入。收入不包括为第三方或者客户代收的款项。在利润表上，收入应当按照其重要性分项列示。

（2）费用，是指企业为销售商品、提供劳务等日常活动所发生的经济利益的流出。在利润表上，费用应当按照其性质分项列示。

（3）利润，是指企业在一定会计期间的经营成果。在利润表上，利润应当按照营业利润、利润总额和净利润等利润的构成分类分项列示。

3. 现金流量表的主要内容。现金流量表，也称财务状况变动表。《企业财务会计报告条例》第 11 条规定："现金流量表是反映企业一定会计期间现金和现金等价物（以下简称现金）流入和流出的报表。现金流量表应当按照经营活动、投资活动和筹资活动的现金流量分类分项列示。"其中，经营活动、投资活动和筹资活动的定义及列示应当遵循下列规定：

（1）经营活动，是指企业投资活动和筹资活动以外的所有交易和事项。在现金流量表上，经营活动的现金流量应当按照其经营活动的现金流入和流出的性质分项列示；银行、保险公司和非银行金融机构的经营活动按照其经营活动特点分项列示。

（2）投资活动，是指企业长期资产的购建和不包括在现金等价物范围内的投资及其处置活动。在现金流量表上，投资活动的现金流量应当按照其投资活动的现金流入和流出的性质分项列示。

（3）筹资活动，是指导致企业资本及债务规模和构成发生变化的活动。在现金流量表上，筹资活动的现金流量应当按照其筹资活动的现金流入和流出的性质分项列示。

4. 会计报表的相关附表的主要内容。根据《企业财务会计报告条例》第 12 条规定，相关附表是反映企业财务状况、经营成果和现金流量的补充报表，主要包括利润分配表以及国家统一的会计制度规定的其他附表。利润分配表是反映企业一定会计期间对实现净利润以及以前年度未分配利润的分配或者亏损弥补的报表。

利润分配表应当按照利润分配各个项目分类分项列示：

（1）"净利润"项目，反映企业全年实现的净利润；如为净亏损，则以"-"号填列。本项目的数字应与利润表中"净利润"项目的"本年累计数"一致。

（2）"年初未分配利润"项目，反映企业上年年末的未分配利润；如为未弥补的亏损，则以"-"号填列。本项目的数字应与上年利润分配表中"未分配利润"项目的"本年实际"数一致。

（3）"其他转入"项目，反映企业按规定用盈余公积弥补亏损等转入的数额。

（4）"提取法定盈余公积"项目和"提取法定公益金"项目，分别反映企业按照规定提取的法定盈余公积和法定公益金。

（5）"提取的职工奖励及福利基金"项目，反映外商投资企业按规定提取的职工奖励及福利基金。

（6）"提取储备基金"项目和"提取企业发展基金"项目，分别反映外商投资企业按照规定提取的储备基金和企业发展基金。

（7）"利润归还投资"项目，反映中外合作经营企业按规定在合作期间以利润归还投资者的投资。

（8）"应付优先股股利"项目，反映企业应分配给优先股股东的现金股利。

（9）"提取任意盈余公积"项目，反映企业提取的任意盈余公积。

（10）"应付普通股股利"项目，反映企业应分配给普通股股东的现金股利。企业应分配给投资者的利润，也在本项目反映。

（11）"转作股本的普通股股利"项目，反映企业分配给普通股股东的股票股利。企业以利润转增的资本，也在本项目反映。

（12）"未分配利润"项目，反映企业年末尚未分配的利润。如为未弥补的亏损，则以"－"号填列。

企业如因以收购本企业股票方式减少注册资本而相应减少未分配利润，可在利润分配表的"年初未分配利润"项目下增设"减：减少注册资本减少的未分配利润"项目反映。国有工业企业按规定补充的流动资本，可在利润分配表的"利润归还投资"项目下增设"补充流动资本"项目反映。企业按规定以利润归还借款、单项留用的利润等，可在"补充流动资本"项目下单列项目反映。

（二）会计报表附注

《企业财务会计报告条例》第 14 条规定："会计报表附注是为便于会计报表使用者理解会计报表的内容而对会计报表的编制基础、编制依据、编制原则和方法及主要项目等所作的解释。"

会计报表附注至少应当包括下列内容：①不符合基本会计假设的说明；②重要会计政策和会计估计及其变更情况、变更原因及其对财务状况和经营成果的影响；③或有事项和资产负债表日后事项的说明；④关联方关系及其交易的说明；⑤重要资产转让及其出售情况；⑥企业合并、分立；⑦重大投资、融资活动；⑧会计报表中重要项目的明细资料；⑨有助于理解和分析会计报表需要说明的其他事项。

（三）财务情况说明书

财务情况说明书是对公司会计报表中所涉及的主要财务事项的基本情况作出必要说明的会计文件。

根据《企业财务会计报告条例》第 15 条规定的要求：财务情况说明书至少应当对下列情况作出说明：①企业生产经营的基本情况；②利润实现和分配情况；③资金增减和周转情况；④对企业财务状况、经营成果和现金流量有重大影响的其他事项。

四、公司财务会计报告的编制、验证与公告

（一）公司财务会计报告的编制时间

根据我国《公司法》的要求，公司应当在每一会计年度终了时编制财务会计报告。《企业财务会计报告条例》第19条规定："企业应当依照有关法律、行政法规和本条例规定的结账日进行结账，不得提前或者延迟。年度结账日为公历年度每年的12月31日；半年度、季度、月度结账日分别为公历年度每半年、每季、每月的最后一天。"《企业财务会计报告条例》第26条规定："企业发生合并、分立情形的，应当按照国家统一的会计制度的规定编制相应的财务会计报告。"第27条规定："企业终止营业的，应当在终止营业时按照编制年度财务会计报告的要求全面清查资产、核实债务、进行结账，并编制财务会计报告；在清算期间，应当按照国家统一的会计制度的规定编制清算期间的财务会计报告。"

（二）公司财务会计报告编制的负责人

我国《公司法》、《企业财务会计报告条例》等相关法律、法规和规章都要求公司应当编制企业财务会计报告，但对于谁来具体负责编制工作，却没有明确规定。一般认为，财务会计报告的编制属于公司经营管理范畴的事项，而董事会或执行董事是公司的经营管理机构，故应当由董事会或执行董事负责公司财务会计报告的具体编制工作。董事会也可以依照《公司法》授权公司经理负责公司财务会计报告的编制工作。依照国务院有关规定，公司负责人对本公司财务会计报告的真实性、完整性负责。

（三）公司财务会计报告编制的原则

公司编制财务会计报告必须遵循真实性、完整性、规范性和及时性原则。我国《企业财务会计报告条例》第17条规定："企业编制财务会计报告，应当根据真实的交易、事项以及完整、准确的账簿记录等资料，并按照国家统一的会计制度规定的编制基础、编制依据、编制原则和方法。"第18条规定："企业应当依照本条例和国家统一的会计制度规定，对会计报表中各项会计要素进行合理的确认和计量，不得随意改变会计要素的确认和计量标准。"

（四）公司财务会计报告的审核与验证

1. 公司财务会计报告的审核。《企业会计制度》第159条规定："企业对外提供的会计报表应当依次编定页数，加具封面，装订成册，加盖公章。封面上应当注明：企业名称、企业统一代码、组织形式、地址、报表所属年度或者月份、报出日期，并由企业负责人和主管会计工作的负责人、会计机构负责人（会计主管人员）签名并盖章；又设置总会计师的企业，还应当由总会计师签名并盖章。"根据本条规定可以看到，财务会计报告的审核人应当是企业负责人和主管会计工作的负责人、会计机构负责人（会计主管人员）以及设置总会计师的企业的总会计师。

另外，根据《公司法》第54条规定，检查公司财务的职权由监事会行使；不设监事会的公司，由监事行使这项职权。据此可以认为，检查公司财务是监事会的法定职权之一，这其中应包括监事会对公司财务行使检查权的过程中对公司财务会计报告的审核检查。在财务会计报告提交股东会确认之前，监事会应当对公司公司财务会计报告进行审核。审核内容主要包括会计报告是否遗漏了重大事实、会计报告与会计账簿是否相符、会计报告制作方法是否规范得当，以及董事或经理在制作财务会计报告时是否有违反法律或公章使用规定的行为等。监事会认为必要时，可以聘请中立的会计师事务所对会计表册进行审核，费用由公司负担。监事会应将审核意见做出书面报告，交董事会。董事会没有义务依照监事会的异议对财务会计报告进行修正，但应将会计报告和监事会的审核报告，一并交股东（大）会审议。

2. 公司财务会计报告的确认。公司财务会计报告须经股东（大）会审议通过，方具有法律效力。《公司法》第166条规定："有限责任公司应当按照公司章程规定的期限将财务会计报告送交各股东。股份有限公司的财务会计报告应当在召开股东大会年会的20日前置备于本公司，供股东查阅；公开发行股票的股份有限公司必须公告其财务会计报告。"财务会计报告一经股东（大）会审议批准，即由公司对财务会计报告的真实性、准确性和全面性负责，而免除董事、监事的个人责任。但是，董事或监事如果在财务会计报告的制作或检查中有违法行为，仍应对其违法行为承担责任。

3. 公司财务会计报告的审计。《公司法》第165条规定："公司应当在每一会计年度终了时编制财务会计报告，并依法经会计师事务所审计。"依据本条规定，公司财务会计报告应当聘请会计师事务所进行审计。

公司应当向聘用的会计师事务所提供真实、完整的会计凭证、会计账簿、财务会计报告及其他会计资料，不得拒绝、隐匿、谎报。会计师事务所应当独立对公司的财务会计报告进行审计，合法、客观、公正地做出审计报告。

《公司法》第170条规定："公司聘用、解聘承办公司审计业务的会计师事务所，依照公司章程的规定，由股东会、股东大会或者董事会决定。公司股东会、股东大会或者董事会就解聘会计师事务所进行表决时，应当允许会计师事务所陈述意见。"

上述规定仅适用于接受公司委托，对公司的财务会计报告进行独立审计，出具审计意见的会计师事务所，不适用为公司提供其他会计业务的会计师事务所。

第三节 公积金制度和公司利润分配

一、公积金制度

（一）公积金概述

公司公积金，是指公司为了扩大经营，或为了弥补意外亏损，或为了巩固公司的财政基础，作为股东原始投入资金的补充，依照法律、公司章程或股东（大）会决议从公司的利润或其他收入中提取部分甚至全部作为留存而形成的一种公司储备金。

公积金不能作为红利分发给股东，而主要是转作新增资本和弥补公司亏损，其性质与资本性质相同，故被一些学者定性为"附加资本"。提取公积金使公司的储备性资产增加，但同时也造成公司利润中分派给股东的部分减少，故公积金制度与公司的利润分配制度密切相关。

目前我国的公司均为只承担有限责任的公司。《公司法》第 3 条规定："公司是企业法人，有独立的法人财产，享有法人财产权。公司以其全部财产对公司的债务承担责任。有限责任公司的股东以其认缴的出资额为限对公司承担责任；股份有限公司的股东以其认购的股份为限对公司承担责任。"这意味着公司的股东仅以其出资额对公司承担有限责任；公司仅以其本身的财产对公司债务承担责任。公司的信用完全建立在公司本身的财产之上。通过公积金的提取可以使公司本身的财产得到增加，资本得到充实，增强公司的发展实力和信用基础，对公司的存续和发展有重大意义。

（二）公积金的种类及来源

按照公积金是否必须依法强制提取为标准，公积金可分为法定公积金、任意公积金；法定公积金又可分为法定盈余公积金和法定资本公司积金。

1. 法定公积金。法定公积金，是指为弥补公司经营亏损和作为公司的发展准备，在年终结算时从上一年度收入中全额提取的不构成实收注册资本的那部分资本性收入，或者上一年度税后利润进行分配前依照法定比例先行提取的那部分利润所形成的公积金。法定公积金是依照法律的强制性规定必须提取的，提取的来源或者比例是法律直接规定的，不允许公司通过章程的规定或者股东（大）会决议、董事会决议等加以变通。因此，法定公积金也被称为强制公积金。

依照法定公积金的来源、比例的不同，法定公积金又可被分为法定资本公积金和法定盈余公积金。

（1）法定资本公积金。法定资本公积金，是指由投资者或其他人投入，所有权属于公司，但不构成公司实收注册资本的那部分资本性收入。法定资本公积金本质上仍属于公司资本的范畴，但它不是从企业实现的净利润转化而来，而是从公司非营业活动所产生的收益中提取的。从形成来源看，按规定应当计入法定资本公积金的收入主要是投资者投入公司的资本中超过其认缴的注册资本金额的那部分资产，或者其他人投入的不形成公司实收注册资本的那部分资产，这二者均属于公司的非营业性收入，包括股票超面额发行所得的净溢价额、资产评估增值所获得的估价溢额、处分资产或者出售资产的溢价收入、吸收合并其他公司所得资产净值、接受赠与财产的所得额等。

（2）法定盈余公积金。《公司法》第 167 条第 1、2 款规定："公司分配当年税后利润时，应当提取利润的 10% 列入公司法定公积金。公司法定公积金累计额为公司注册资本的 50% 以上的，可以不再提取。公司的法定公积金不足以弥补以前年度亏损的，在依照前款规定提取法定公积金之前，应当先用当年利润弥补亏损。"从该条规定看，法定盈余公积金是指公司在弥补亏损后，股东分配股利前，按法定比例在当年税后利润中提取的公积金，来源于营业性收入。

与来源于公司非营业性收入的法定资本公积金不同，法定盈余公积金是从公司营业性收入实现的净利润的一部分转化而来。

2. 任意公积金。任意公积金，又称任意盈余公积金。《公司法》第167条第3款规定："公司从税后利润中提取法定公积金后，经股东会或者股东大会决议，还可以从税后利润中提取任意公积金。"从该条规定可以看出，任意公积金是依据股东会决议或者股东大会决议通过的公司章程的规定，从税后利润中自主提取的公积金。

任意公积金与法定盈余公积金的来源有相同之处，它们都是来源于公司的年度盈余。但任意公积金的来源与法定盈余公积金的来源又有所不同，任意公积金是公司从上一年度的税后利润中扣除不少于10%的法定公积金后，或者法定公积金已达公司注册资本的50%后，由公司的权力机构股东会（股东大会）自主决定再从利润中提取一定的比例或金额形成的。法律不强制要求公司必须提取任意公积金，提取多少没有限制，完全由公司的股东（大）会根据公司的发展需要自行决定。

应当注意的是，任意公积金的提留虽然由公司的股东（大）会根据公司的发展需要自行决定，但也不是完全自由的。任意公积金的提取不得影响或挤占法定公积金的提留。公司当年的经营利润，必须首先提取法定公积金，然后才能提取任意公积金。另外，任意公积金的设置与否及其提取比例、用途，是由公司章程或股东（大）会决议确定的，非经修改公司章程或通过新的股东（大）会决议，不得任意取消或设置任意公积金，也不得任意改变其提取的比例或用途。

（三）公积金的作用

公积金是按照法律规定或者公司权力机构股东会或者股东大会决定的特定目的和用途提留的，使用时应当专款专用。《公司法》第169条规定："公司的公积金用于弥补公司的亏损、扩大公司生产经营或者转为增加公司资本。但是，资本公积金不得用于弥补公司的亏损。法定公积金转为资本时，所留存的该项公积金不得少于转增前公司注册资本的25%。"该条规定概括出公积金有以下作用：

1. 弥补公司的亏损。公司生产经营的效果可能时好时坏，有时赢利，有时亏损。赢利时如果将公司利润完全分光用尽，当出现亏损时公司的资产会减少，甚至大大低于公司的注册资本，公司将难以发展，无法正常经营，甚至无法满足公司存续的基本需求。有了公积金作为储备，公司在亏损时不仅可以弥补资产的亏空，甚至还可以动用一部分作为红利进行分配，从而保持公司在原有的规模或者相对稳定的情况下正常经营，为公司下一步的业务调整并扭亏为盈提供缓冲时间。用公积金弥补亏损，实际上起到了维护公司信誉和抗御经营风险的作用。

2. 扩大公司生产经营规模。公司设立后的存续过程中如要扩大生产经营规模、增强公司的实力，就需要增加投入。公司虽然可以通过对外发行股票、债券等募集用于扩大公司生产经营规模的资金，但手续复杂，成本较高，甚至可能因不能被审批通过而无法募集。公司如果用公积金来扩大公司的生产或者经营规模，则不仅手续简单，成本也很低。

3. 增加公司的资本。这里所说的"增加公司的资本"，是指增加公司的注册资本。

将公积金增加为公司的注册资本，实际上是增加股东对公司的投资。公司注册资本是反映公司实力的一项重要指标；对承担有限责任的公司来说，公司注册资本也是公司信用度的一项重要指标，通常情况下，公司的注册资本越多，意味着公司的实力越强，信誉度越高。将公司的公积金用来增加公司的注册资本，有利于提高公司的信誉度和发展壮大。增资时有限责任公司按股东出资比例增加其出资额、股份有限公司则按股东所持股份比例增加其出资额；公司增资的形式可采用增加公司股份数的形式，也可以采用不改变公司的股份数，而增加公司股份面值的形式。

二、公司利润分配

（一）公司利润分配的含义

公司利润分配有广义和狭义之分。广义的公司利润分配，是指公司将其利润依法进行分割的整个过程，包括纳税、弥补亏损、提取法定公积金、向股东分配股利等。狭义的公司利润分配，则仅指公司向股东分配股息和红利。本节所讲的利润分配，主要是狭义的利润分配。

公司的税后利润，是公司在一定时期内生产经营的财务成果，包括公司的营业利润、投资收益和营业外收支净额。公司的营业利润，是指公司在核算期内的营业收入减去营业成本和有关费用，再减去营业收入应负担的税收后的余额。公司的投资收益，是指公司对外投资取得的利润、股利、利息等扣除发生的投资损失后的余额。公司的营业外收支净额，是指与公司生产经营无直接关系的各项收入减去各项支出后的余额。公司的营业外收入包括固定资产盘盈、处理固定资产收益、罚款净收入等；公司的营业外支出包括固定资产盘亏、处理固定资产损失、各项滞纳金和罚款支出、非常损失、职工劳动保险费支出、法定补偿金等。

（二）公司利润分配的原则

为了贯彻资本维持原则，巩固公司的财务基础，保护投资者和债权人的合法权益，维护交易安全和市场秩序，根据我国《公司法》和国家有关规定，公司对利润分配应当坚持以下原则：

1. 依法纳税原则。公司对其经营获得的利润，首先应依法向国家缴纳税金，这是每一个公司依法应尽的义务。公司在向国家缴纳所得税前，其利润不能进行分配。

2. 依法提取公积金原则。公司的利润依法纳税后，还应当依法提取法定公积金。依据股东会或者股东大会决议，还应当提取任意公积金。公司没有依法提取法定公积金就进行利润分配的，股东违法分配的利润应当退还公司。

3. 弥补亏损原则。根据《公司法》的规定，如果公司的公积金不足弥补公司上一年度的亏损，在进行利润分配前，还应当依法先用当年利润弥补公司的亏损。这是一项强制性的规定，公司没有弥补亏损前就进行利润分配的，股东违法分配的利润应当退还公司。

4. 无盈不分的原则。多盈多分，少盈少分、无盈不分是各国公司法对利润分配所规定的一项基本原则，也是我国公司利润分配的法定原则之一。股东向公司投资的目的就是为了分取股息和红利，在公司盈利的情况下，分配利润给股东是正当的，也是必要的。但是，向股东分配利润也必须有所节制。在没有利润的情况下仍进行分配，或者在盈利不多的情况下过多分配，都会造成公司的公积金提取不足，甚至使公司的资本减少，影响公司的发展，更甚至使公司无法正常经营，最终损害股东的利益。

5. 按比例分配的原则。公司弥补亏损和提取公积金后，所余利润为可分配给股东的利润。可分配给股东的利润在股东之间进行分配时，遵照"同股同权"、"同股同利"的股权平等原则，除非公司章程另有规定或全体股东另有约定，有限责任公司应按照股东的出资比例向股东分配，股份有限公司则应按照股东持有的股份比例向股东分配。

（三）公司利润分配顺序

《公司法》第167条规定："公司分配当年税后利润时，应当提取利润的10%列入公司法定公积金。公司法定公积金累计额为公司注册资本的50%以上的，可以不再提取。公司法定公积金不足以弥补以前年度亏损的，在依照前款规定提取法定公积金之前，应当先用当年利润弥补亏损。公司从税后利润中提取法定公积金后，经股东会或者股东大会决议，还可以从税后利润中提取任意公积金。公司弥补亏损和提取公积金后所余税后利润，有限责任公司依照本法第35条的规定分配；股份有限公司按照股东持有的股份比例分配，但股份有限公司章程规定不按持股比例分配的除外。股东会、股东大会或者董事会违反前款规定，在公司弥补亏损和提取法定公积金之前向股东分配利润的，股东必须将违反规定分配的利润退还公司。"根据该条规定，公司利润应当按以下顺序进行分配：

1. 弥补公司的亏损。公司亏损是指在上个会计年度内，公司的盈利低于公司的全部成本、费用及损失的总和。根据资本维持原则的要求，公司存续期间应当保持与其注册资本相当的实有财产。因此，在公司虽有利润但公司的法定公积金不足以弥补以前年度亏损时，应当首先用利润弥补公司的亏损，使公司资本得以维持，以保证公司的正常运营。

2. 提取法定公积金。公司当年的税后利润弥补亏损后，如果有剩余，首先应当提取10%列入法定公积金。公司的法定公积金累计金额达到公司注册资本的50%以上的，可以不再提取。

3. 提取任意公积金。公司除了提取法定公积金外，可以根据公司的实际情况，由股东会或者股东大会决定从税后利润中再提取一定比例的任意公积金。这部分公积金是由公司自行决定提取的，而不是法律强制要求的。是否提取，提取多少，都由公司自行决定。

4. 支付普通股股利。公司税后利润在进行以上分配后，如仍有剩余，可以按确定的利润分配方案向公司的普通股股东支付股息和红利。有限责任公司，除全体股东另有约定外，按照股东实际缴纳的出资比例分取红利；股份有限公司，除公司章程另有规定外，按照股东持有的股份比例分配红利。

《公司法》等法律规定公司的税后利润应当在弥补亏损和提取法定公积金后才能向

公司的股东分配股息和红利,有利于保持公司资本的充足和稳定,保证公司的正常经营和发展,维护债权人的利益。因此,《公司法》不允许变更上述利润分配顺序,提前向股东分配股利。如果公司违反法律的规定,在未按规定纳税和弥补公司亏损,未按规定提取法定公积金之前就向股东分配利润,那么股东必须将分得的利润退还公司。

【本章知识与技能训练】

一、基本知识训练

(一) 重点概念

1. 公司财务会计制度
2. 收入
3. 费用
4. 法定公积金
5. 任意公积金

(二) 重点思考题

1. 分析公司财务会计制度的功能和作用。
2. 分析公积金的作用。
3. 简述公司利润分配的原则。
4. 简述公司利润分配的顺序。

二、基本技能训练

利用以下数据,模拟制作一份某公司的《资产负债表》

资产总计:577 925 元

流动资产:201 970 元

现金:68 700 元

固定资产净值:237 000 元

无形资产:138 955 元

负债与所有者权益总计:577 925 元

流动负债:97 925 元

长期负债:80 000 元

负债合计:177 925 元

所有者权益:400 000 元

三、技能提升训练

案例一

（一）基本案情

A 公司 2005 年 1 月设立，注册资本 300 万元。2005 年度会计核算显示，公司营业收入的税后利润为 100 万元。经聘请的评估机构对公司设立时购买价为 200 万元的办公用房的价值评估结果显示，该办公用房已经升值为 400 万元，增值 200 万元。公司股东会开会讨论 2005 年度的利润分配问题并形成决议，决定将办公用房评估升值的 200 万元留作公司的法定公积金；并认为 200 万元留作公司的法定公积金后，公司的法定公积金已经超过公司注册资金的 50%，按规定可以不再继续提取法定公积金，因此决定将 2005 年度公司营业收入的税后利润 100 万元全部作为红利分配给股东。

问：公司股东会的决议是否合法？为什么？

（二）分析引导与思考

分析本案的关键是应当注意到法定公积金又分为法定资本公积金和法定盈余公积金，弄清这两种法定公积金的来源和提取要求存在的差别。在此基础上可以得出结论：公司股东会的决议不合法。因为办公用房评估增值的 200 万元属于营业外收入中的资产评估增值所获得的估价溢额，按规定应当提留为公司的法定资本公积金，而不能作为股息和红利分配给股东。《公司法》关于"公司分配当年税后利润时，应当提取利润的 10% 列入公司法定公积金。公司法定公积金累计额为公司注册资本的 50% 以上的，可以不再提取公司的法定公积金"的规定，只适用于法定盈余公积金，而不适用于法定资本公积金，并且法定盈余公积金的提取与法定资本公积金的提取也没有关联性。股东会认为"办公用房评估升值的 200 万元留作公司的法定公积金后，公司的法定公积金已经超过公司注册资金的 50%，按规定可以不再继续提取法定公积金"的想法，是将法律对法定资本公积金与法定盈余公积金的不同规定混为一谈。正确的做法应当是：将办公用房评估增值的 200 万元作为法定公积金提留后，仍应从 2005 年度公司营业收入的税后利润 100 万元中提取 10% 作为法定盈余公积金，剩余部分才可以作为股息和红利分配给股东。

第十章　公司合并、分立及公司形式变更

【本章学习指引】

　　公司的合并、分立和公司形式变更是公司资本运营的重要法律形式。本章着重讲述公司合并、分立和公司形式变更的概念，并将公司合并、分立与相关概念进行分析比较，力求完整、准确地把握公司合并、分立和公司形式变更制度。本章的重点和难点是公司合并、分立的基本概念、吸收合并（包括兼并）的方式、异议股东股份回购请求权、公司分立后的债务承担等问题。

第一节　公司合并

一、公司合并的含义

（一）公司合并的概念与特征

公司合并，是指两个或两个以上的公司依法达成合意，依法合并为一个公司或创设为一个新公司的法律行为。

公司合并具有以下几个特征：

1. 公司合并是两个或两个以上公司合并为一个公司的行为。进行合并的公司应至少为两个或两个以上，公司的合并应是在两个或两个以上的公司之间进行的。

2. 公司的合并是基于两个或两个以上的公司之间的合意而进行的。公司的合并需要合并各方就合并涉及的相关问题签订合并协议，并依据协议条款进行。

3. 公司合并必须依法进行。公司合并将引起合并前的各公司主体及其权利义务的变更，并且影响各公司的债权人、股东、职工等相关主体的利益。为避免各方的利益因公司合并而受到侵害，各国法律均对公司合并中涉及各方利益的相关问题如何处理作了严格规定，并要求公司合并必须依法进行。

4. 公司合并必须依法进行相应的登记。公司合并通常会引起公司的主体资格、公司股东及股权结构，以及合并前后公司的债权债务等权利义务的变更，导致公司资产和

股权结构等的改变。因此，公司合并必须依据《公司法》规定的程序进行，并办理相应的登记手续。

（二）公司合并与其他相关概念的联系和区别

1. 公司合并与公司兼并。目前理论上对什么是"公司兼并"，以及"公司兼并"与"公司合并"的关系等问题尚没有形成统一的认识。一般认为，"公司兼并"有广义和狭义之分。狭义的兼并等同于公司合并中的吸收合并。广义的兼并除了吸收合并的含义外，还有"接管控制"的含义，在这种情况下，被兼并方仍保留法人人格，只是变更了被兼并方的投资主体和控制人，使兼并方取得对被兼并方的控制权。这与"吸收合并"中的被合并方丧失法人人格显然不能等同。

2. 公司合并与公司收购。公司收购属于公司兼并的一种，主要是指一公司通过购买另一公司股份而成为该公司的投资人，并取得对该公司控制权的行为。

公司收购与公司合并有相似之处，但也有明显的区别：

（1）行为主体不同。公司合并是公司之间的行为，参与合并的公司是交易或合作行为的主体；而公司收购是公司股东之间的行为，收购公司与被收购的目标公司的股东是交易行为的主体。

（2）公司之间的关系和基础不同。在通常情况下，公司合并体现的是参与合并的公司的真实意愿，是建立在各方协议的基础之上的，是平等协商的结果；而收购中被收购的目标公司却往往并非出于自愿，而是出于无奈，甚至抵触和反对。因此，公司收购既有"友好"收购，也有"敌意"收购，而合并通常并不存在"敌意"的情况。

（3）法律后果不同。公司合并的结果必然导致原公司主体资格的变更和权利义务的改变；而公司收购是收购方以取得目标公司的控制权为目的，取得目标公司一定比例的股份，实现对目标公司的控制，并不需要变更目标公司实体法人地位。采用这种收购方式的收购方无须直接承担目标公司的债务，对收购方更为有利，因此也更多地被采用。但这并不排除实践中，收购方通过收购而取得目标公司的全部股份，又将目标公司予以注销的情况。

（4）适用法律不同。公司合并主要由《公司法》和《合同法》调整，而公司收购主要受《证券法》和《合同法》规制。

（三）合并的方式和方法

1. 公司合并的方式。《公司法》第173条规定："公司合并可以采取吸收合并或者新设合并。一个公司吸收其他公司为吸收合并，被吸收的公司解散。两个以上公司合并设立一个新的公司为新设合并，合并各方解散。"从该条规定可以看出，公司合并有吸收合并和新设合并两种形式。吸收合并是指一个公司吸收其他公司，吸收方存续而被吸收方解散的合并方式。在吸收合并中，被吸收的公司可能是一个，也可能是若干个。新设合并是指两个或两个以上的公司合并设立一个新的公司的合并方式，合并各方解散。

2. 公司合并的方法。在公司合并的实践中，吸收合并是公司合并中最为常见的类型，吸收合并主要通过以下方法进行：

（1）购买股权法。指吸收方公司以自己的资金购买被吸收方公司股东的全部股权，将被吸收方公司解散并吸收到吸收方公司的合并方法。

（2）置换股权法。指吸收方公司股东以自己持有的其他公司的股权与被吸收方公司股东持有的被吸收方公司的全部股权相转换，将被吸收方公司解散并吸收到吸收方公司的合并方法。置换股权法不同于购买股权法之处在于：前者是两方公司的股东分别以自己所持有的股权相互调换实现公司合并，而后者是吸收方公司以自己的资金购买被吸收方公司股东的全部股权实现公司合并。

（3）吸收股权法。指被吸收方公司的股东将被吸收方公司的净资产作为股金投入吸收方公司，成为吸收方公司的新股东，并将被吸收方公司解散的合并方法。

（4）债务承担法。指合并后的存续公司通过承受被解散公司的全部资产和全部债务来实现公司合并的方法。这种合并方法通常适用于被吸收公司负债大于资产的情形。

二、公司合并的程序

为确保公司合并行为有效、公正地进行，切实维护公司、股东、债权人等相关各方的利益，各国公司法都对公司合并的程序作了严格的规定，我国公司法也不例外。根据我国公司法等相关法律规定，公司合并程序主要包括以下几个阶段：

（一）董事会制订合并方案

根据我国《公司法》第47条第4款规定，董事会应对股东会负责，依法行使包括制订变更公司形式方案在内的各项职权。《公司法》第109条第4款规定："本法第47条关于有限责任公司董事会职权的规定，适用于股份有限公司董事会。"由上述规定可以看出，无论有限责任公司还是股份有限公司，制订公司合并方案，都是董事会的职权。因此，如果公司有合并意向，首先应由董事会制订相应的公司合并方案。

（二）股东（大）会作出合并决议

根据我国《公司法》第44规定，有限责任公司股东会会议作出公司合并、分立、解散或者变更公司形式的决议，必须经股东会代表2/3以上表决权的股东通过。第104条规定，股份有限公司股东大会作出公司合并、分立、解散或者变更公司形式的决议，必须经出席会议的股东所持表决权的2/3以上通过。由上述规定可以看出，无论有限责任公司还是股份有限公司，董事会制订相应的公司合并方案，均要提交股东（大）会依照《公司法》的规定表决通过，方可实施。

（三）合并各方签订合并协议

《公司法》第174条规定："公司合并，应当由合并各方签订合并协议。"合并协议的内容一般包括：①合并各方的名称、住所；②合并后存续公司或新设公司的名称、住所；③合并各方的资产状况及其处理方法；④合并各方的债权债务处理方法；⑤存续公司或新设公司因合并所发行的股份总额、种类和数量；⑥合并各方认为需要载明的其他事项。

（四）清理与公司合并相关的资产，并履行通知义务

根据《公司法》第 174 条规定，公司合并应当由合并各方编制资产负债表及财产清单。公司应当自作出合并决议之日起 10 日内通知债权人，并于 30 日内在报纸上公告。债权人自接到通知书之日起 30 日内，未接到通知书的自公告之日起 45 日内，可以要求公司清偿债务或者提供相应的担保。

（五）办理因公司合并而需要办理的公司变更、注销或设立登记

根据《公司法》第 180 条规定，合并后存续的公司，其登记事项发生变更的，应当依法向公司登记机关办理变更登记；因合并而被解散的公司，应当依法办理公司注销登记；因合并而设立新公司的，应当依法办理新公司的设立登记。

三、公司合并的法律后果

依法进行的公司合并，所产生的法律效力主要体现在以下几个方面：

（一）公司主体的变化

因公司合并方式的不同，导致公司主体的变化也会有所不同。概括地说，公司合并导致公司主体的变化大致可分为三种情况：①公司消灭。在吸收合并的情况下，被吸收合并的公司法人资格归于消灭；在新设合并的情况下，参与合并的公司法人资格均归于消灭。对消灭的公司，应当依法办理注销登记。②公司变更。在吸收合并的情况下，存续公司的股东、资本都发生了变化，需要为此而修改公司章程并办理变更登记。③公司设立。这种情况发生在新设合并的情况下，在原公司均告解散的基础上成立一个新的公司，并办理设立登记，从法律上确认新公司的主体资格。

（二）公司债权债务的转移

我国《公司法》第 175 条规定："公司合并时，合并各方的债权、债务，应当由合并后存续的公司或者新设的公司承继。"《合同法》第 90 条规定："当事人订立合同后合并的，由合并后的法人或者其他组织行使合同权利，履行合同义务。"上述规定表明，公司合并采取吸收合并方式的，被吸收方的债权债务应当由吸收方公司承继；采取新设合并方式的，合并各方的债权债务由合并后的新设公司承继。

（三）解散公司股东身份的变化

随着公司合并的完成及解散公司的消灭，解散公司股东的身份将发生变化。公司合并采取的方法不同，解散公司股东身份的变化也会有所不同。在新设合并中，参与合并的各公司解散，除异议股东外，赞同合并的股东都会丧失原来公司的股东身份成为新设公司的股东。在吸收合并中，解散公司股东身份的变化相对复杂，大致可分为以下四种情况：

1. 以购买股权法合并的，解散公司股东因获得对方支付的股权购买价款而丧失其

股东身份；

2. 以置换股权法合并的，解散公司股东因股权转换而成为合并各方以外的其他公司的股东；

3. 以吸收股权法合并的，解散公司股东变更为存续公司的股东；

4. 以债务承担法合并的，解散公司股东因原公司资产和债务基本相等而丧失股东身份。

四、公司合并中相关主体利益的保护

公司合并中相关主体利益的保护，主要涉及的是公司合并中相关股东、债权人和职工利益的保护。

（一）公司合并中股东利益的保护

这里所说的股东，既包括合并后存续公司的股东，也包括解散公司的股东。从上述采取的不同方法进行的公司合并对解散公司的股东所产生的不同影响看，解散公司的股东或是发生身份上的变化，转变为存续公司的股东；或是因得到相应的对价和解散公司的资产而丧失股东身份。存续公司原股东虽然身份没有发生变化，但因为存续公司的权利义务关系发生了变化，原股东自身的利益也受到不同程度的影响。由于公司合并必然涉及各股东的切身利益，如何保护股东的利益，也必然成为公司合并中必须关注的问题。

各国法律对公司合并中股东利益的保护，集中体现在以下几个方面：

1. 对股东的信息披露义务。为了防止公司合并中可能出现的大股东"暗箱操作"，操纵合并事项损害中小股东的利益，各国法律通常都将对公司股东的信息披露作为公司合并中的一项法定义务。信息披露的义务不仅是内容方面的要求，还包括形式方面的要求，即信息披露必须真实、准确、完整、及时。

公司合并中，股份有限公司（尤其是上市公司）的情况远比有限责任公司复杂，大股东通过"暗箱操作"操纵合并事项造成的危害也更大。我国同时制定有《公司法》和《证券法》，这两部法律对信息披露义务作出详细规定都有其合理性。但为避免立法的重复，并考虑到上市公司的合并对上市公司股票交易价格产生的重大影响，我国仅在《证券法》中对公司信息披露义务作了较为系统的规定。《证券法》第三章第三节是对"持续信息公开"的相关问题的专节规定，其中第 67 条第 9 款明确要求上市公司在作出公司合并的决定等可能对上市公司股票交易价格产生较大影响的重大事件，投资者尚未得知时，应当立即将有关该重大事件的情况向国务院证券监督管理机构和证券交易所报送临时报告，并予公告，说明事件的起因、目前的状态和可能产生的法律后果。

虽然我国《公司法》对公司信息披露的相关问题规定较少，不够系统，但对公司合并中信息披露的要求，仍然可以透过一些相关条文得到体现。例如，《公司法》第 34 条规定："股东有权查阅、复制公司章程、股东会会议记录、董事会会议决议、监事会会议决议和财务会计报告。"第 98 条规定："股东有权查阅公司章程、股东名册、公司债券存根、股东大会会议记录、董事会会议决议、监事会会议决议、财务会计报告，对公

司的经营提出建议或者质询。"通过规定股东对公司作出的有关公司合并的决议查询、建议、质询等权利，也能在一定程度上保证公司在合并中尽到对股东披露相关信息的义务。

2. 异议股东的股份回购请求权。公司重大事务的决定有必要依照"资本多数决"的原则来作出，但这不可避免地产生以大股东意志为公司意志，中小股东意志受到漠视、压制甚至剥夺的情况。为兼顾效率和公平，许多国家的法律都规定了公司合并中的异议股东享有股份回购请求权，以期在不动摇"资本多数决"原则的前提下，通过异议股东向公司以公正价格转让股权，达到保护中小股东利益的目的。

我国《公司法》也规定了公司合并中异议股东的股份回购请求权。该法第75条规定，在发生公司合并的情形时，"对股东会该项决议投反对票的股东可以请求公司按照合理的价格收购其股权"，并规定"自股东会决议通过之日起60日内，股东与公司不能达成股权收购协议的，股东可以自股东会会议决议通过之日起90日内向人民法院提起诉讼"。

目前的问题是，我国《公司法》的上述规定过于原则，在如何确定股权回购的合理价格等具体问题上还缺乏可操作性，有待立法的进一步完善。

3. 其他的保护性制度。我国法律对公司合并中股东的利益，尤其是中小股东利益的保护制度，除了上述的信息披露义务和异议股东股份回购请求权外，在其他一些保护性制度中也有所体现。

例如，规定公司合并决议必须由股东（大）会通过，实际上赋予了股东对合并决议的否决权；又如，规定董事和控制股东的诚信义务，表决权排除制度等。

（二）公司合并中债权人利益的保护

公司合并涉及公司主体的设立、变更、解散，以及公司资产、债权债务的划分、转移、承继等问题，影响债权人的利益。各国公司法都对公司合并过程中债权人利益的保护问题作了相应规定。这主要表现为：

1. 对债权人的告知义务。实施合并的公司，有义务将公司合并的事实和债权人享有的权利及时向债权人告知。

我国《公司法》第174条规定："公司应当自作出合并决议之日起10日内通知债权人，并于30日内在报纸上公告。"对不履行告知义务的公司，公司法还规定了相应的处罚措施。《公司法》第205条规定："公司在合并、分立、减少注册资本或者进行清算时，不依照本法规定通知或者公告债权人的，由公司登记机关责令改正，对公司处以1万元以上10万元以下的罚款。"

2. 债务转移制度。公司合并中的债务转移制度，是指为保护债权人的利益，将公司合并中被解散公司的债务依法转由合并后存续或者新设的公司承继，或者以债权人同意的其他方式处理的制度。

我国《公司法》第175条规定："公司合并时，合并各方的债权、债务，应当由合并后存续的公司或者新设的公司承继。"应当注意的是：一般情况下的债务转移，必须征得债权人同意才能成立。如《合同法》第84条就规定："债务人将合同的义务全部或者部分转移给第三人的，应当经债权人同意。"而公司合并中的债务转移，则没有规定必须征得债权人同意。之所以如此，是因为与因公司合并而解散的公司相比较，新设公司或合并后仍存续的原公司通常情况下资产和偿债能力并不会减少和降低，债权人的风险不会因此而加大和对债权人的利益也不会因此造成损害。

3. 债权申报协商制度。公司合并中的债权申报制度，是指实施合并的公司有义务通知债权人申报债权，双方应当就债务的妥善安排进行协商的制度。

我国《公司法》第174条规定："公司合并，应当由合并各方签订合并协议，并编制资产负债表及财产清单。公司应当自作出合并决议之日起10日内通知债权人，并于30日内在报纸上公告。债权人自接到通知书之日起30日内，未接到通知书的自公告之日起45日内，可以要求公司清偿债务或者提供相应的担保。"应当注意的是，该条规定赋予债权人的只是异议权，并不是一项义务。债权人在收到公司合并的通知或公告后可以答复，也可以不答复。不答复依法应被视为对公司合并无异议，但并不会因此而导致求偿权的丧失。任何在通知或公告中将答复设定为债权人的义务，甚至规定不答复即丧失求偿权的做法都是无效的。

这里还有个问题有必要探讨。我国2005年修订前的《公司法》第184条规定："债权人自接到通知书之日起30日内，未接到通知书的自第一次公告之日起90日内，有权要求公司清偿债务或者提供相应的担保。不清偿债务或者不提供相应的担保的，公司不得合并。"但2005年修订后的《公司法》第174条却将这方面的规定修改为"债权人自接到通知书之日起30日内，未接到通知书的自公告之日起45日内，可以要求公司清偿债务或者提供相应的担保"，删去了"不清偿债务或者不提供相应的担保的，公司不得合并"的规定。这一变化虽然有利于提高公司合并的效率，但却削弱了对债权人的保护。其效果如何，还有待实践的检验。

另外，《公司法》第174条对未到期的债务债权人能否要求提前清偿，债权人要求清偿债务而合并公司只愿意提供担保时该如何处理等问题未作明确规定，这也是一个缺憾。

4. 减资异议制度。公司合并中的减资异议制度，是指在公司合并过程中，债权人有权对减少注册资本的公司决议提出异议，或者要求公司清偿债务，或者要求提供相应担保的制度。

我国《公司法》第178条规定："公司应当自作出减少注册资本决议之日起10日内通知债权人，并于30日内在报纸上公告。债权人自接到通知书之日起30日内，未接到通知书的自公告之日起45日内，有权要求公司清偿债务或者提供相应的担保。"通常情况下减资会导致公司资产和偿债能力的减少和降低，加大债权人的风险，损害债权人的利益，因此，法律赋予债权人对减资行为提出异议的权利是必要的。

（三）公司合并中职工权益的保护

公司合并对职工的利益也会产生影响，为有效地保护职工的利益，许多国家的法律都对公司合并中劳动合同的承继等问题作出了明确的规定。

我国公司法对公司合并后的原公司中的劳动关系是否存续，如何承继等问题没有作出明确规定，但是在其他一些法律和规章中却有相应的规定。例如，《劳动合同法》第34条规定："用人单位发生合并或者分立等情况，原劳动合同继续有效，劳动合同由承继其权利和义务的用人单位继续履行。"又如，《关于企业兼并的暂行办法》第9条规定，被兼并方企业的职工，包括固定工、合同工和离、退休职工，原则上由兼并方企业接收，……被兼并方企业职工的所有制身份也可以暂时不变。在确定资产转让价格时，应将对被兼并方企业职工的安置作为一项成本因素一并考虑。

第二节　公司分立

一、公司分立概述

公司分立是指原有公司依照法律规定的条件和程序将其财产作相应分割，分成两个或两个以上具有法人资格的公司的法律行为。

公司分立具有以下特征：

1. 公司分立是原有公司"一分为二"或"一分为多"的行为。从形式上看，分立后的公司由原来的一个变更为两个或两个以上，并且分别成为完全独立的企业法人。

2. 公司分立是在原有公司将其财产作相应分割的基础上进行的。公司分立不仅是形式和名义上的，也应当是实质上的。分立的过程也是对原有公司财产清理分割的过程。分立后的公司之间不仅在法定的主体资格上相互独立，在资产和股权上也相互独立。应当注意的是，这里所说的"财产分割"不仅是指对原有公司的债权在内的全部资产的清理和分割，也包括对原有公司的全部债务的清理和分割。

3. 公司分立是依照法律规定的条件和程序而进行的行为。公司分立必然引起原有公司的主体资格、财产关系及相应权利义务的变更，进而对原有公司的债权人、股东和公司职工的利益产生影响。为维护交易安全，保护各方的合法权益，公司分立必须依照法律规定的条件和程序进行，应依照法律规定的条件和程序对原有公司财产进行清理和分割，并依照法律规定的条件和程序进行工商登记。

二、公司分立的形式

公司分立的形式可以划分为新设分立和派生分立两种。

（一）新设分立

公司的新设分立，是指原有公司将其全部财产清理分割后分别归入新设立的两个或两个以上的公司，原有公司解散的分立形式。

新设分立是一个原有公司因分立而解散，其法人资格消灭，新公司因分立而成立的过程。依照法律规定或协议的约定，原有公司对其资产和债权债务进行清理分割并将相应的部分转移至新设公司，实现新设分立。从法理上讲，原有公司的解散和新公司的设立是两个可以相互分开、各自独立的行为，但在实际操作中却通常是一个融为一体的连续操作的过程。

（二）派生分立

公司的派生分立，是指原有公司分离出部分财产和业务用于设立一个或若干个新公司，原有公司仍继续存续的分立形式。

与新设分立不同，派生分立的特点是虽然通过分立有新公司成立，但原有公司仍然存续。与转投资不同，分立后的新设公司与仍然存续的原有公司不仅是各自独立的法人，它们之间也不存在产权联结关系和控股或参股关系。

三、公司分立的程序

与公司合并一样，公司分立也属于公司的重大法律行为，必须严格按照法律规定的程序进行。为确保公司分立有效、公正地进行，切实维护当事人、股东、债权人等相关各方的利益，各国公司法都对公司分立的程序作了严格的规定，我国公司法也不例外。根据我国《公司法》的规定，公司分立程序主要包括以下阶段：

（一）董事会制订分立方案

我国《公司法》第47条规定，董事会应对股东会负责，依法行使包括制订变更公司形式方案在内的各项职权。《公司法》第109条第4款的规定："本法第47条关于有限责任公司董事会职权的规定，适用于股份有限公司董事会。"由上述规定可以看出，无论有限责任公司还是股份有限公司，制订公司分立方案，都是董事会的职权。因此，如果公司有分立意向，首先应由董事会制订相应的公司分立方案。

（二）股东（大）会作出分立决议

我国《公司法》第44规定，有限责任公司股东会会议作出公司合并、分立、解散或者变更公司形式的决议，必须经股东会代表2/3以上表决权的股东通过。第104条规定，股份有限公司股东大会作出公司合并、分立、解散或者变更公司形式的决议，必须经出席会议的股东所持表决权的2/3以上通过。由上述规定可以看出，无论有限责任公司还是股份有限公司，董事会制订相应的公司分立方案，均要提交股东（大）会依照《公司法》的规定表决通过，方可实施。

（三）分立各方签订分立协议

《公司法》并没有规定公司分立的各方应当签订分立协议。因为从法理上讲，无论是在新设分立还是派生分立的情况下，在新设公司被设立之前的公司分立行为，都只能是原有公司自己的内部行为，即使想签订分立协议，也没有对应的对方当事人。但为了使分立工作能够平稳、有序地进行，实践中的做法却往往是在新设公司被设立之前，先以分立后各公司的名义草签分立协议，待分立后再以分立后各公司的名义签订正式协议予以追认。

表面上看，分立协议应当是以分立后各公司的名义签订，规定的也应当是分立后各公司的权利和义务，但实质上起主导作用的却是原公司的股东。在新公司被设立之前，原公司的股东们为维护自身的利益根据分立的设想以分立后各公司的名义（或者先以代表分立后各公司利益的各方股东自己的名义）签订分立协议，待新公司设立后再由分立后的各公司正式签订分立协议予以追认。

公司分立协议的主要内容应当包括：①协议各方当事人的姓名或名称及其他基本情况；②分立后各公司的名称、住所，分立后各公司股东的姓名、住所、在分立后享有的出资比例或享有的股份的种类、数额；③分立各方当事人对原公司财产的分割；④分立后各公司对原公司债权债务的承受；⑤分立后各公司的营业范围；⑥协议各方当事人的权利义务；⑦分立各方认为应当载明的其他事项。

（四）清理与公司分立相关的资产，并履行通知义务

根据《公司法》第176条规定，公司分立应当对其财产作相应的分割，并编制资产负债表及财产清单。公司应当自作出分立决议之日起10日内通知债权人，并于30日内在报纸上公告。第178条规定："公司需要减少注册资本时，必须编制资产负债表及财产清单。公司应当自作出减少注册资本决议之日起10日内通知债权人，并于30日内在报纸上公告。债权人自接到通知书之日起30日内，未接到通知书的自公告之日起45日内，有权要求公司清偿债务或者提供相应的担保。公司减资后的注册资本不得低于法定的最低限额。"

（五）办理因公司分立而需要办理的公司变更、注销或设立登记

《公司法》第180条规定："公司合并或者分立，登记事项发生变更的，应当依法向公司登记机关办理变更登记；公司解散的，应当依法办理公司注销登记；设立新公司的，应当依法办理公司设立登记。公司增加或者减少注册资本，应当依法向公司登记机关办理变更登记。"

四、公司分立的法律后果

（一）公司主体的变化

因公司分立方式的不同，导致公司主体的变化也会有所不同。概括地说，公司分立而导致公司主体变化大致可分为三种情况：①在新设分立的情况下，原有公司的法人资格归于消灭，应当依法办理注销登记。②在派生分立的情况下，原有公司的股东、资本都可能发生变化。在发生变化的情况下，应当修改公司章程并办理变更登记。③无论新设分立还是派生分立，都有新的公司设立。新公司应当办理设立登记。

（二）股东身份及持股情况的变化

在公司分立过程中，一些股东的身份及持股情况也将发生变化。公司分立的方式不同，股东身份及持股情况的变化也会有所不同。原有公司的股东可能变为新设公司的股东；即使是留在原公司的股东，其持股金额和比例也可能发生变化。

（三）债权债务的变化

随着公司的分立，原有公司的债权债务可能被分割为两个或两个以上公司的债权债务。我国《公司法》第177条规定："公司分立前的债务由分立后的公司承担连带责任。但是，公司在分立前与债权人就债务清偿达成的书面协议另有约定的除外。"《合同法》第90条规定："当事人订立合同后分立的，除债权人和债务人另有约定的以外，由分立的法人或者其他组织对合同的权利和义务享有连带债权，承担连带债务。"

五、公司分立中相关主体利益的保护

公司分立中相关主体利益的保护，主要涉及的是对公司分立中相关股东、债权人和职工利益的保护。

（一）公司分立中股东利益的保护

分立中被解散的原公司的股东或丧失其股东身份，或转变为新设公司的股东，无论发生哪种情况，其身份都会改变，利益也会受到影响；分立后仍存续的原公司的股东虽然其身份没有改变，但由于原公司的资产、股本等发生了变化，其利益也会受到影响。总之，在通常情况下，无论是派生分立后仍存续的原公司的股东，还是新设分立中被解散的原公司的股东，或者是派生分立或新设分立后新设公司的股东，其利益都会因公司分立而受到影响。如何保护股东的利益，也必然成为公司分立中需要关注的问题。

各国法律对公司分立中股东利益的保护，集中体现在以下几个方面：

1. 对股东的信息披露义务。基于和公司合并中对股东的信息披露相同的考虑，为了防止公司分立中可能出现的大股东"暗箱操作"，操纵分立事项损害中小股东的利益，各国法律通常都将对公司股东的信息披露作为公司分立中的一项法定义务。要求信息披露在内容和形式上都必须真实、准确、完整、及时。

公司分立中，股份有限公司（尤其是上市公司）的情况远比有限责任公司复杂，大股东通过"暗箱操作"操纵分立事项造成的危害也更大。有鉴于此，特别是考虑到上市公司的分立对上市公司股票交易价格产生的重大影响，我国仅在《证券法》中对公司信息披露的义务作了系统规定。《证券法》第三章第三节对"持续信息公开"的相关问题作了专节规定，其中的第67条第9款明确要求上市公司在作出公司分立的决定等可能对上市公司股票交易价格产生较大影响的重大事件，投资者尚未得知时，应当立即将有关该重大事件的情况向国务院证券监督管理机构和证券交易所报送临时报告，并予公告，说明事件的起因、目前的状态和可能产生的法律后果。

虽然我国《公司法》对公司信息披露的相关问题规定较少，不够系统，但对公司分立中信息披露的要求，仍然可以透过一些相关条文得到体现。例如，《公司法》第34条规定："股东有权查阅、复制公司章程、股东会会议记录、董事会会议决议、监事会会议决议和财务会计报告。"第98条规定："股东有权查阅公司章程、股东名册、公司债券存根、股东大会会议记录、董事会会议决议、监事会会议决议、财务会计报告，对公司的经营提出建议或者质询。"股东通过行使对公司作出的有关分立的决议进行查询、建议、质询等权利，也能在一定程度上保证公司在分立中尽到对股东披露相关信息的义务。

2. 异议股东的股份回购请求权。公司重大事务的决定有必要依照"资本多数决"的原则来作出，但这会不可避免地出现以大股东意志为公司意志，中小股东意志受到漠视、压制甚至剥夺的情况。为兼顾效率和公平，许多国家的法律都规定了公司分立中的异议股东享有股份回购请求权，以期在不动摇"资本多数决"原则的前提下，异议股东所持股份得以公正价格向公司转让，以维护中小股东的权益。

我国《公司法》规定了公司分立中异议股东的股份回购请求权。该法第75条规定，在发生公司分立的情形时，"对股东会该项决议投反对票的股东可以请求公司按照合理的价格收购其股权"，并规定"自股东会会议决议通过之日起60日内，股东与公司不能达成股权收购协议的，股东可以自股东会决议通过之日起90日内向人民法院提起诉讼"。

目前存在的问题是我国公司法的上述规定过于原则，在如何确定股权回购的合理价格等具体问题上缺乏可操作性，有待立法的进一步完善。

3. 其他的保护性规定。我国法律对公司分立中股东的利益，尤其是中小股东利益的保护制度，除了上述的信息披露和异议股东股份回购请求权外，在其他方面也有所体现。

例如，规定公司分立决议必须由股东（大）会通过，实际上赋予了股东对分立决议的否决权；又如，规定董事和控制股东的诚信义务，表决权排除制度等。

（二）公司分立中债权人利益的保护

公司分立涉及公司主体的设立、变更、解散，以及公司资产、债权债务的划分、转移、承继等问题，直接影响债权人的利益。各国公司法都对公司分立过程中债权人利益的保护问题作了相应规定。这主要表现为：

1. 对债权人的告知义务。实施分立的公司，有义务将公司分立的事实和债权人享有的权利及时向债权人告知。

我国《公司法》第176条规定："公司应当自作出分立决议之日起10日内通知债权人，并于30日内在报纸上公告。"《公司法》对不履行告知义务的公司，还规定了相应的处罚措施。该法第205条规定："公司在合并、分立、减少注册资本或者进行清算时，不依照本法规定通知或者公告债权人的，由公司登记机关责令改正，对公司处以1万元以上10万元以下的罚款。"

2. 债务转移制度。公司分立中的债务转移制度，是指为保护债权人的利益，将公司分立中被解散的原公司的债务依法转由分立后新设的公司承继，或者以债权人同意的其他方式处理的制度。

我国《公司法》第177条规定："公司分立前的债务由分立后的公司承担连带责任。但是，公司在分立前与债权人就债务清偿达成的书面协议另有约定的除外。"应当注意的是：一般情况下的债务转移，必须征得债权人同意才能成立。如《合同法》第84条就规定："债务人将合同的义务全部或者部分转移给第三人的，应当经债权人同意。"而公司分立中的债务转移，则没有规定必须征得债权人同意。这样规定是否适当很值得商榷，因为与公司分立中解散的原公司相比较，新设公司的资产和偿债能力通常会减少和降低，这种情况下将公司分立中被解散的原公司的债务转由分立后新设的公司承继，势必加大债权人的风险，对债权人的利益造成损害。

3. 减资异议制度。公司分立中的减资异议制度，是指在公司分立过程中，债权人有权对存续的原公司减少注册资本的决议提出异议，或者要求公司清偿债务，或者要求提供相应担保的制度。

我国《公司法》第178条规定："公司应当自作出减少注册资本决议之日起10日内通知债权人，并于30日内在报纸上公告。债权人自接到通知书之日起30日内，未接到通知书的自公告之日起45日内，有权要求公司清偿债务或者提供相应的担保。"通常情况下，减资会导致公司资产和偿债能力的减少和降低，加大债权人的风险，损害债权人的利益，因此，法律赋予债权人对减资行为提出异议的权利是必要的。

（三）公司分立中职工权益的保护

公司分立会对职工的利益产生影响，为有效地保护职工的利益，许多国家的法律都对公司分立中的劳动合同承继等相关问题作出了明确的规定。

我国公司法对公司分立后的原公司中的劳动关系是否存续，如何承继等问题没有作出明确规定，但是在其他一些法律和规章中却有相应的规定。例如，《劳动合同法》第34条就规定："用人单位发生合并或者分立等情况，原劳动合同继续有效，劳动合同由承继其权利和义务的用人单位继续履行。"

第三节　公司形式变更

一、公司形式变更的含义

公司形式，也称公司的组织形式、公司的类型等。公司形式的分类有理论上的分类，如学者们在其论著中将公司划分为有限责任公司、无限公司、两合公司等，也有依据法律规定所作出的分类，如我国《公司法》将公司分类为有限责任公司、股份有限公司；有限责任公司中又可分为一般的有限责任公司、一人有限责任公司、国有独资公司；股份有限公司又可分为一般的股份有限公司、上市公司。

本节所讲的公司形式，是指《公司法》等法律所确认的公司的法定组织形式。本节所讲的公司形式变更，也是指依照法律规定的条件和程序，在保持公司的法人资格存续的前提下，其法定组织形式由一种类型变更为另一种类型的法律行为。

二、公司形式变更制度的意义

设立公司形式变更制度的意义在于简化程序和节约成本。

公司成立后，可能会由于某种原因（如公司上市）需要从一种形式变更为另一种形式。在法律对不同的公司形式的设立条件和程序要求不同的情况下，如果为满足拟转换的另一种公司形式的条件和程序要求而将现有的公司解散，再设立一个符合拟转换的公司形式要求的新公司，不仅因程序原因而增加成本、耗费时间，而且会影响公司经营的连续性，造成更大的损失。

公司形式变更制度的实质是将公司的解散和重新设立这两个可以分别单独进行的法律行为合并为一个法律行为，在不经过清算、解散、重新设立等工商登记程序的情况下，实现公司从一种形式向另一种形式的转换。

设立公司形式变更制度的意义在于使现有公司能够在不中断其公司法人人格的前提下，从现有的公司形式转换为另一种公司形式，以保持其经营活动的连续性，并节约成本、提高效率。

三、公司形式变更的条件

《公司法》等相关法律中规定的各类法定公司形式应当具备的条件，即为各类公司形式变更的条件。

我国《公司法》仅在第9条中对有限责任公司与股份有限公司之间的形式变更条件明文作了原则性规定，要求"有限责任公司变更为股份有限公司，应当符合本法规定的股份有限公司的条件。股份有限公司变更为有限责任公司，应当符合本法规定的有限责任公司的条件"。除此之外，《公司法》没有对公司形式变更的条件再作进一步的具体规定。而对其他公司形式之间相互变更的条件，如同为有限责任公司的一般的有限责任公司、一人有限责任公司、国有独资公司相互之间的变更条件，同为股份有限公司的上市公司、非上市公司相互之间的变更条件等，则没有作明文的原则性规定，更没有明文再作进一步的具体规定。但是，没有明文的具体规定，甚至没有明文的原则性规定，并不等于没有条件要求。由于公司形式变更的条件实际上等同于拟变更的那类公司的设立条件，只要具备了设立拟变更的那类公司应当具备的条件，即具备了公司形式变更应当具备的条件，而拟变更的各类形式的公司均为《公司法》等相关法律中已有的法定公司形式，《公司法》等相关法律中对各类法定形式的公司的设立条件均已经作了明确、具体的规定，这些对设立各类法定形式的公司应当具备的条件的明文具体规定，也就是对各类公司形式之间变更的条件的明文具体的规定，所以没有必要再重复规定。

关于公司设立的条件已经在公司设立的有关章节详细阐述，这里不再赘述。

四、公司形式变更的程序

根据我国《公司法》的规定，公司形式变更的程序的大致包括以下几阶段：

（一）董事会制订公司形式变更方案

我国《公司法》第47条规定，董事会应对股东会负责，依法行使包括制订变更公司形式的方案的职权在内的各项职权。《公司法》第109条第4款的规定："本法第47条关于有限责任公司董事会职权的规定，适用于股份有限公司董事会。"由上述规定可以看出，无论有限责任公司还是股份有限公司，制订变更公司形式的方案，都是董事会的职权。因此，如果公司有变更公司形式的意向，首先应由董事会制订相应的变更公司形式的方案。

（二）股东（大）会作出公司形式变更决议

根据我国《公司法》第44规定，有限责任公司股东会会议作出变更公司形式的决议，必须经股东会代表2/3以上表决权的股东通过。第104条规定，股份有限公司股东大会作出变更公司形式的决议，必须经出席会议的股东所持表决权的2/3以上通过。由上述规定可以看出，无论有限责任公司还是股份有限公司，董事会制订相应的变更公司形式的方案，均应当依照《公司法》的规定提交股东（大）会表决通过，方可实施。

（三）办理变更登记

公司形式变更，公司名称也必然变更，应当依照《公司法》的规定办理公司名称变更登记。除了名称变更外，公司的其他登记事项如组织机构、股东构成、注册资金等也可能伴随着公司形式的变更而需要变更，涉及这些事项的，应当依照《公司法》的规定办理相应的变更登记。上述登记事项的变更需要对公司章程作相应的修改，所以应当办理公司章程的变更登记。

【本章知识与技能训练】

一、基本知识训练

（一）重点概念

1. 公司合并
2. 公司兼并
3. 公司分立
4. 新设分立
5. 派生分立

（二）重点思考题

1. 简述公司合并的方法。
2. 简述公司合并中债权人利益的保护。
3. 简述公司分立的程序。

二、基本技能训练

新城宏发电气有限公司2003年10月15日从工商银行新城支行借款100万元，年利率8%，期限3年，2006年10月15日到期。2005年8月15日新城宏发电气有限公司与新城通达机电有限公司签订合并协议，商定由新城通达机电有限公司对新城宏发电气有限公司进行吸收合并。新城宏宇电器有限公司同意为新城宏发电气有限公司欠工商银行新城支行的 100 万元债务提供连带责任保证担保，工商银行新城支行同意。请根据上述情况，起草一份工商银行新城支行、新城宏发电气有限公司、新城宏宇电器有限公司三方之间关于公司合并和相关债务安排的协议。

三、技能提升训练
案例

（一）基本案情

A 有限公司于 2002 年 5 月与 B 银行签订了一份为期 5 年的借款合同，借款金额为人民币 1 000 万元。A 公司于 2006 年 4 月分立为 C 有限公司和 D 有限公司，A 公司被注销。至 2007 年 5 月借款到期后，C 公司和 D 公司拒绝承担原 A 公司的债务，B 银行经多次向 C 公司和 D 公司催还贷款未果，遂以 C 公司和 D 公司为被告起诉至法院，请求法院判令两被告偿还本金及利息。两被告均辩称，借款合同为 A 公司与 B 银行签订，本公司不是借款人，没有偿还贷款的义务。

C 公司和 D 公司的答辩能否成立？欠 B 银行的债务应当由谁承担？如何承担？为什么？

（二）分析引导与思考

正确分析判断本案的关键在于我国法律对公司分立后的债务处理是如何规定的。

我国《公司法》第 177 条规定："公司分立前的债务由分立后的公司承担连带责任。但是，公司在分立前与债权人就债务清偿达成的书面协议另有约定的除外。"《合同法》第 90 条规定："当事人订立合同后分立的，除债权人和债务人另有约定的以外，由分立的法人或者其他组织对合同的权利和义务享有连带债权，承担连带债务。"从上述法律规定可以看出，C 公司和 D 公司的答辩不能成立。A 公司因分立而被注销后，原 A 公司欠 B 银行的债务应当由 C 公司和 D 公司承担连带清偿责任。

第十一章 公司的解散与清算

【本章学习指引】

　　公司作为市场经济中的重要市场主体有设立、存续的过程，就有终止的可能。公司的终止除了破产外，还有一个重要的原因——解散。本章根据《公司法》的规定重点介绍了公司解散及解散中的清算程序。学习中应重点把握公司解散、清算的概念、主要程序及相应的法律效力。

第一节 公司的解散

一、公司解散概述

　　根据我国《公司法》的规定，公司解散是指已经成立的公司基于一定事由的发生，基于自愿或外部强制原因决定停止经营活动并进行清算的行为及导致公司法人资格归于消灭的状态或过程。

　　公司解散既可以被解释为一种行为，也可以被解释为一个行为过程。其特征可以作如下表述：

　　1. 公司解散必须基于一定事由的发生。这些事由可以是法定的、强制性的事由，如法院判决或行政主管机关的命令；可以是约定的、自愿的事由，如股东会决议或公司章程约定。

　　2. 将公司解散作为一种导致公司人格消灭的行为理解时，决定解散行为的实施并不意味着公司人格立刻终止或消灭，而是直接导致公司进入清算程序，经营中的公司成为清算中的公司，公司的权利能力和行为能力受到限制的法律后果。如公司行为能力仅限于公司债权、债务的清结等方面，不能再开展新的经营业务。公司的法人资格只有在公司依法进行清算并公告注销后才告终结。

　　3. 将公司解散作为一个导致公司人格消灭的过程理解时，清算程序是这个过程的主要内容。只有公司清算程序完成后，公司才得以最终解散。公司清算的目的是为了维护债权人和所有股东的利益，以公平地清偿债务和分配公司财产。当然，并非所有公司解散都需要清算，根据《公司法》的规定，公司在合并和分立时，无需进行清算。

按照不同的标准，对公司解散可作不同的划分。一般可将公司解散分为两个类型：

1. 以解散意志产生的主体为标准，可分为自愿解散和强制解散。自愿解散，亦称为主动解散、任意解散，是指公司基于股东的意志而自愿终止公司经营活动，消灭公司主体资格的解散。强制解散，又称为被动解散，属非自愿的公司解散，是指由于法定事由的出现，由行政主管机关或人民法院通过行政命令或判决的方式命令终止经营活动，消灭公司法人资格的解散。强制解散具体又包括行政解散和司法解散两类。

2. 以解散是否需要清算为标准，可分为须经清算的解散和无需清算的解散。所谓无需清算的解散是指因公司合并或分离而被解散的公司虽然依法应注销，但由于有相应的公司对其债权债务概括性的承担而依法不需要对其进行清算的解散。除此之外，其他任何情形解散都须经清算，即为需经清算的解散。

二、公司解散的原因

《公司法》第 181 条和第 183 条分别规定了公司解散的原因。根据解散原因的产生不同，公司解散的原因分为公司自愿解散的原因和公司强制解散的原因两类：

1. 自愿解散的原因。《公司法》第 181 条第 1、2、3 项规定了公司自愿解散的原因：

（1）公司章程规定的营业期限届满。我国《公司法》没有规定公司的营业期限，也没有强制要求公司章程规定营业期限，营业期限是我国公司章程的任意记载事项。如果公司章程中规定了营业期限，在营业期限届满时，公司进入解散程序。但是依照公司法的规定，在营业期限届满前，股东会可以通过股东会决议修改公司章程，延长公司营业期限。

我国《中外合资经营企业法》第 13 条规定：“合营企业的合营期限，按不同行业、不同情况，作不同的约定。有的行业的合营企业，应当约定合营期限；有的行业的合营企业，可以约定合营期限，也可以不约定合营期限。约定合营期限的合营企业，合营各方同意延长合营期限的，应在距合营期满 6 个月前向审查批准机关提出申请。审查批准机关应自接到申请之日起 1 个月内决定批准或不批准。”其中，对于特定的行业或经营项目，我国前对外经济主管部门——对外经济贸易部曾发文要求中外合营企业必须约定合营期间。[1]

（2）公司章程规定的其他解散事由出现。其他解散事由也不是章程绝对必要记载事项。同营业期限一样，公司章程可以规定，也可以不规定，完全取决于公司股东会或股东大会。一般说来，章程规定的其他解散事由主要指公司已经达到了营业目的或者实现了营业宗旨，也可以是因自然灾害等不可抗力或者其他原因无法实现公司的设立宗

---

〔1〕 1990 年 9 月 30 日国务院批准、1990 年 10 月 22 日对外经济贸易部发布的《中外合资经营企业合营期限暂行规定》第 3 条：“举办合营企业，属于下列行业或者情况的，合营各方应当依照国家有关法律、法规的规定，在合营合同中约定合营期限：①服务性行业的，如饭店、公寓、写字楼、娱乐、饮食、出租汽车、彩扩洗相、维修、咨询等；②从事土地开发及经营房地产的；③从事资源勘查开发的；④国家规定限制投资项目的；⑤国家其他法律、法规规定需要约定合营期限的。”

旨等。

与公司营业期限届满相同，在其他解散事由出现之后，股东会或股东大会可以依照《公司法》第182条的规定，通过决议修改公司章程，延长公司的经营期限。

（3）股东会形成公司解散的决议。有限责任公司经代表2/3以上表决权的股东通过，股份有限公司经出席股东大会的股东所持表决权的2/3以上通过，股东会和股东大会可以做出解散公司的决议。国有独资公司、一人有限责任公司、中外合资有限责任公司等不设股东会的特殊类型公司的解散则由行使股东权的股东、机构或该公司的权力机构作出。

（4）公司合并或分立。公司的合并、分立依法由股东会或股东大会决议作出。在公司的合并和分立中，吸收合并会导致被吸收方解散、新设合并导致合并各方均解散、新设分立导致原公司解散。

2. 强制解散的原因。《公司法》第181条第4、5项和第183条规定了公司强制解散的原因：

（1）行政解散的原因。行政解散指依据《公司法》第181条第4项规定，公司因依法被吊销营业执照、责令关闭或者被撤销而被强制解散。吊销营业执照、责令关闭或者被撤销是一种行政处罚，属于公司解散的法定事由，一旦出现必然引起公司解散。如我国《公司法》第212条规定，公司成立后无正当理由超过6个月未开业的，或者开业后自行停业连续6个月以上的，可以由公司登记机关吊销营业执照。但应当指出，公司被吊销营业执照、责令关闭或被撤销的具体事由主要并不是由《公司法》规定。公司作为市场经济主体，在经营中严重违反了工商、税收、劳动、市场、环境保护等规范公司行为的法律法规时，有关主管机关可以对公司作出吊销营业执照、责令关闭或者被撤销等行政处罚，终止其法人资格。如，《产品质量法》规定在产品中掺杂、掺假，以假充真，以次充好，或者以不合格产品冒充合格产品，情节严重的，吊销营业执照。这也是公司解散的事由之一，必然导致行政解散。

（2）司法解散的原因。司法解散，在国外包括法院依股东和股东以外的他人请求而为的判决或命令解散。在我国，司法解散专指当公司经营管理发生严重困难时，继续经营会导致股东利益受到重大损失，通过其他途径不能解决时，法院根据股东的申请而为的强制解散公司的行为。我国《公司法》第183条对此规定如下："公司经营管理发生严重困难，继续存续会使股东利益受到重大损失，通过其他途径不能解决的，持有公司全部股东表决权10%以上的股东，可以请求人民法院解散公司。"如公司内部管理出现僵局导致公司的意思形成机构股东会或股东大会的运作出现严重困难并导致公司经营决策机构董事会的运作出现严重困难，以至于公司的运行机制完全失灵，对公司的重大事项事无法形成决议，公司运作陷入僵局，公司事务处于瘫痪。而通过公司内部的协商、表决、调解等方式已无法解决，公司继续存在损失就会不断扩大的情况下，自愿解散又不能通过，持有公司全部股东表决权10%以上的股东可以向法院请求解散公司。这实质上是赋予公司少数股东的对自己利益保护的一项特别权利。

第二节　公司的清算

一、公司清算概述

（一）清算的概念

公司清算，是指公司解散后由清算组依照法定程序对公司财产进行清理和分配，并最终消灭公司法人资格的必经程序。

公司清算有广义和狭义之分，广义的公司清算包括按破产程序进行的公司清算；狭义的公司清算不包括按破产程序进行的清算。公司法上的清算，一般是指狭义上的清算。

（二）清算的法律意义

公司进入清算程序后，经营中的公司成为清算中的公司，进入终止前的特殊阶段，在法律上有重大的意义。

1. 开始清算后，公司的代表机构产生变化。清算开始前，公司的代表是董事会。清算开始后，成立公司清算组，清算组成为公司的代表机构。董事会应将公司的全部财产、财务文件及印章等移交给清算组接管。清算组负责处理公司未了结的事务，代表公司对外进行诉讼。

2. 清算开始后，公司人格受到限制，公司的权利能力、行为能力受到限制。公司不得再进行新的经营活动，不得开展与清算无关的经营活动。公司的全部活动应局限于完成已经发生但尚未了结的事务，依法清理与分配公司财产，包括清偿债务、实现债权以及处理公司内部事务等。

3. 清算过程中，公司财产必须按照法定程序进行分配。按照《公司法》的规定，公司财产必须按顺序支付清算费用、职工的工资、社会保险费用和法定补偿金，缴纳所欠税款，清偿公司债务，尔后剩余的财产才可以按照股东出资比例或股东持股比例分配。否则，财产分配无效。

4. 公司清算目的是导致公司法人资格消灭，公司终止。公司清算结束后，清算组应当制作清算报告，报股东会、股东大会或者人民法院确认，并报送公司登记机关，申请注销公司登记，公告公司终止。

二、公司清算的分类

按照不同的标准，公司清算可以做不同的划分。一般而言，清算可以作如下分类：

（一）任意清算与法定清算

按照清算程序的依据不同，清算可分为任意清算和法定清算。任意清算和法定清算是对非破产清算程序所作的划分。

任意清算，是指依照公司章程的规定或者股东（大）会决定的清算方法和程序进行的清算。法定清算，是指公司按照法律规定的程序和方法进行的清算。

由于任意清算是按照股东的意志而不是按照法律规定的程序进行的清算，所以，任意清算主要适用于无限责任公司和两合公司，即股东对公司承担无限责任的公司。而对于股东承担有限责任的公司，各国法律一般都明确规定清算的程序以保护债权人和相关利害关系人的利益，以使公司财产公平分配，同时也提高公司清算的效率。所以，法定清算适用于有限责任公司和股份有限公司。我国《公司法》只设立了有限责任公司和股份有限公司两种形式，因此在我国《公司法》所讲的公司清算，是指法定清算。

（二）普通清算和特别清算

普通清算和特别清算是对法定清算的再次划分。划分的标准是法定清算过程是否受到司法机关的干预。

1. 普通清算，是指公司在解散后自行组织清算机构进行的清算。普通清算主要是基于任意解散和强制解散的原因而引发的清算。根据《公司法》第 181 条和第 183 条的规定，适用普通清算的有四种情况：①公司章程规定的营业期限届满或者公司章程规定的其他解散事由出现；②股东会或者股东大会决议解散；③依法被吊销营业执照、责令关闭或者被撤销；④公司经营管理发生严重困难，继续存续会使股东利益受到重大损失，通过其他途径不能解决的，持有公司全部股东表决权 10% 以上的股东，可以请求人民法院解散公司。进行普通清算时，公司应当在解散事由出现之日起 15 日内成立清算组，开始清算。有限责任公司的清算组由股东组成，股份有限公司的清算组由董事或者股东大会确定的人员组成。

2. 特别清算，是指公司在普通清算发生显著障碍无法继续时，或者被宣告破产后，由法院介入而进行的清算。特别清算包括普通清算遇阻后引发的特别清算和破产法规定的特别清算两种。普通清算遇阻后引发的特别清算是公司法规定的特别清算。

根据我国《公司法》第 184 条规定，公司解散后逾期不成立清算组进行清算的，债权人可以申请人民法院指定有关人员组成清算组进行清算。人民法院应当受理该申请，并及时组织清算组进行清算。

普通清算遇阻后引发的特别清算并不同于《破产法》规定的清算，这表现在：①两者的清算原因不同。前者是在普通清算无法适用时才进行的；而后者是由于公司资不抵债，被依法宣告破产而进行的。②两者适用的法律程序不同。前者是依照《公司法》规定的法律程序进行的；而后者是依照《破产法》规定的法律程序进行的。③债权人在两种清算中的法律地位和作用不同。在破产清算程序中，债权人可以组成债权人会议，对清算组进行监督，对清算中的重大事项起决定作用；而在普通清算遇阻后引发的特别清算中，债权人并不具有这种法定地位和作用。

（三）破产清算与非破产清算

根据清算的原因不同，可将公司清算划分为破产清算和非破产清算。

破产清算是指在公司不能清偿到期债务被依法宣告破产后，依照《破产法》的规定进行的清算；非破产清算则是指公司非因破产原因解散，依照《公司法》的规定所进行的清算。

三、公司清算组织

清算组织，又称清算机构，是公司清算事务的执行人。公司在清算开始时，应依法组成清算组替代公司董事会的职能对外代表公司和执行公司事务。我国《公司法》规定了清算组作为公司的清算机构，履行公司的清算事务。

根据《公司法》第 184 条规定，公司因《公司法》第 181 条第 1、2、4、5 项规定而解散的，应当自决定解散之日起 15 日内成立清算组，有限责任公司的清算组由股东组成，股份有限公司的清算组由董事或股东大会确定的人员组成。因破产而清算的，依据《公司法》第 191 条规定，按照企业破产的有关法律规定，应由法院组织股东、有关部门、机构的人员成立清算组。

根据《公司法》第 185 条规定，清算组在清算期间行使下列职权：①清理公司财产，分别编制资产负债表和财产清单；②通知、公告债权人；③处理与清算有关的公司未了结的业务；④清缴所欠税款以及清算过程中产生的税款；⑤清理债权、债务；⑥处理公司清偿债务后的剩余财产；⑦代表公司参与民事诉讼活动。

为了约束清算组成员的行为，各国法律均对清算组织的成员设定了忠实义务。清算组成员应当忠于职守，依法履行清算义务，不得利用职权收受贿赂或者其他非法收入，不得侵占公司财产。清算组成员因故意或者重大过失给公司或者债权人造成损失的，应当承担赔偿责任。清算组成员利用职权徇私舞弊、谋取非法收入或者侵占公司财产的，由公司登记机关责令退还公司财产，没收违法所得，并可以处以违法所得 1 倍以上 5 倍以下的罚款。

四、公司清算程序

根据《公司法》的规定，清算组组成后，公司的清算程序具体包括：

（一）清理公司财产，编制资产负债表和财产清单

即对公司的全部财产进行清理，包括各种固定资产和流动资产、有形资产和无形资产、债权和债务。并在清理后，编制资产负债表和财产清单。

（二）通知、公告债权人并进行债权登记

为了清理公司债务，根据《公司法》第 186 条规定，清算组应当自成立之日起 10 日内通知债权人，并于 60 日内在报纸上公告。债权人应当自接到通知书之日起 30 日内，未接到通知书的自公告之日起 45 日内，向清算组申报其债权。债权人申报债权，应当说明债权的有关事项，并提供证明材料。清算组应当对债权进行登记。在申报债权期间，清算组不得对债权人进行清偿。

（三）制定清算方案，并报经确认

清算组在清理公司财产、编制资产负债表和财产清单后，应当制定清算方案，并报股东会、股东大会或者人民法院确认。

（四）分配财产

分配财产是公司清算的核心工作。公司财产的分配顺序依公司法规定依次为：①支付清算费用；②支付职工工资、社会保险费用和法定补偿金；③清缴所欠税款；④清偿企业债务；⑤公司剩余财产由有限责任公司股东按照出资比例分配，股份有限公司股东按照持股比例分配。但公司财产在未依照上述规定顺序清偿之前，不得分配给股东。

（五）清算的中止与终止

如果清算组在清理公司财产、编制资产负债表和财产清单后，发现公司资产不足清偿债务的，应当依法向人民法院申请宣告破产。经人民法院裁定宣告公司破产后，清算组应当将清算事务移交人民法院，进入破产清算程序。此为公司清算的中止。

公司清算结束后，清算组应当制作清算报告，报股东会、股东大会或者人民法院确认，并报送公司登记机关，申请注销公司登记，公告公司终止。此为公司清算的终止。

【本章知识与技能训练】

一、基本知识训练

1. 重点概念
（1）公司解散
（2）自愿解散
（3）行政解散
（4）司法解散
（5）公司清算

2. 重点思考题
（1）简述公司解散的特征。
（2）简述公司解散的种类和原因。
（3）什么是公司清算、清算有什么法律意义？
（4）简述清算组织的含义和职权。
（5）简述公司清算的分类。
（6）试述公司清算的法定程序。

二、基本技能训练

亿阳市宏达科技发展有限责任公司是一家从事电脑销售的专业公司。公司有张三、李四、王五、陈一、胡二共五位股东，分别出资 30 万元、40 万元、50 万元、10 万元、20 万元共计 150 万元。3 年后，公司资产共计 300 万元，其中对外欠债 80 万元。但由于当前电脑销售市场竞争激烈，且公司所代理的电脑品牌市场占有率下滑，公司生存相当艰难，于是五位股东决定公司解散，进行清算。

问题：

1. 请按照题中的背景资料并根据公司法关于公司解散清算的法律规定，为公司解散清算工作制作一份公司解散和清算工作任务书。

2. 假定公司工作组清理公司财产后初步确定清算费用 10 万，尚未支付的职工工资、社会保险费用和法定补偿金 15 万元，欠税款 20 万元以及企业债务 80 万元。请根据公司法的规定，计算各股东应分得的财产有多少？

三、基本技能提升训练

案例一

（一）基本案情

1998 年 9 月，某中级人民法院对九江公司（1998 年 12 月成立清算组）诉中贸公司（华润公司系中贸公司的开办单位，中贸公司注册资金为人民币 500 万元，全部由华润公司划拨）外贸代理协议纠纷一案作出一审民事判决。判决后，中贸公司不服，依法提起上诉。2000 年 1 月，高级人民法院作出二审民事判决，判决中贸公司返还九江公司开证保证金及预付款 1 850 万元，逾期偿付按国家有关逾期付款规定处理，并承担案件受理费 83 424 元。判决生效后，中贸公司未履行判决，九江公司向一审法院申请强制执行。法院于 2000 年 6 月向中贸公司发出执行通知，责令中贸公司按期履行生效法律文书所确定的义务，但中贸公司未按执行通知履行法律文书确定的义务。2001 年 8 月，华润公司作出《关于注销中贸公司的决定》，称："中贸公司于 1994 年 2 月由总公司出资成立。1998 年停业进行清理整顿，作为非持续经营处理至今，有关债权债务已结清，损失已由总公司承担，经总公司管委会决定，进入清算注销程序，请各有关部室办理相关法律手续。"《关于注销中贸公司的决定》留存在工商登记部门。2001 年 10 月，华润公司委托会计师事务所对中贸公司资产进行审计，会计师事务所作出审计报告，载明：截至 2001 年 9 月 30 日，中贸公司资产总额为 7 232 万余元，负债总额为 6 742 万余元，所有者权益为 490 万余元，资产负债率为 93.22%，已连续 3 年以上亏损。2002 年 12 月，中贸公司向工商机关申请办理注销登记，华润公司在企业注销登记申请书主办单位或清算组织证明清理债权债务情况一栏中盖章，并注明：已清理完毕，无债务纠纷。

对以上案情，产生三种意见：

1. 由一审法院执行，并追加华润公司承担连带责任。

2. 由原告人另行起诉，要求华润承担损害赔偿责任。

3. 由原告人另行起诉，要求法院责令华润公司重新清算。

请根据上述事实和情况，分析上述三种意见是否正确？为什么？

（二）分析引导与思考

毫无疑问，九江公司的债权应得到清偿，但根据本案的特定情况，九江公司的损失应由谁承担，以什么样的责任来追究责任者的责任是本案的焦点。这主要涉及到公司解散的相关法律规定。

1. 公司的撤销应当组织清算组，进行清算。根据《民法通则》和《公司法》的相关规定公司可以解散。公司解散的，应当在法定的时间内成立清算组，进行清算，包括通知或者公告债权人、清理债权、债务等职权。

2. 清算组成员应当忠于职守，依法履行清算义务；清算组成员因故意或者重大过失给公司或者债权人造成损失的，应当承担法律责任。

3. 结合本案讲，虽然中贸公司是独立法人，本应以国家授予它经营管理的财产承担民事责任。华润公司作为中贸公司的唯一股东应依照法定的程序，履行清算主体的法定义务，而后可依法注销中贸公司法人资格。但华润公司的违法行为剥夺了九江公司申报登记债权并使债权人有可能受偿的机会，给债权人九江公司造成了损失，华润公司应当承担法律责任。

4. 华润公司也主动明示了为中贸公司承担债务的意思表示，不被法律禁止。华润公司与中贸公司构成共同的债务承担关系。华润公司在违法注销中贸公司后，自然成为唯一承担本案损失赔偿责任的主体，应对中贸公司在注销前涉及本案的债务，承担民事责任。

案例二

（一）基本案情

1998 年 11 月北京兴盛畜牧有限责任公司（以下简称畜牧公司）与北京吉胜自动门技术有限责任公司（以下简称吉胜公司）签订了企业转让出售合同，约定畜牧公司将其下属的北京肉用种鸡场转让出售给吉胜公司，转让金额为 680 万元人民币；合同签订 5 日内，吉胜公司向畜牧公司支付 80 万元预定金；畜牧公司于 1998 年 12 月 31 日前向吉胜公司交付已变更登记的国有土地使用证和已建成房屋的所有权证及相关资产证明；吉胜公司收到两证的 7 日内支付 300 万元转让款，另 300 万元转让款于 2000 年 9 月 31 日前付清。在畜牧公司如期交付约定的所有资产证明后，吉胜公司先后支付了 380 万元。但最后还有 50 万元没有支付。

2002 年 1 月 8 日，吉胜公司召开股东会形成决议，注销吉胜公司，2002 年 1 月 31 日至 2 月 12 日，吉胜公司清算组（由甲、乙二股东组成）在《中国工商报》上刊登公告，通知债权人于 2002 年 1 月 31 日起 90 日内向本公司清算组申报债权。相关债权人先后申报债权，并全部足额受偿，且甲、乙仍有剩余财产，并按甲、乙二人的出资比例进行分配。2002 年 4 月 25 日，吉胜公司向工商管理部门提交了由股东甲、乙签字的《公司注销登记申请书》，在公司债权债务清理情况一栏载明：公司债权债务已清理完毕，未尽事宜，由清算组成员负责。5 月 27 日，吉胜公司被注销。

另查，吉胜公司成立于 1998 年 6 月，企业性质为有限责任公司，注册资本 80 万元人民币，甲、乙系公司股东，分别出资56万元和24万元。

2002年7月1日，畜牧公司向吉胜公司发出《催款通知书》，要求吉胜公司支付50万元。因交涉无果，起诉至法院请求法院判决判令甲、乙支付转让款50万元及按同期存款利率支付自2002年1月1日至实际支付日止的利息，并承担本案诉讼费用。

甲、乙二人辩称，清算组已按法定程序公告通知债权人申报债权，但在公告期内，畜牧公司没有向清算组申报债权，应视为其已放弃债权。吉胜公司是有限责任公司，其二人作为股东出资均全部到位，已完成对公司应尽的责任，对公司的债权人不再负任何财产责任，公司的债权人也不可以直接向其二人主张债权。目前吉胜公司已经注销，诉讼主体已不存在，畜牧公司也放弃了债权，二人不应成为被告。故请求法院驳回畜牧公司的诉讼请求。

对以上案情，有两种不同意见：

1. 甲、乙二人辩称有理，其已公告通知债权人，履行了通知义务。兴盛公司没有在法定的期间内申报债权，属于自动放弃债权的行为，甲、乙二人不需承担继续给付余款的义务。

2. 甲、乙二人属于恶意逃债行为，应当由甲、乙二人承担损害赔偿责任。

3. 由公司登记管理机构责令甲、乙返还已分配的财产，并重新清算。

请根据上述事实和情况，分析上述三种意见是否正确？为什么？

（二）思考与分析引导

本案争议的焦点是甲、乙是否应当对畜牧公司承担继续清偿的法律责任。解决这一问题，应考虑以下两点：

1. 清算组的清算行为是否符合《公司法》的规定。《公司法》第186条规定："清算组应当自成立之日起10日内通知债权人，并于60日内在报纸上公告。债权人应当自接到通知书之日起30日内，未接到通知书的自公告之日起45日内，向清算组申报其债权。"同时，《公司法》第190条："清算组成员应当忠于职守，依法履行清算义务。"根据以上两个条款的规定，判断清算组的行为是否合法。

2. 清算组行为违法，应承担什么法律责任。清算组应当以一个善良的管理人的注意处理清算事务，其行为如果违法，当然应当承担相应的法律责任。由于清算组的行为使得畜牧公司丧失了申报债权的机会，是对畜牧公司申报权的侵犯，并因此导致畜牧公司相应的损失，应对此承担法律责任。

3. 考虑责任的范围。需考虑三个事实：①其他债权人已全部足额受偿；②甲、乙仍有剩余财产分配的情形；③二人在吉胜公司的注销登记中共同承诺处理吉胜公司未尽事宜。由此，决定可由甲、乙二人全额清偿畜牧公司的债权。

第十二章 外国公司的分支机构

【本章学习指引】

《公司法》是为适应市场经济的建设而颁布实施的重要法律。随着市场经济的发展，对内改革对外开放的不断深化，国际贸易额的飙升，我国在国际上的地位日益突出，投资环境也越来越具有吸引力，外国公司和公民纷纷来我国投资办厂、设立分支机构。为了促进外国公司对我国的投资，规范外国公司在我国的投资经营行为，并为其在中国开展业务提供法律依据，《公司法》第十一章以专章的形式规定了外国公司的分支机构，明确外国公司分支机构在我国的法律地位，明确外国公司在我国开展营业、开办分支机构的法律程序及其监管措施。

本章从外国公司的法律概念入手，对外国公司的分支机构作了详细介绍。主要内容及重点、难点问题是外国公司分支机构的性质及法律地位、外国公司分支机构的设立和撤销、外国公司分支机构的权利和义务等。

第一节 外国公司分支机构概述

一、外国公司分支机构的概念和法律特征

（一）外国公司、外国公司分支机构的概念

外国公司是指依照外国法律在中国境外设立的公司。

外国公司的分支机构，是指外国公司依照中国《公司法》的规定，经过中国政府批准，在中国境内设立的从事生产经营活动的经济实体，实际上是该外国公司在其本国之外的国家设立的分公司。这类机构通常被称为"甲国某公司乙国分公司"。

外国公司进入我国营业，依法可采用在我国设立分支机构、独资子公司、中外合资经营或合作经营等形式。其中，外国公司在我国直接设立分支机构，是外国公司进入我国进行营业活动的主要方式，也是外国公司本身业务活动的一种延伸。

各国或地区的《公司法》一般均规定外国公司进入东道国营业，必须履行一定的法律手续。《公司法》关于外国公司分支机构的规定，目的是为了规范外国公司在本国的活动，并不是规范外国公司本身。

（二）外国公司分支机构的法律特征

1. 外国公司的分支机构以外国公司的存在为前提。即设立分支机构的外国公司已经依外国法律在外国设立。我国现行公司法没有要求在中国境内设立分支机构的外国公司，其本身必须是外国法人，但注重外国公司的责任形式并且明确区分外国公司与外国公司分支机构。

2. 外国公司的分支机构必须经过我国政府批准设立。外国公司是依外国法律设立的，而外国公司的分支机构却必须依我国法律，经我国政府批准，在我国境内设立，并受我国法律的保护和管辖。非经我国政府批准，外国公司不得在我国设立分支机构。

一般而言，经我国政府批准的外国公司分支机构，与我国公司具有相同国籍，在法定期限内，其权利义务与我国同种类公司基本相同。

3. 外国公司在我国设立分支机构必须是以在我国境内从事经营活动为目的。从理论上讲，外国公司分支机构必须运用自己的资金、设备等，从事与外国公司营利性生产经营活动相一致的活动，这是作为公司本身所决定的。从法律上讲，这也是我国政府对外国公司设立的一个基本要求。如果外国公司无意在我国开展经营活动，而从事非营利性活动，则不属于公司法所规范的外国公司的分支机构。

正是因为如此，外国公司的分支机构既不同于外国公司在我国的常驻代表机构，也不同于我国外商投资企业设立的办事机构。根据相关规定，无论是外国公司在我国的常驻代表机构，还是我国外商投资企业设立的办事机构都不是直接从事经营活动的企业分支机构。

二、外国公司分支机构的性质和法律地位

（一）外国公司分支机构的性质

在我国，外国公司的分支机构不同于外国公司在我国单独投资设立的外商独资企业。外国公司在我国单独投资设立的外商独资企业，属于企业法人，且属于中国的企业法人，具有中国国籍。

外国公司分支机构本身是外国公司的组成部分，所以其具有外国国籍，属于外国企业。且外国公司分支机构不具有独立的法律地位，不能以自己的名义对外进行活动，不实行独立核算，不能以自己的财产独立承担法律责任。所以，外国公司分支机构是不具有独立的公司法人地位的内部组织机构。

（二）外国公司分支机构的法律地位

外国公司分支机构本身不具有独立的法律地位。各国或地区的《公司法》一般均规定，外国公司的分支机构从属于外国公司，是外国公司的组成部分，外国公司需为其分

支机构的债务承担责任。我国也是如此规定，外国公司与其在中国境内设立的分支机构之间的法律关系，相当于总公司与分公司。对此，我国《公司法》第196条明确规定："外国公司在中国境内设立的分支机构不具有中国法人资格。外国公司对其分支机构在中国境内进行经营活动承担民事责任。"其不具有法人独立地位的特征表现在以下四方面：

1. 外国公司分支机构不具有法人人格。外国公司分支机构是其所属的外国公司的组成部分之一，是其在中国的派出机构。它不同于外国公司在中国境内依中国法律登记注册的具有法人资格的公司。

2. 外国公司分支机构不具有独立的组织机构。外国公司分支机构与公司法人的内部组织机构不同。它不需像其他中国公司法人一样设立公司组织机构，即其内部没有股东会、董事会及监事会等一套权责分明的管理机构，而只由该外国公司指定代表人或代理人负责该分支机构。

3. 外国公司分支机构不具有独立的名称和章程。外国公司分支机构既没有自己独立的公司名称，也没有自己的公司章程，从事业务活动时必须使用其所属公司的名称。我国《公司法》第195条明确规定："外国公司的分支机构应当在其名称中标明该外国公司的国籍及责任形式。外国公司的分支机构应当在本机构中置备该外国公司章程。"

4. 外国公司分支机构不能独立承担责任。外国公司分支机构对其经营活动不独立承担民事责任，其业务活动结果由所属外国公司承受，即分支机构的所属公司以自己的全部财产对其分支机构的活动所产生的债务承担责任。因此，各国公司法一般要求外国公司的分支机构在其名称中标明其所属外国公司的责任形式。

第二节　外国公司分支机构的设立

外国公司分支机构的设立，是指外国公司依东道国法律规定的条件和程序，在东道国境内为其分支机构取得生产经营资格而进行的法律行为。

外国公司在东道国设立分支机构，应办理申请许可手续。我国公司立法及相关法律对外国公司分支机构的设立作了明确的规定。

一、外国公司分支机构设立的条件

各国法律均要求提出申请设立分支机构的外国公司应具备一定条件。根据我国《公司法》第194、195条及相关法律规定，外国公司在我国设立分支机构必须符合以下基本条件：

（一）必须在我国境内指定负责该分支机构的代表人或代理人

所谓代表人是指负责该分支机构的代表人，属于公司及其分支机构的内部人员，而代理人则是指受外国公司的委托，以外国公司名义从事经营活动的人。代表人或代理人作为分支机构的负责人，代表外国公司在我国境内从事各项生产经营活动，其行为法律后果由该外国公司承担。

一般认为，外国公司分支机构的代表人或代理人具有完全的民事行为能力是其任职的基本条件。除此之外，我国公司立法对外国公司分支机构的代表人或代理人的资格未作出详细的规定。我国有关法律只对变更代表人或代理人时的登记事宜作了规定，即要求该代表人或代理人在更换或离境前，外国公司应当另行选定代表人或代理人，并将其姓名、国籍、住所或居所申报主管机关登记。申报登记时，应附上授权证书或委托证书。

（二）外国公司必须向其分支机构拨付与其所从事的经营活动相适应的资金

设立分支机构的目的是从事经营活动，因此分支机构为实现其经营目的应当有一定的资金。基于这一理由，我国《公司法》第194条规定，外国公司在中国境内设立分支机构应向该分支机构拨付与其所从事的经营活动相适应的资金，且外国公司分支机构的经营资金需要规定最低限额的，由国务院另行规定。这既是保证外国公司分支机构生产经营活动正常进行的需要，也是防止欺诈行为的发生、维护债权人和社会公共利益的需要。

当然，上述《公司法》第194条规定的外国公司分支机构应当有"相适应的资金"和"最低限额"只是其从事经营活动的需要，而非其承担民事责任的限度。当外国公司分支机构需要依法承担民事责任时，不以其经营资金数额及该外国公司分支机构所支配的财产为限，而应由设立该分支机构的外国公司全部承担。

（三）外国公司的分支机构应当在其名称中标明该外国公司的国籍及责任形式，并应当在本机构中置备该外国公司章程

《公司法》第195条规定："外国公司的分支机构应当在其名称中标明该外国公司的国籍及责任形式。外国公司的分支机构应当在本机构中置备该外国公司章程。"这一规定有利于主管机关的监督管理，便于相对人了解信息，保障交易安全。

二、外国公司分支机构设立的程序

外国公司在我国设立分支机构必须经过一定的程序。我国《公司法》第193条的规定："外国公司在中国境内设立分支机构，必须向中国主管机关提出申请，并提交其公司章程、所属国的公司登记证书等有关文件，经批准后，向公司登记机关依法办理登记，领取营业执照。"据此，我们认为外国公司在我国设立分支机构的具体程序如下：

（一）提出设立申请

1. 申请人。依我国《公司法》的规定，外国公司在我国境内设立分支机构，必须向我国主管机关提出申请。外国公司在东道国设立分支机构的申请一般由该外国公司的董事或执行业务的股东提出，或由分支机构所在国的代表人或代理人人代为申请。申请人提出申请时，应提交由该外国公司法定代表人签署的申请书，并附送其国籍的证明文件及外国公司的授权书或委托书。

2．申请书的主要内容。外国公司提出设立分支机构的申请书的主要内容为：

（1）外国公司的概况，包括公司名称、国籍、法定地址、法定代表人姓名和住所、公司成立日期、经营范围、资产总额、注册资本等。

（2）拟在我国设立的分支机构的基本情况，包括分支机构的名称、地址、投资总额、经营范围、经营期限等。

（3）对遵守中国法律的承诺。

3．主管机关。这里所说的"主管机关"主要是指我国政府中的外资企业的管理机关。如果是经营特种行业的业务，主管机关则是指特种行业的管理机关，如《中华人民共和国外资银行管理条例》第7条规定："设立外资银行及其分支机构，应当经银行业监督管理机构审查批准。"

4．提交的主要文件。外国公司在我国境内设立分支机构，在向我国政府主管机关提出申请时，还应提交相关文件。根据有关规定，公司除需要提交公司章程、所属国的公司登记证书外，一般还应提交下列文件：①同该外国公司有业务往来的金融机构出具的信用证明；②该外国公司法定代表人的资格证明书；③该外国公司申请人的授权委托书；④该外国公司委托分支机构代表人或代理人的授权委托书和负责人的简历；⑤该外国公司最近几年经注册会计师审计后验证的财务会计报告；⑥该外国公司在我国营业的计划书等。上述文件如是以外文表示的，均应附上中文译本，并经公证机关予以公证。

（二）设立审批

1．审批机关。为了加强外国公司分支机构设立的监管，我国采用了较为严格的核准设立主义原则。即外国公司在我国境内设立分支机构，必须经我国有关主管机关的审核，依法获得批准后才能履行注册登记手续。外国公司分支机构的具体审批办法由国务院进行规定。依我国有关立法规定，外国公司在我国设立分支机构的主管机关一般为国务院对外经济贸易主管机关和省级人民政府的对外经济贸易主管机关，但涉及特定经营行业的尚需经国家有关部门批准。如金融业需经银监会批准，保险业需经保监会批准，建筑业需经国家建设部批准等。

2．主要审批事项。根据我国有关法律的规定，对于符合下列条件的，审批机关应当在接到申请之日起一定期限内作出予以批准设立分支机构的决定：①申请文件符合审批机关报送文件的要求；②已经明确指定分支机构的代表人或代理人；③分支机构最低经营资金不少于法律规定的数额；④分支机构的生产经营符合我国国家产业政策的要求；⑤分支机构的生产经营符合我国有关法律、法规的规定。

对于有下列情况之一的，审批机关应当在接到申请之日起一定期限内作出不予批准的决定：①目的或业务违背我国法律、法规和社会公共利益，损害我国国家主权和国家安全的；②其生产经营活动可能造成环境污染或破坏资源的；③设立分支机构的地区限制外国人居住或营业范围限制外国人经营的；④申请批准应报明的事项中有虚伪情形的；⑤按照平等互惠原则，外国公司所属国家对我国公司不予认可的。

3．主管机关审批。如前所述监管外国公司分支机构设立的主管机构一般为国务院对外经济贸易主管机关和省级人民政府的对外经济贸易主管机关，但涉及特种经营的行业尚需经有关主管部门批准。

这些分支机构在申请办理审批时，应当向审批机关提交下列文件和证明文件：①由外国公司董事长或总经理签署的设立申请书；②外国公司的合法开业证明；③外国公司的章程；④分支机构负责人委派书；⑤分支机构营运资金的拨付证明或验资报告；⑥审批机关要求提交的其他文件。

审批机关受理申请后，应对其设立分支机构的有关事项、文件在法定期间内进行批准。对内容真实、符合法律规定的申请予以审查批准；否则，不予批准。对外国公司分支机构的审批办法由国务院另行规定。

（三）依法注册登记并公告

外国公司在我国境内设立分支机构的申请被我国主管机关批准后，应当在一定期限内带审批机关的批准文件向中国公司登记机关依法办理登记手续。外国公司分支机构的登记程序，原则上与东道国公司设立分支机构的登记相同。外国公司分支机构成立后，应当进行公告。

1. 注册登记应提交的文件。外国公司在办理分支机构的注册登记手续时，一般应提交下列文件和证明文件：

（1）外国公司董事长或总经理签署的申请书；

（2）外国企业申请注册登记表；

（3）审批机关的批准文件或证书；

（4）从事生产经营活动所签订的合同（外国银行在中国设立分行的不适用此项）；

（5）外国公司所属国（地区）政府有关部门出具的公司合法开业证明；

（6）外国公司的资金信用证明；

（7）由外国公司向其分支机构拨付的经营资金的证明；

（8）外国公司董事长或总经理委派的中国项目负责人的授权书、简历及身份证明；

（9）登记机关要求提交的其他有关文件。

2. 登记的主要事项。公司登记管理机关在法定期限内进行审查后，对符合法律、法规规定条件的外国公司分支机构，给予注册登记，发给营业执照；否则，作出驳回申请的决定。

外国公司分支机构的登记事项主要包括：分支机构的名称、分支机构所属公司的国籍、分支机构的住所及营业场所、分支机构的负责人、分支机构的资金数额、分支机构的经营范围、经营期限等内容。

外国公司分支机构营业执照签发之日，为其成立之日，其自此取得在中国境内从事生产经营活动的资格，可在中国有关金融机构开户、刻制公章，在核准的经营范围内从事经营活动。外国公司分支机构要求变更名称、经营范围、代表人、经营期限、注册地址的，应当向原审批机关提出申请，获得批准后，向登记机关办理变更登记手续。

3. 登记的效力。外国公司分支机构登记的效力主要表现在两个方面：

（1）规范性效力。外国公司分支机构必须经过登记，才能在核准的范围内，在我国境内从事相应的生产经营活动，合法权益才能得到我国法律的保护。否则，将承担相应的法律责任。

（2）公示性效力。外国公司分支机构经登记后，才能就其登记的事项，对抗第三人，请求对方承担相应的民事责任。对没有登记或登记不实的事项，不得对抗第三人。

第三节 外国公司分支机构的权利和义务

我国《公司法》第197条对外国公司分支机构的权利义务作了概括规定："经批准设立的外国公司分支机构，在中国境内从事业务活动，必须遵守中国的法律，不得损害中国的社会公共利益，其合法权益受中国法律保护。"

一、外国公司分支机构的权利

在我国境内设立的外国公司的分支机构受我国法律管辖，其合法权益受我国法律保护。除法律特别规定予以限制的以外，外国公司分支机构的权利与我国同类分公司所享有的权利基本相同。根据我国法律的相关规定，可将外国公司的分支机构享有的权利概括为如下两方面：

（一）依法从事生产经营活动

外国公司分支机构取得我国工商行政管理机关颁发的营业执照，即获得在我国境内从事生产经营活动的法定资格。享有依法取得财产的所有权、订立合同、享受中国有关鼓励外商投资的优惠政策等。但是，我国在一些特定的行业如国防工业等重要行业，禁止外国公司进入或设定一定的限制。

（二）合法权益受我国法律保护

外国公司分支机构遵守我国法律，在我国境内依法进行生产经营活动，其合法权益当然受我国法律保护。外国公司在其分支机构的合法经营活动受到不法侵害时，有权在我国提起诉讼，寻求司法保护，以维护其合法权益。

二、外国公司分支机构的义务

外国公司在我国境内设立的分支机构在依法享有权利的同时，也应承担相应的义务。在我国从事营业活动应承担的主要义务：

（一）遵守我国法律，不损害我国的社会公共利益

外国公司在我国境内设立分支机构开展业务活动，是外国投资者对我国的投资一个基本方式。外国公司分支机构在我国境内的营业活动，应受我国法律管辖。按照我国的法律的规定，外国公司分支机构在我国境内营业，不得损害我国的社会公共利益。比如，其所从事的营业项目，必须符合我国的产业政策，属于我国允许的政策范围内，不得从事我国禁止外资经营的特定行业。又如，外国公司分支机构不得在我国境内从事非

法经营业务，也不得拒绝履行其应当履行的义务，不得扰乱我国正常的经济秩序，否则将受到我国法律的制裁。并同同类的中国公司的分支机构一样接受工商、税务部门以及外汇、海关等部门的管理和监督。

依我国有关法律的规定，外国公司分支机构及其负责人有下列行为之一的，处以一定数额的罚款，情节严重构成犯罪的，依法追究其刑事责任：①未经批准，擅自设立分公司的；②向审批机关或登记机关提交材料时，有虚报、隐瞒或欺诈行为的；③违反税收管理法律、法规的；④超出经营范围进行活动的；⑤无正当理由在登记后6个月未开业或开业后6个月未营业的。

（二）公司名称应当明示该外国公司的国籍及责任形式及置备外国公司章程的义务

外国公司分支机构只是外国公司的一个组成部分，其本身并不具有独立的法律地位，它只能以所属外国公司的名义对外进行活动，其在我国境内的经营活动所产生的法律后果也由其所属外国公司承担。我国《公司法》第195条规定："外国公司的分支机构应当在其名称中标明该外国公司的国籍及责任形式。外国公司的分支机构应当在本机构中置备该外国公司章程。"以保证与其交易的第三人能够了解其具体情况，以达到降低交易风险，保护债权人的利益，维护社会经济秩序的立法目的。

第四节 外国公司分支机构的撤销和清算

一、外国公司分支机构的撤销

外国公司分支机构的撤销是指依法使已经设立的外国公司分支机构归于消灭，结束其在东道国境内的生产经营活动。外国公司分支机构撤销的原因有两种情形：一是被动撤销，一般是由于该外国公司分支机构严重违反东道国的法律而被东道国撤销，如被强制吊销营业执照而被迫撤销；二是主动撤销，一般是外国公司主动要求撤销其在东道国的分支机构，如预定的营业目的已经实现。

我国《公司法》未明确规定外国公司分支机构的撤销原因。实践中一般应包括以下几种情形：

1. 因外国公司被依法撤销或解散而被迫撤销。当外国公司因被依法撤销、宣告破产、股东会决议解散等原因而终止时，该外国公司所属分支机构撤销。

2. 因违法经营而被迫撤销。外国公司分支机构从事生产经营活动严重违反东道国法律，将被依法责令撤销。如我国《公司法》第213条规定："外国公司违反本法规定，擅自在中国境内设立分支机构的，由公司登记机关责令改正或者关闭，可以并处5万元以上20万元以下的罚款。"此外，如果外国公司分支机构违反我国的工商管理、海关、财税、金融、外汇、环境保护等法律，情节严重的，有关主管部门也有权责令其停业，并吊销其营业执照。

3. 因无故歇业而被迫撤销。外国公司分支机构取得登记后，应依法从事生产经营活动，如果其无故歇业达到一定期限，有关主管机关可强制该外国公司分支机构解散。我国《公司法》第212条第1款规定："公司成立后无正当理由超过6个月未开业的，或者开业后自行停业连续6个月以上的，可以由公司登记机关吊销营业执照。"

4. 因经营期限届满而撤销。分支机构在经营期限届满前的一定时间内，经原审批机关批准，可申请办理延期登记。逾期不申请延期的，视同注销。

5. 外国公司自行决定撤销。这是外国公司分支机构撤销的一种常见情形。外国公司出于某种原因或需要，在经营期限届满前，可以向主管机关申请批准撤销其设立的分支机构。

6. 其他导致分支机构撤销的原因。如因不可抗力等原因致使经营无法继续时，也可能导致分支机构撤销。

二、外国公司分支机构的清算

外国公司分支机构的清算，是指分支机构被撤销后，为了终结其现存的各种法律关系，了结分支机构的债权债务，而对分支机构所生的债权债务等进行清理的行为。根据我国《公司法》第198条的规定，外国公司撤销其在我国境内的分支机构时，必须依法清偿债务，依照公司法规定的公司清算程序进行清算。

外国公司分支机构的清算应当依照我国《公司法》规定的公司清算程序的规定执行。具体程序可参照本书公司的解散与清算的有关阐述。

为保护债权人的利益，我国《公司法》第198条规定："外国公司……未清偿债务之前，不得将其分支机构的财产移至中国境外。"这就是说，对于外国公司分支机构的所有清算未了的债务，应由该外国公司予以清偿。因为外国公司的分支机构并不具有法人地位，只是外国公司在中国的分公司，依中国《公司法》的规定，分公司不具有法人资格，其民事责任由公司承担。

外国公司了结一切债权债务关系后，依法可将其分支机构的剩余财产移至中国境外。

【本章知识与技能训练】

一、基本知识训练

1. 重点概念

（1）外国公司

（2）外国公司的分支机构

2. 重点思考题

（1）外国公司分支机构的法律特征主要有哪些？它与中国公司的分公司有何异同？

（2）简述外国公司分支机构的权利和义务。

（3）试述外国公司分支机构在我国设立的条件和程序。

（4）外国公司分支机构的解散与清算中，如何保护其利害关系人的合法权益？

（5）简述外国公司分支机构的撤销原因。

二、基本技能训练

威盛电子（VIATechnologies, Inc. 简称 VIA）有限公司位于我国台湾地区台北县新店市，并于大中华地区、美国、欧洲、南美洲等 IT 中心城市拥有分支机构。威盛电子的主要产品包括跨平台系统芯片组，低功耗处理器平台，嵌入式系统以及图形处理器。目前公司总部威盛的客户群涵盖全球各大 OEM 厂商、主机板制造业者及系统整合业者。威盛电子已在我国台湾地区证券交易所上市（股票代号 2388）。假定威盛电子拟在大陆沿海某省省会城市设立一个分支公司。请依照我国公司法律的相关规定为其列举一份申请设立分支公司的材料名称。

三、基本技能提升训练

案例一

（一）基本案情

在新加坡注册登记成立的"新加坡雅戈斯国际私人有限公司"（以下简称雅戈斯公司）于 2003 年 1 月依照《公司法》在上海设立了一个分公司，指定中国公民李某为该分公司的代表人，拨付人民币 100 万元，作为其从事经营活动的资金，其在中国登记的名称为"新加坡盛誉有限公司上海分公司"（以下简称上海分公司）。因雅戈斯公司的大部分业务在北京，于是决定在北京设立一独资公司，2001 年 5 月，经审批机关批准后向工商行政管理机关申请设立登记并领取了营业执照。该外商独资公司的注册资本是 300 万元人民币，名称为"雅戈斯有限公司"。

2004 年 8 月，雅戈斯公司打算在中国购买一批体育保健用品，并决定将业务交给上海分公司和雅戈斯有限公司处理。于是两者先后分别与上海市某保健品进出口公司（以下简称保健品公司）签订了体育保健品买卖合同。雅各斯有限公司收到保健品公司的供货后，便按约支付了全部货款；而上海分公司却因资金周围困难，在约定的期限内只给付了总货款 400 万的 1/2，尚有 200 万元货款没能清偿。后来保健品公司多次索款未果。

2004 年 12 月保健品公司以上海分公司和雅各斯有限公司为被告向法院起诉，要求上海分公司清偿债务 200 万元，并要求雅各斯有限公司承担连带责任。理由是：上海分公司和雅戈斯有限公司皆为雅戈斯公司的分支机构，根据中国《公司法》规定，外国公司对其分支机构在中国境内进行经营活动承担民事责任，当上海分公司的财产不足以偿还债务时，作为雅戈斯公司的分支机构——雅各斯有限公司有义务代其偿还。

上海分公司的代表人李某认为：所欠保健品公司的债务应向雅戈斯公司追偿，因为合同是以雅各斯公司的名义签订的，上海分公司只是从中联系，不能以上海分公司的财产清偿。

对以上事实，有以下不同意见：

1. 李某的意见是正确的，保健品公司的债务应向雅戈斯公司追偿。
2. 李某的意见不正确，应当由上海分公司和雅各司有限公司共同承担责任。

3. 李某的意见不正确，应当由上海分公司承担责任，不足的部分由新加坡雅戈斯国际私人有限公司承担。

请根据上述事实和情况，分析上述三种意见是否正确？为什么？

（二）引导分析与思考

本案争议的焦点是上海分公司是否有独立承担债务的能力？保健品公司的债务应由谁承担？这需要解决以下几个问题：

1. 应明确外国公司在华分支机构的法律地位。外国公司是指依照外国法律在中国境外登记成立的公司，依照公司法规定在中国境内设立的从事生产经营活动的分支机构。《公司法》第203条规定，外国公司属于外国法人，其在中国境内设立的分支机构不具有中国法人资格。

2. 明确不具有独立法人地位的分支机构债务的承担。外国公司的分支机构是外国公司的一个组成部分，没有独立的法律地位，不具有中国法人资格。外国公司的分支机构可以在中国境内从事生产经营活动。由于其不具有中国法人资格，故其只能以外国公司的名义从事生产经营活动，其权利、义务和法律责任也均由外国公司享有、承担。

3. 明确具有独立法人资格的公司的责任范围。中国的公司是以其全部资产对其债务负责的企业法人。除了本公司的债务以外，均不须承担任何责任。即使母子公司之间具有控制和依附关系，也不能因为母子公司之间的特殊关系而否认各自公司的独立责任。因此，子公司没有义务直接为母公司及其分公司的债务负责。

中华人民共和国公司法

1993 年 12 月 29 日第八届全国人民代表大会常务委员会第五次会议通过　根据 1999 年 12 月 25 日第九届全国人民代表大会常务委员会第十三次会议《关于修改〈中华人民共和国公司法〉的决定》第一次修正　根据 2004 年 8 月 28 日第十届全国人民代表大会常务委员会第十一次会议《关于修改〈中华人民共和国公司法〉的决定》第二次修正　2005 年 10 月 27 日第十届全国人民代表大会常务委员会第十八次会议修订

第一章 总 则

第一条　为了规范公司的组织和行为，保护公司、股东和债权人的合法权益，维护社会经济秩序，促进社会主义市场经济的发展，制定本法。

第二条　本法所称公司是指依照本法在中国境内设立的有限责任公司和股份有限公司。

第三条　公司是企业法人，有独立的法人财产，享有法人财产权。公司以其全部财产对公司的债务承担责任。

有限责任公司的股东以其认缴的出资额为限对公司承担责任；股份有限公司的股东以其认购的股份为限对公司承担责任。

第四条　公司股东依法享有资产收益、参与重大决策和选择管理者等权利。

第五条　公司从事经营活动，必须遵守法律、行政法规，遵守社会公德、商业道德，诚实守信，接受政府和社会公众的监督，承担社会责任。

公司的合法权益受法律保护，不受侵犯。

第六条　设立公司，应当依法向公司登记机关申请设立登记。符合本法规定的设立条件的，由公司登记机关分别登记为有限责任公司或者股份有限公司；不符合本法规定的设立条件的，不得登记为有限责任公司或者股份有限公司。

法律、行政法规规定设立公司必须报经批准的，应当在公司登记前依法办理批准手续。

公众可以向公司登记机关申请查询公司登记事项，公司登记机关应当提供查询服务。

第七条　依法设立的公司，由公司登记机关发给公司营业执照。公司营业执照签发日期为公司成立日期。

公司营业执照应当载明公司的名称、住所、注册资本、实收资本、经营范围、法定代表人姓名等事项。

公司营业执照记载的事项发生变更的，公司应当依法办理变更登记，由公司登记机关换发营业执照。

第八条 依照本法设立的有限责任公司，必须在公司名称中标明有限责任公司或者有限公司字样。依照本法设立的股份有限公司，必须在公司名称中标明股份有限公司或者股份公司字样。

第九条 有限责任公司变更为股份有限公司，应当符合本法规定的股份有限公司的条件。股份有限公司变更为有限责任公司，应当符合本法规定的有限责任公司的条件。

有限责任公司变更为股份有限公司的，或者股份有限公司变更为有限责任公司的，公司变更前的债权、债务由变更后的公司承继。

第十条 公司以其主要办事机构所在地为住所。

第十一条 设立公司必须依法制定公司章程。公司章程对公司、股东、董事、监事、高级管理人员具有约束力。

第十二条 公司的经营范围由公司章程规定，并依法登记。公司可以修改公司章程，改变经营范围，但是应当办理变更登记。

公司的经营范围中属于法律、行政法规规定须经批准的项目，应当依法经过批准。

第十三条 公司法定代表人依照公司章程的规定，由董事长、执行董事或者经理担任，并依法登记。公司法定代表人变更，应当办理变更登记。

第十四条 公司可以设立分公司。设立分公司，应当向公司登记机关申请登记，领取营业执照。分公司不具有法人资格，其民事责任由公司承担。

公司可以设立子公司，子公司具有法人资格，依法独立承担民事责任。

第十五条 公司可以向其他企业投资；但是，除法律另有规定外，不得成为对所投资企业的债务承担连带责任的出资人。

第十六条 公司向其他企业投资或者为他人提供担保，依照公司章程的规定，由董事会或者股东会、股东大会决议；公司章程对投资或者担保的总额及单项投资或者担保的数额有限额规定的，不得超过规定的限额。

公司为公司股东或者实际控制人提供担保的，必须经股东会或者股东大会决议。

前款规定的股东或者受前款规定的实际控制人支配的股东，不得参加前款规定事项的表决。该项表决由出席会议的其他股东所持表决权的过半数通过。

第十七条 公司必须保护职工的合法权益，依法与职工签订劳动合同，参加社会保险，加强劳动保护，实现安全生产。

公司应当采用多种形式，加强公司职工的职业教育和岗位培训，提高职工素质。

第十八条 公司职工依照《中华人民共和国工会法》组织工会，开展工会活动，维护职工合法权益。公司应当为本公司工会提供必要的活动条件。公司工会代表职工就职工的劳动报酬、工作时间、福利、保险和劳动安全卫生等事项依法与公司签订集体合同。

公司依照宪法和有关法律的规定，通过职工代表大会或者其他形式，实行民主管理。

公司研究决定改制以及经营方面的重大问题、制定重要的规章制度时，应当听取公司工会的意见，并通过职工代表大会或者其他形式听取职工的意见和建议。

第十九条 在公司中，根据中国共产党章程的规定，设立中国共产党的组织，开展党的活动。公司应当为党组织的活动提供必要条件。

第二十条 公司股东应当遵守法律、行政法规和公司章程，依法行使股东权利，不得滥用股东权利损害公司或者其他股东的利益；不得滥用公司法人独立地位和股东有限责任损害公司债权人的利益。

公司股东滥用股东权利给公司或者其他股东造成损失的，应当依法承担赔偿责任。

公司股东滥用公司法人独立地位和股东有限责任，逃避债务，严重损害公司债权人利益的，应当对公司债务承担连带责任。

第二十一条 公司的控股股东、实际控制人、董事、监事、高级管理人员不得利用其关联关系损害公司利益。

违反前款规定，给公司造成损失的，应当承担赔偿责任。

第二十二条 公司股东会或者股东大会、董事会的决议内容违反法律、行政法规的无效。

股东会或者股东大会、董事会的会议召集程序、表决方式违反法律、行政法规或者公司章程，或者决议内容违反公司章程的，股东可以自决议作出之日起六十日内，请求人民法院撤销。

股东依照前款规定提起诉讼的，人民法院可以应公司的请求，要求股东提供相应担保。

公司根据股东会或者股东大会、董事会决议已办理变更登记的，人民法院宣告该决议无效或者撤销该决议后，公司应当向公司登记机关申请撤销变更登记。

第二章　有限责任公司的设立和组织机构

第一节　设　立

第二十三条 设立有限责任公司，应当具备下列条件：

（一）股东符合法定人数；

（二）股东出资达到法定资本最低限额；

（三）股东共同制定公司章程；

（四）有公司名称，建立符合有限责任公司要求的组织机构；

（五）有公司住所。

第二十四条 有限责任公司由五十个以下股东出资设立。

第二十五条 有限责任公司章程应当载明下列事项：

（一）公司名称和住所；

（二）公司经营范围；

（三）公司注册资本；

（四）股东的姓名或者名称；

（五）股东的出资方式、出资额和出资时间；

（六）公司的机构及其产生办法、职权、议事规则；

（七）公司法定代表人；

（八）股东会会议认为需要规定的其他事项。

股东应当在公司章程上签名、盖章。

第二十六条 有限责任公司的注册资本为在公司登记机关登记的全体股东认缴的出资额。公司全体股东的首次出资额不得低于注册资本的百分之二十，也不得低于法定的注册资本最低限额，其余部分由股东自公司成立之日起两年内缴足；其中，投资公司可以在五年内缴足。

有限责任公司注册资本的最低限额为人民币三万元。法律、行政法规对有限责任公司注册资本的最低限额有较高规定的，从其规定。

第二十七条 股东可以用货币出资，也可以用实物、知识产权、土地使用权等可以用货币估价并可以依法转让的非货币财产作价出资；但是，法律、行政法规规定不得作为出资的财产除外。

对作为出资的非货币财产应当评估作价，核实财产，不得高估或者低估作价。法律、行政法规对评估作价有规定的，从其规定。

全体股东的货币出资金额不得低于有限责任公司注册资本的百分之三十。

第二十八条 股东应当按期足额缴纳公司章程中规定的各自所认缴的出资额。股东以货币出资的，应当将货币出资足额存入有限责任公司在银行开设的账户；以非货币财产出资的，应当依法办理其财产权的转移手续。

股东不按照前款规定缴纳出资的，除应当向公司足额缴纳外，还应当向已按期足额缴纳出资的股东承担违约责任。

第二十九条 股东缴纳出资后，必须经依法设立的验资机构验资并出具证明。

第三十条 股东的首次出资经依法设立的验资机构验资后，由全体股东指定的代表或者共同委托的代理人向公司登记机关报送公司登记申请书、公司章程、验资证明等文件，申请设立登记。

第三十一条 有限责任公司成立后，发现作为设立公司出资的非货币财产的实际价额显著低于公司章程所定价额的，应当由交付该出资的股东补足其差额；公司设立时的其他股东承担连带责任。

第三十二条 有限责任公司成立后，应当向股东签发出资证明书。

出资证明书应当载明下列事项：

（一）公司名称；

（二）公司成立日期；

（三）公司注册资本；

（四）股东的姓名或者名称、缴纳的出资额和出资日期；

（五）出资证明书的编号和核发日期。

出资证明书由公司盖章。

第三十三条 有限责任公司应当置备股东名册，记载下列事项：

（一）股东的姓名或者名称及住所；

（二）股东的出资额；

（三）出资证明书编号。

记载于股东名册的股东，可以依股东名册主张行使股东权利。

公司应当将股东的姓名或者名称及其出资额向公司登记机关登记；登记事项发生变更的，应当办理变更登记。未经登记或者变更登记的，不得对抗第三人。

第三十四条 股东有权查阅、复制公司章程、股东会会议记录、董事会会议决议、监事会会议决议和财务会计报告。

股东可以要求查阅公司会计账簿。股东要求查阅公司会计账簿的，应当向公司提出书面请求，说明目的。公司有合理根据认为股东查阅会计账簿有不正当目的，可能损害公司合法利益的，可以拒绝提供查阅，并应当自股东提出书面请求之日起十五日内书面答复股东并说明理由。公司拒绝提供查阅的，股东可以请求人民法院要求公司提供查阅。

第三十五条 股东按照实缴的出资比例分取红利；公司新增资本时，股东有权优先按照实缴的出资比例认缴出资。但是，全体股东约定不按照出资比例分取红利或者不按照出资比例优先认缴出资的除外。

第三十六条 公司成立后，股东不得抽逃出资。

第二节 组织机构

第三十七条 有限责任公司股东会由全体股东组成。股东会是公司的权力机构，依照本法行使职权。

第三十八条 股东会行使下列职权：

（一）决定公司的经营方针和投资计划；

（二）选举和更换非由职工代表担任的董事、监事，决定有关董事、监事的报酬事项；

（三）审议批准董事会的报告；

（四）审议批准监事会或者监事的报告；

（五）审议批准公司的年度财务预算方案、决算方案；

（六）审议批准公司的利润分配方案和弥补亏损方案；

（七）对公司增加或者减少注册资本作出决议；

（八）对发行公司债券作出决议；

（九）对公司合并、分立、解散、清算或者变更公司形式作出决议；

（十）修改公司章程；

（十一）公司章程规定的其他职权。

对前款所列事项股东以书面形式一致表示同意的，可以不召开股东会会议，直接作出决定，并由全体股东在决定文件上签名、盖章。

第三十九条　首次股东会会议由出资最多的股东召集和主持，依照本法规定行使职权。

第四十条　股东会会议分为定期会议和临时会议。

定期会议应当依照公司章程的规定按时召开。代表十分之一以上表决权的股东，三分之一以上的董事，监事会或者不设监事会的公司的监事提议召开临时会议的，应当召开临时会议。

第四十一条　有限责任公司设立董事会的，股东会会议由董事会召集，董事长主持；董事长不能履行职务或者不履行职务的，由副董事长主持；副董事长不能履行职务或者不履行职务的，由半数以上董事共同推举一名董事主持。

有限责任公司不设董事会的，股东会会议由执行董事召集和主持。

董事会或者执行董事不能履行或者不履行召集股东会会议职责的，由监事会或者不设监事会的公司的监事召集和主持；监事会或者监事不召集和主持的，代表十分之一以上表决权的股东可以自行召集和主持。

第四十二条　召开股东会会议，应当于会议召开十五日前通知全体股东；但是，公司章程另有规定或者全体股东另有约定的除外。

股东会应当对所议事项的决定作成会议记录，出席会议的股东应当在会议记录上签名。

第四十三条　股东会会议由股东按照出资比例行使表决权；但是，公司章程另有规定的除外。

第四十四条　股东会的议事方式和表决程序，除本法有规定的外，由公司章程规定。

股东会会议作出修改公司章程、增加或者减少注册资本的决议，以及公司合并、分立、解散或者变更公司形式的决议，必须经代表三分之二以上表决权的股东通过。

第四十五条　有限责任公司设董事会，其成员为三人至十三人；但是，本法第五十一条另有规定的除外。

两个以上的国有企业或者两个以上的其他国有投资主体投资设立的有限责任公司，其董事会成员中应当有公司职工代表；其他有限责任公司董事会成员中可以有公司职工代表。董事会中的职工代表由公司职工通过职工代表大会、职工大会或者其他形式民主选举产生。

董事会设董事长一人，可以设副董事长。董事长、副董事长的产生办法由公司章程规定。

第四十六条　董事任期由公司章程规定，但每届任期不得超过三年。董事任期届满，连选可以连任。

董事任期届满未及时改选，或者董事在任期内辞职导致董事会成员低于法定人数的，在改选出的董事就任前，原董事仍应当依照法律、行政法规和公司章程的规定，履行董事职务。

第四十七条　董事会对股东会负责，行使下列职权：

（一）召集股东会会议，并向股东会报告工作；

（二）执行股东会的决议；

（三）决定公司的经营计划和投资方案；

（四）制订公司的年度财务预算方案、决算方案；

（五）制订公司的利润分配方案和弥补亏损方案；

（六）制订公司增加或者减少注册资本以及发行公司债券的方案；

（七）制订公司合并、分立、解散或者变更公司形式的方案；

（八）决定公司内部管理机构的设置；

（九）决定聘任或者解聘公司经理及其报酬事项，并根据经理的提名决定聘任或者解聘公司副经理、财务负责人及其报酬事项；

（十）制定公司的基本管理制度；

（十一）公司章程规定的其他职权。

第四十八条 董事会会议由董事长召集和主持；董事长不能履行职务或者不履行职务的，由副董事长召集和主持；副董事长不能履行职务或者不履行职务的，由半数以上董事共同推举一名董事召集和主持。

第四十九条 董事会的议事方式和表决程序，除本法有规定的外，由公司章程规定。

董事会应当对所议事项的决定作成会议记录，出席会议的董事应当在会议记录上签名。

董事会决议的表决，实行一人一票。

第五十条 有限责任公司可以设经理，由董事会决定聘任或者解聘。经理对董事会负责，行使下列职权：

（一）主持公司的生产经营管理工作，组织实施董事会决议；

（二）组织实施公司年度经营计划和投资方案；

（三）拟订公司内部管理机构设置方案；

（四）拟订公司的基本管理制度；

（五）制定公司的具体规章；

（六）提请聘任或者解聘公司副经理、财务负责人；

（七）决定聘任或者解聘除应由董事会决定聘任或者解聘以外的负责管理人员；

（八）董事会授予的其他职权。

公司章程对经理职权另有规定的，从其规定。

经理列席董事会会议。

第五十一条 股东人数较少或者规模较小的有限责任公司，可以设一名执行董事，不设董事会。执行董事可以兼任公司经理。

执行董事的职权由公司章程规定。

第五十二条 有限责任公司设监事会，其成员不得少于三人。股东人数较少或者规模较小的有限责任公司，可以设一至二名监事，不设监事会。

监事会应当包括股东代表和适当比例的公司职工代表，其中职工代表的比例不得低于三分之一，具体比例由公司章程规定。监事会中的职工代表由公司职工通过职工代表大会、职工大会或者其他形式民主选举产生。

监事会设主席一人，由全体监事过半数选举产生。监事会主席召集和主持监事会会议；监事会主席不能履行职务或者不履行职务的，由半数以上监事共同推举一名监事召集和主持监事会会议。

董事、高级管理人员不得兼任监事。

第五十三条 监事的任期每届为三年。监事任期届满，连选可以连任。

监事任期届满未及时改选，或者监事在任期内辞职导致监事会成员低于法定人数的，在改选出的监事就任前，原监事仍应当依照法律、行政法规和公司章程的规定，履行监事职务。

第五十四条 监事会、不设监事会的公司的监事行使下列职权：

（一）检查公司财务；

（二）对董事、高级管理人员执行公司职务的行为进行监督，对违反法律、行政法规、公司章程或者股东会决议的董事、高级管理人员提出罢免的建议；

（三）当董事、高级管理人员的行为损害公司的利益时，要求董事、高级管理人员予以纠正；

（四）提议召开临时股东会会议，在董事会不履行本法规定的召集和主持股东会会议职责时召集和主持股东会会议；

（五）向股东会会议提出提案；

（六）依照本法第一百五十二条的规定，对董事、高级管理人员提起诉讼；

（七）公司章程规定的其他职权。

第五十五条 监事可以列席董事会会议，并对董事会决议事项提出质询或者建议。

监事会、不设监事会的公司的监事发现公司经营情况异常，可以进行调查；必要时，可以聘请会计师事务所等协助其工作，费用由公司承担。

第五十六条 监事会每年度至少召开一次会议，监事可以提议召开临时监事会会议。

监事会的议事方式和表决程序，除本法有规定的外，由公司章程规定。

监事会决议应当经半数以上监事通过。

监事会应当对所议事项的决定作成会议记录，出席会议的监事应当在会议记录上签名。

第五十七条 监事会、不设监事会的公司的监事行使职权所必需的费用，由公司承担。

第三节　一人有限责任公司的特别规定

第五十八条 一人有限责任公司的设立和组织机构，适用本节规定；本节没有规定的，适用本章第一节、第二节的规定。

本法所称一人有限责任公司，是指只有一个自然人股东或者一个法人股东的有限责任公司。

第五十九条 一人有限责任公司的注册资本最低限额为人民币十万元。股东应当一次足额缴纳公司章程规定的出资额。

一个自然人只能投资设立一个一人有限责任公司。该一人有限责任公司不能投资设立新的一人有限责任公司。

第六十条 一人有限责任公司应当在公司登记中注明自然人独资或者法人独资，并在公司营业执照中载明。

第六十一条 一人有限责任公司章程由股东制定。

第六十二条 一人有限责任公司不设股东会。股东作出本法第三十八条第一款所列决定时，应当采用书面形式，并由股东签名后置备于公司。

第六十三条 一人有限责任公司应当在每一会计年度终了时编制财务会计报告，并经会计师事务所审计。

第六十四条 一人有限责任公司的股东不能证明公司财产独立于股东自己的财产的，应当对公司债务承担连带责任。

第四节　国有独资公司的特别规定

第六十五条 国有独资公司的设立和组织机构，适用本节规定；本节没有规定的，适用本章第一节、第二节的规定。

本法所称国有独资公司，是指国家单独出资、由国务院或者地方人民政府授权本级人民政府国有资产监督管理机构履行出资人职责的有限责任公司。

第六十六条　国有独资公司章程由国有资产监督管理机构制定，或者由董事会制订报国有资产监督管理机构批准。

第六十七条　国有独资公司不设股东会，由国有资产监督管理机构行使股东会职权。国有资产监督管理机构可以授权公司董事会行使股东会的部分职权，决定公司的重大事项，但公司的合并、分立、解散、增加或者减少注册资本和发行公司债券，必须由国有资产监督管理机构决定；其中，重要的国有独资公司合并、分立、解散、申请破产的，应当由国有资产监督管理机构审核后，报本级人民政府批准。

前款所称重要的国有独资公司，按照国务院的规定确定。

第六十八条　国有独资公司设董事会，依照本法第四十七条、第六十七条的规定行使职权。董事每届任期不得超过三年。董事会成员中应当有公司职工代表。

董事会成员由国有资产监督管理机构委派；但是，董事会成员中的职工代表由公司职工代表大会选举产生。

董事会设董事长一人，可以设副董事长。董事长、副董事长由国有资产监督管理机构从董事会成员中指定。

第六十九条　国有独资公司设经理，由董事会聘任或者解聘。经理依照本法第五十条规定行使职权。

经国有资产监督管理机构同意，董事会成员可以兼任经理。

第七十条　国有独资公司的董事长、副董事长、董事、高级管理人员，未经国有资产监督管理机构同意，不得在其他有限责任公司、股份有限公司或者其他经济组织兼职。

第七十一条　国有独资公司监事会成员不得少于五人，其中职工代表的比例不得低于三分之一，具体比例由公司章程规定。

监事会成员由国有资产监督管理机构委派；但是，监事会成员中的职工代表由公司职工代表大会选举产生。监事会主席由国有资产监督管理机构从监事会成员中指定。

监事会行使本法第五十四条第（一）项至第（三）项规定的职权和国务院规定的其他职权。

第三章　有限责任公司的股权转让

第七十二条　有限责任公司的股东之间可以相互转让其全部或者部分股权。

股东向股东以外的人转让股权，应当经其他股东过半数同意。股东应就其股权转让事项书面通知其他股东征求同意，其他股东自接到书面通知之日起满三十日未答复的，视为同意转让。其他股东半数以上不同意转让的，不同意的股东应当购买该转让的股权；不购买的，视为同意转让。

经股东同意转让的股权，在同等条件下，其他股东有优先购买权。两个以上股东主张行使优先购买权的，协商确定各自的购买比例；协商不成的，按照转让时各自的出资比例行使优先购买权。

公司章程对股权转让另有规定的，从其规定。

第七十三条　人民法院依照法律规定的强制执行程序转让股东的股权时，应当通知公司及全体股东，其他股东在同等条件下有优先购买权。其他股东自人民法院通知之日起满二十日不行使优先购买权的，视为放弃优先购买权。

第七十四条　依照本法第七十二条、第七十三条转让股权后，公司应当注销原股东的出资证明书，向新股东签发出资证明书，并相应修改公司章程和股东名册中有关股东及其出资额的记载。对公司章程的该项修改不需再由股东会表决。

第七十五条　有下列情形之一的，对股东会该项决议投反对票的股东可以请求公司按照合理的价格收购其股权：

（一）公司连续五年不向股东分配利润，而公司该五年连续盈利，并且符合本法规定的分配利润条件的；

（二）公司合并、分立、转让主要财产的；

（三）公司章程规定的营业期限届满或者章程规定的其他解散事由出现，股东会会议通过决议修改章程使公司存续的。

自股东会会议决议通过之日起六十日内，股东与公司不能达成股权收购协议的，股东可以自股东会会议决议通过之日起九十日内向人民法院提起诉讼。

第七十六条 自然人股东死亡后，其合法继承人可以继承股东资格；但是，公司章程另有规定的除外。

第四章 股份有限公司的设立和组织机构

第一节 设 立

第七十七条 设立股份有限公司，应当具备下列条件：

（一）发起人符合法定人数；

（二）发起人认购和募集的股本达到法定资本最低限额；

（三）股份发行、筹办事项符合法律规定；

（四）发起人制订公司章程，采用募集方式设立的经创立大会通过；

（五）有公司名称，建立符合股份有限公司要求的组织机构；

（六）有公司住所。

第七十八条 股份有限公司的设立，可以采取发起设立或者募集设立的方式。

发起设立，是指由发起人认购公司应发行的全部股份而设立公司。

募集设立，是指由发起人认购公司应发行股份的一部分，其余股份向社会公开募集或者向特定对象募集而设立公司。

第七十九条 设立股份有限公司，应当有二人以上二百人以下为发起人，其中须有半数以上的发起人在中国境内有住所。

第八十条 股份有限公司发起人承担公司筹办事务。

发起人应当签订发起人协议，明确各自在公司设立过程中的权利和义务。

第八十一条 股份有限公司采取发起设立方式设立的，注册资本为在公司登记机关登记的全体发起人认购的股本总额。公司全体发起人的首次出资额不得低于注册资本的百分之二十，其余部分由发起人自公司成立之日起两年内缴足；其中，投资公司可以在五年内缴足。在缴足前，不得向他人募集股份。

股份有限公司采取募集方式设立的，注册资本为在公司登记机关登记的实收股本总额。

股份有限公司注册资本的最低限额为人民币五百万元。法律、行政法规对股份有限公司注册资本的最低限额有较高规定的，从其规定。

第八十二条 股份有限公司章程应当载明下列事项：

（一）公司名称和住所；

（二）公司经营范围；

（三）公司设立方式；

（四）公司股份总数、每股金额和注册资本；

（五）发起人的姓名或者名称、认购的股份数、出资方式和出资时间；

（六）董事会的组成、职权和议事规则；

（七）公司法定代表人；

（八）监事会的组成、职权和议事规则；

（九）公司利润分配办法；

（十）公司的解散事由与清算办法；

（十一）公司的通知和公告办法；

（十二）股东大会会议认为需要规定的其他事项。

第八十三条 发起人的出资方式，适用本法第二十七条的规定。

第八十四条 以发起设立方式设立股份有限公司的，发起人应当书面认足公司章程规定其认购的股份；一次缴纳的，应即缴纳全部出资；分期缴纳的，应即缴纳首期出资。以非货币财产出资的，应当依法办理其财产权的转移手续。

发起人不依照前款规定缴纳出资的，应当按照发起人协议承担违约责任。

发起人首次缴纳出资后，应当选举董事会和监事会，由董事会向公司登记机关报送公司章程、由依法设定的验资机构出具的验资证明以及法律、行政法规规定的其他文件，申请设立登记。

第八十五条 以募集设立方式设立股份有限公司的，发起人认购的股份不得少于公司股份总数的百分之三十五；但是，法律、行政法规另有规定的，从其规定。

第八十六条 发起人向社会公开募集股份，必须公告招股说明书，并制作认股书。认股书应当载明本法第八十七条所列事项，由认股人填写认购股数、金额、住所，并签名、盖章。认股人按照所认购股数缴纳股款。

第八十七条 招股说明书应当附有发起人制订的公司章程，并载明下列事项：

（一）发起人认购的股份数；

（二）每股的票面金额和发行价格；

（三）无记名股票的发行总数；

（四）募集资金的用途；

（五）认股人的权利、义务；

（六）本次募股的起止期限及逾期未募足时认股人可以撤回所认股份的说明。

第八十八条 发起人向社会公开募集股份，应当由依法设立的证券公司承销，签订承销协议。

第八十九条 发起人向社会公开募集股份，应当同银行签订代收股款协议。

代收股款的银行应当按照协议代收和保存股款，向缴纳股款的认股人出具收款单据，并负有向有关部门出具收款证明的义务。

第九十条 发行股份的股款缴足后，必须经依法设立的验资机构验资并出具证明。发起人应当自股款缴足之日起三十日内主持召开公司创立大会。创立大会由发起人、认股人组成。

发行的股份超过招股说明书规定的截止期限尚未募足的，或者发行股份的股款缴足后，发起人在三十日内未召开创立大会的，认股人可以按照所缴股款并加算银行同期存款利息，要求发起人返还。

第九十一条 发起人应当在创立大会召开十五日前将会议日期通知各认股人或者予以公告。创立大会应有代表股份总数过半数的发起人、认股人出席，方可举行。

创立大会行使下列职权：

（一）审议发起人关于公司筹办情况的报告；

（二）通过公司章程；

（三）选举董事会成员；

（四）选举监事会成员；

（五）对公司的设立费用进行审核；

（六）对发起人用于抵作股款的财产的作价进行审核；

（七）发生不可抗力或者经营条件发生重大变化直接影响公司设立的，可以作出不设立公司的决议。

创立大会对前款所列事项作出决议，必须经出席会议的认股人所持表决权过半数通过。

第九十二条 发起人、认股人缴纳股款或者交付抵作股款的出资后，除未按期募足股份、发起人未按期召开创立大会或者创立大会决议不设立公司的情形外，不得抽回其股本。

第九十三条 董事会应于创立大会结束后三十日内，向公司登记机关报送下列文件，申请设立登记：

（一）公司登记申请书；

（二）创立大会的会议记录；

（三）公司章程；

（四）验资证明；

（五）法定代表人、董事、监事的任职文件及其身份证明；

（六）发起人的法人资格证明或者自然人身份证明；

（七）公司住所证明。

以募集方式设立股份有限公司公开发行股票的，还应当向公司登记机关报送国务院证券监督管理机构的核准文件。

第九十四条 股份有限公司成立后，发起人未按照公司章程的规定缴足出资的，应当补缴；其他发起人承担连带责任。

股份有限公司成立后，发现作为设立公司出资的非货币财产的实际价额显著低于公司章程所定价额的，应当由交付该出资的发起人补足其差额；其他发起人承担连带责任。

第九十五条 股份有限公司的发起人应当承担下列责任：

（一）公司不能成立时，对设立行为所产生的债务和费用负连带责任；

（二）公司不能成立时，对认股人已缴纳的股款，负返还股款并加算银行同期存款利息的连带责任；

（三）在公司设立过程中，由于发起人的过失致使公司利益受到损害的，应当对公司承担赔偿责任。

第九十六条 有限责任公司变更为股份有限公司时，折合的实收股本总额不得高于公司净资产额。有限责任公司变更为股份有限公司，为增加资本公开发行股份时，应当依法办理。

第九十七条 股份有限公司应当将公司章程、股东名册、公司债券存根、股东大会会议记录、董事会会议记录、监事会会议记录、财务会计报告置备于本公司。

第九十八条 股东有权查阅公司章程、股东名册、公司债券存根、股东大会会议记录、董事会会议决议、监事会会议决议、财务会计报告，对公司的经营提出建议或者质询。

第二节 股东大会

第九十九条 股份有限公司股东大会由全体股东组成。股东大会是公司的权力机构，依照本法行使职权。

第一百条 本法第三十八条第一款关于有限责任公司股东会职权的规定，适用于股份有限公司股东大会。

第一百零一条 股东大会应当每年召开一次年会。有下列情形之一的，应当在两个月内召开临时股东大会：

（一）董事人数不足本法规定人数或者公司章程所定人数的三分之二时；

（二）公司未弥补的亏损达实收股本总额三分之一时；

（三）单独或者合计持有公司百分之十以上股份的股东请求时；

（四）董事会认为必要时；

（五）监事会提议召开时；

（六）公司章程规定的其他情形。

第一百零二条 股东大会会议由董事会召集，董事长主持；董事长不能履行职务或者不履行职务的，由副董事长主持；副董事长不能履行职务或者不履行职务的，由半数以上董事共同推举一名董事主持。

董事会不能履行或者不履行召集股东大会会议职责的，监事会应当及时召集和主持；监事会不召集和主持的，连续九十日以上单独或者合计持有公司百分之十以上股份的股东可以自行召集和主持。

第一百零三条 召开股东大会会议，应当将会议召开的时间、地点和审议的事项于会议召开二十日前通知各股东；临时股东大会应当于会议召开十五日前通知各股东；发行无记名股票的，应当于会议召开三十日前公告会议召开的时间、地点和审议事项。

单独或者合计持有公司百分之三以上股份的股东，可以在股东大会召开十日前提出临时提案并书面提交董事会；董事会应当在收到提案后二日内通知其他股东，并将该临时提案提交股东大会审议。临时提案的内容应当属于股东大会职权范围，并有明确议题和具体决议事项。

股东大会不得对前两款通知中未列明的事项作出决议。

无记名股票持有人出席股东大会会议的，应当于会议召开五日前至股东大会闭会时将股票交存于公司。

第一百零四条 股东出席股东大会会议，所持每一股份有一表决权。但是，公司持有的本公司股份没有表决权。

股东大会作出决议，必须经出席会议的股东所持表决权过半数通过。但是，股东大会作出修改公司章程、增加或者减少注册资本的决议，以及公司合并、分立、解散或者变更公司形式的决议，必须经出席会议的股东所持表决权的三分之二以上通过。

第一百零五条 本法和公司章程规定公司转让、受让重大资产或者对外提供担保等事项必须经股东大会作出决议的，董事会应当及时召集股东大会会议，由股东大会就上述事项进行表决。

第一百零六条 股东大会选举董事、监事，可以依照公司章程的规定或者股东大会的决议，实行累积投票制。

本法所称累积投票制，是指股东大会选举董事或者监事时，每一股份拥有与应选董事或者监事人数相同的表决权，股东拥有的表决权可以集中使用。

第一百零七条 股东可以委托代理人出席股东大会会议，代理人应当向公司提交股东授权委托书，并在授权范围内行使表决权。

第一百零八条 股东大会应当对所议事项的决定作成会议记录，主持人、出席会议的董事应当在会议记录上签名。会议记录应当与出席股东的签名册及代理出席的委托书一并保存。

第三节 董事会、经理

第一百零九条 股份有限公司设董事会，其成员为五人至十九人。

董事会成员中可以有公司职工代表。董事会中的职工代表由公司职工通过职工代表大会、职工大会或者其他形式民主选举产生。

本法第四十六条关于有限责任公司董事任期的规定，适用于股份有限公司董事。

本法第四十七条关于有限责任公司董事会职权的规定，适用于股份有限公司董事会。

第一百一十条 董事会设董事长一人，可以设副董事长。董事长和副董事长由董事会以全体董事的过半数选举产生。

董事长召集和主持董事会会议，检查董事会决议的实施情况。副董事长协助董事长工作，董事长不能履行职务或者不履行职务的，由副董事长履行职务；副董事长不能履行职务或者不履行职务的，由半数以上董事共同推举一名董事履行职务。

第一百一十一条 董事会每年度至少召开两次会议，每次会议应当于会议召开十日前通知全体董事和监事。

代表十分之一以上表决权的股东、三分之一以上董事或者监事会，可以提议召开董事会临时会议。董事长应当自接到提议后十日内，召集和主持董事会会议。

董事会召开临时会议，可以另定召集董事会的通知方式和通知时限。

第一百一十二条 董事会会议应有过半数的董事出席方可举行。董事会作出决议，必须经全体董事的过半数通过。

董事会决议的表决，实行一人一票。

第一百一十三条 董事会会议，应由董事本人出席；董事因故不能出席，可以书面委托其他董事代为出席，委托书中应载明授权范围。

董事会应当对会议所议事项的决定作成会议记录，出席会议的董事应当在会议记录上签名。

董事应当对董事会的决议承担责任。董事会的决议违反法律、行政法规或者公司章程、股东大会决议，致使公司遭受严重损失的，参与决议的董事对公司负赔偿责任。但经证明在表决时曾表明异议并记载于会议记录的，该董事可以免除责任。

第一百一十四条 股份有限公司设经理，由董事会决定聘任或者解聘。

本法第五十条关于有限责任公司经理职权的规定，适用于股份有限公司经理。

第一百一十五条 公司董事会可以决定由董事会成员兼任经理。

第一百一十六条 公司不得直接或者通过子公司向董事、监事、高级管理人员提供借款。

第一百一十七条 公司应当定期向股东披露董事、监事、高级管理人员从公司获得报酬的情况。

第四节 监事会

第一百一十八条 股份有限公司设监事会，其成员不得少于三人。

监事会应当包括股东代表和适当比例的公司职工代表，其中职工代表的比例不得低于三分之一，具体比例由公司章程规定。监事会中的职工代表由公司职工通过职工代表大会、职工大会或者其他形式民主选举产生。

监事会设主席一人，可以设副主席。监事会主席和副主席由全体监事过半数选举产生。监事会主席召集和主持监事会会议；监事会主席不能履行职务或者不履行职务的，由监事会副主席召集和主持监事会会议；监事会副主席不能履行职务或者不履行职务的，由半数以上监事共同推举一名监事召集和主持监事会会议。

董事、高级管理人员不得兼任监事。

本法第五十三条关于有限责任公司监事任期的规定，适用于股份有限公司监事。

第一百一十九条 本法第五十四条、第五十五条关于有限责任公司监事会职权的规定，适用于股份有限公司监事会。

监事会行使职权所必需的费用，由公司承担。

第一百二十条 监事会每六个月至少召开一次会议。监事可以提议召开临时监事会会议。

监事会的议事方式和表决程序，除本法有规定的外，由公司章程规定。

监事会决议应当经半数以上监事通过。

监事会应当对所议事项的决定作成会议记录，出席会议的监事应当在会议记录上签名。

第五节 上市公司组织机构的特别规定

第一百二十一条 本法所称上市公司，是指其股票在证券交易所上市交易的股份有限公司。

第一百二十二条 上市公司在一年内购买、出售重大资产或者担保金额超过公司资产总额百分之三十的，应当由股东大会作出决议，并经出席会议的股东所持表决权的三分之二以上通过。

第一百二十三条 上市公司设立独立董事，具体办法由国务院规定。

第一百二十四条 上市公司设董事会秘书，负责公司股东大会和董事会会议的筹备、文件保管以及公司股东资料的管理，办理信息披露事务等事宜。

第一百二十五条 上市公司董事与董事会会议决议事项所涉及的企业有关联关系的，不得对该项决议行使表决权，也不得代理其他董事行使表决权。该董事会会议由过半数的无关联关系董事出席即可举行，董事会会议所作决议须经无关联关系董事过半数通过。出席董事会的无关联关系董事人数不足三人的，应将该事项提交上市公司股东大会审议。

第五章 股份有限公司的股份发行和转让

第一节 股份发行

第一百二十六条 股份有限公司的资本划分为股份，每一股的金额相等。

公司的股份采取股票的形式。股票是公司签发的证明股东所持股份的凭证。

第一百二十七条 股份的发行，实行公平、公正的原则，同种类的每一股份应当具有同等权利。

同次发行的同种类股票，每股的发行条件和价格应当相同；任何单位或者个人所认购的股份，每股应当支付相同价额。

第一百二十八条 股票发行价格可以按票面金额，也可以超过票面金额，但不得低于票面金额。

第一百二十九条 股票采用纸面形式或者国务院证券监督管理机构规定的其他形式。

股票应当载明下列主要事项：

（一）公司名称；

（二）公司成立日期；

（三）股票种类、票面金额及代表的股份数；

（四）股票的编号。

股票由法定代表人签名，公司盖章。

发起人的股票，应当标明发起人股票字样。

第一百三十条 公司发行的股票，可以为记名股票，也可以为无记名股票。

公司向发起人、法人发行的股票，应当为记名股票，并应当记载该发起人、法人的名称或者姓名，不得另立户名或者以代表人姓名记名。

第一百三十一条 公司发行记名股票的，应当置备股东名册，记载下列事项：

（一）股东的姓名或者名称及住所；

（二）各股东所持股份数；

（三）各股东所持股票的编号；

（四）各股东取得股份的日期。

发行无记名股票的，公司应当记载其股票数量、编号及发行日期。

第一百三十二条 国务院可以对公司发行本法规定以外的其他种类的股份，另行作出规定。

第一百三十三条 股份有限公司成立后，即向股东正式交付股票。公司成立前不得向股东交付股票。

第一百三十四条 公司发行新股，股东大会应当对下列事项作出决议：

（一）新股种类及数额；

（二）新股发行价格；

（三）新股发行的起止日期；

（四）向原有股东发行新股的种类及数额。

第一百三十五条 公司经国务院证券监督管理机构核准公开发行新股时，必须公告新股招股说明书和财务会计报告，并制作认股书。

本法第八十八条、第八十九条的规定适用于公司公开发行新股。

第一百三十六条 公司发行新股，可以根据公司经营情况和财务状况，确定其作价方案。

第一百三十七条 公司发行新股募足股款后，必须向公司登记机关办理变更登记，并公告。

第二节　股份转让

第一百三十八条 股东持有的股份可以依法转让。

第一百三十九条 股东转让其股份，应当在依法设立的证券交易场所进行或者按照国务院规定的其他方式进行。

第一百四十条 记名股票，由股东以背书方式或者法律、行政法规规定的其他方式转让；转让后由公司将受让人的姓名或者名称及住所记载于股东名册。

股东大会召开前二十日内或者公司决定分配股利的基准日前五日内，不得进行前款规定的股东名册的变更登记。但是，法律对上市公司股东名册变更登记另有规定的，从其规定。

第一百四十一条 无记名股票的转让，由股东将该股票交付给受让人后即发生转让的效力。

第一百四十二条 发起人持有的本公司股份，自公司成立之日起一年内不得转让。公司公开发行股份前已发行的股份，自公司股票在证券交易所上市交易之日起一年内不得转让。

公司董事、监事、高级管理人员应当向公司申报所持有的本公司的股份及其变动情况，在任职期间每年转让的股份不得超过其所持有本公司股份总数的百分之二十五；所持本公司股份自公司股票上市交易之日起一年内不得转让。上述人员离职后半年内，不得转让其所持有的本公司股份。公司章程可以对公司董事、监事、高级管理人员转让其所持有的本公司股份作出其他限制性规定。

第一百四十三条 公司不得收购本公司股份。但是，有下列情形之一的除外：

（一）减少公司注册资本；

（二）与持有本公司股份的其他公司合并；

（三）将股份奖励给本公司职工；

（四）股东因对股东大会作出的公司合并、分立决议持异议，要求公司收购其股份的。

公司因前款第（一）项至第（三）项的原因收购本公司股份的，应当经股东大会决议。公司依照前款规定收购本公司股份后，属于第（一）项情形的，应当自收购之日起十日内注销；属于第（二）项、第（四）项情形的，应当在六个月内转让或者注销。

公司依照第一款第（三）项规定收购的本公司股份，不得超过本公司已发行股份总额的百分之五；用于收购的资金应当从公司的税后利润中支出；所收购的股份应当在一年内转让给职工。

公司不得接受本公司的股票作为质押权的标的。

第一百四十四条　记名股票被盗、遗失或者灭失，股东可以依照《中华人民共和国民事诉讼法》规定的公示催告程序，请求人民法院宣告该股票失效。人民法院宣告该股票失效后，股东可以向公司申请补发股票。

第一百四十五条　上市公司的股票，依照有关法律、行政法规及证券交易所交易规则上市交易。

第一百四十六条　上市公司必须依照法律、行政法规的规定，公开其财务状况、经营情况及重大诉讼，在每会计年度内半年公布一次财务会计报告。

第六章　公司董事、监事、高级管理人员
的资格和义务

第一百四十七条　有下列情形之一的，不得担任公司的董事、监事、高级管理人员：

（一）无民事行为能力或者限制民事行为能力；

（二）因贪污、贿赂、侵占财产、挪用财产或者破坏社会主义市场经济秩序，被判处刑罚，执行期满未逾五年，或者因犯罪被剥夺政治权利，执行期满未逾五年；

（三）担任破产清算的公司、企业的董事或者厂长、经理，对该公司、企业的破产负有个人责任的，自该公司、企业破产清算完结之日起未逾三年；

（四）担任因违法被吊销营业执照、责令关闭的公司、企业的法定代表人，并负有个人责任的，自该公司、企业被吊销营业执照之日起未逾三年；

（五）个人所负数额较大的债务到期未清偿。

公司违反前款规定选举、委派董事、监事或者聘任高级管理人员的，该选举、委派或者聘任无效。

董事、监事、高级管理人员在任职期间出现本条第一款所列情形的，公司应当解除其职务。

第一百四十八条　董事、监事、高级管理人员应当遵守法律、行政法规和公司章程，对公司负有忠实义务和勤勉义务。

董事、监事、高级管理人员不得利用职权收受贿赂或者其他非法收入，不得侵占公司的财产。

第一百四十九条　董事、高级管理人员不得有下列行为：

（一）挪用公司资金；

（二）将公司资金以其个人名义或者以其他个人名义开立账户存储；

（三）违反公司章程的规定，未经股东会、股东大会或者董事会同意，将公司资金借贷给他人或者以公司财产为他人提供担保；

（四）违反公司章程的规定或者未经股东会、股东大会同意，与本公司订立合同或者进行交易；

（五）未经股东会或者股东大会同意，利用职务便利为自己或者他人谋取属于公司的商业机会，自营或者为他人经营与所任职公司同类的业务；

（六）接受他人与公司交易的佣金归为己有；

（七）擅自披露公司秘密；

（八）违反对公司忠实义务的其他行为。

董事、高级管理人员违反前款规定所得的收入应当归公司所有。

第一百五十条　董事、监事、高级管理人员执行公司职务时违反法律、行政法规或者公司章程的规定，给公司造成损失的，应当承担赔偿责任。

第一百五十一条　股东会或者股东大会要求董事、监事、高级管理人员列席会议的，董事、监事、高级管理人员应当列席并接受股东的质询。

董事、高级管理人员应当如实向监事会或者不设监事会的有限责任公司的监事提供有关情况和资

料，不得妨碍监事会或者监事行使职权。

第一百五十二条 董事、高级管理人员有本法第一百五十条规定的情形的，有限责任公司的股东、股份有限公司连续一百八十日以上单独或者合计持有公司百分之一以上股份的股东，可以书面请求监事会或者不设监事会的有限责任公司的监事向人民法院提起诉讼；监事有本法第一百五十条规定的情形的，前述股东可以书面请求董事会或者不设董事会的有限责任公司的执行董事向人民法院提起诉讼。

监事会、不设监事会的有限责任公司的监事，或者董事会、执行董事收到前款规定的股东书面请求后拒绝提起诉讼，或者自收到请求之日起三十日内未提起诉讼，或者情况紧急、不立即提起诉讼将会使公司利益受到难以弥补的损害的，前款规定的股东有权为了公司的利益以自己的名义直接向人民法院提起诉讼。

他人侵犯公司合法权益，给公司造成损失的，本条第一款规定的股东可以依照前两款的规定向人民法院提起诉讼。

第一百五十三条 董事、高级管理人员违反法律、行政法规或者公司章程的规定，损害股东利益的，股东可以向人民法院提起诉讼。

第七章　公司债券

第一百五十四条 本法所称公司债券，是指公司依照法定程序发行、约定在一定期限还本付息的有价证券。

公司发行公司债券应当符合《中华人民共和国证券法》规定的发行条件。

第一百五十五条 发行公司债券的申请经国务院授权的部门核准后，应当公告公司债券募集办法。

公司债券募集办法中应当载明下列主要事项：

（一）公司名称；

（二）债券募集资金的用途；

（三）债券总额和债券的票面金额；

（四）债券利率的确定方式；

（五）还本付息的期限和方式；

（六）债券担保情况；

（七）债券的发行价格、发行的起止日期；

（八）公司净资产额；

（九）已发行的尚未到期的公司债券总额；

（十）公司债券的承销机构。

第一百五十六条 公司以实物券方式发行公司债券的，必须在债券上载明公司名称、债券票面金额、利率、偿还期限等事项，并由法定代表人签名，公司盖章。

第一百五十七条 公司债券，可以为记名债券，也可以为无记名债券。

第一百五十八条 公司发行公司债券应当置备公司债券存根簿。

发行记名公司债券的，应当在公司债券存根簿上载明下列事项：

（一）债券持有人的姓名或者名称及住所；

（二）债券持有人取得债券的日期及债券的编号；

（三）债券总额，债券的票面金额、利率、还本付息的期限和方式；

（四）债券的发行日期。

发行无记名公司债券的，应当在公司债券存根簿上载明债券总额、利率、偿还期限和方式、发行日期及债券的编号。

第一百五十九条 记名公司债券的登记结算机构应当建立债券登记、存管、付息、兑付等相关制度。

第一百六十条 公司债券可以转让，转让价格由转让人与受让人约定。

公司债券在证券交易所上市交易的，按照证券交易所的交易规则转让。

第一百六十一条 记名公司债券，由债券持有人以背书方式或者法律、行政法规规定的其他方式转让；转让后由公司将受让人的姓名或者名称及住所记载于公司债券存根簿。

无记名公司债券的转让，由债券持有人将该债券交付给受让人后即发生转让的效力。

第一百六十二条 上市公司经股东大会决议可以发行可转换为股票的公司债券，并在公司债券募集办法中规定具体的转换办法。上市公司发行可转换为股票的公司债券，应当报国务院证券监督管理机构核准。

发行可转换为股票的公司债券，应当在债券上标明可转换公司债券字样，并在公司债券存根簿上载明可转换公司债券的数额。

第一百六十三条 发行可转换为股票的公司债券的，公司应当按照其转换办法向债券持有人换发股票，但债券持有人对转换股票或者不转换股票有选择权。

第八章 公司财务、会计

第一百六十四条 公司应当依照法律、行政法规和国务院财政部门的规定建立本公司的财务、会计制度。

第一百六十五条 公司应当在每一会计年度终了时编制财务会计报告，并依法经会计师事务所审计。

财务会计报告应当依照法律、行政法规和国务院财政部门的规定制作。

第一百六十六条 有限责任公司应当依照公司章程规定的期限将财务会计报告送交各股东。

股份有限公司的财务会计报告应当在召开股东大会年会的二十日前置备于本公司，供股东查阅；公开发行股票的股份有限公司必须公告其财务会计报告。

第一百六十七条 公司分配当年税后利润时，应当提取利润的百分之十列入公司法定公积金。公司法定公积金累计额为公司注册资本的百分之五十以上的，可以不再提取。

公司的法定公积金不足以弥补以前年度亏损的，在依照前款规定提取法定公积金之前，应当先用当年利润弥补亏损。

公司从税后利润中提取法定公积金后，经股东会或者股东大会决议，还可以从税后利润中提取任意公积金。

公司弥补亏损和提取公积金后所余税后利润，有限责任公司依照本法第三十五条的规定分配；股份有限公司按照股东持有的股份比例分配，但股份有限公司章程规定不按持股比例分配的除外。

股东会、股东大会或者董事会违反前款规定，在公司弥补亏损和提取法定公积金之前向股东分配利润的，股东必须将违反规定分配的利润退还公司。

公司持有的本公司股份不得分配利润。

第一百六十八条 股份有限公司以超过股票票面金额的发行价格发行股份所得的溢价款以及国务院财政部门规定列入资本公积金的其他收入，应当列为公司资本公积金。

第一百六十九条 公司的公积金用于弥补公司的亏损、扩大公司生产经营或者转为增加公司资本。但是，资本公积金不得用于弥补公司的亏损。

法定公积金转为资本时，所留存的该项公积金不得少于转增前公司注册资本的百分之二十五。

第一百七十条 公司聘用、解聘承办公司审计业务的会计师事务所，依照公司章程的规定，由股东会、股东大会或者董事会决定。

公司股东会、股东大会或者董事会就解聘会计师事务所进行表决时，应当允许会计师事务所陈述意见。

第一百七十一条 公司应当向聘用的会计师事务所提供真实、完整的会计凭证、会计账簿、财务会计报告及其他会计资料，不得拒绝、隐匿、谎报。

第一百七十二条 公司除法定的会计账簿外，不得另立会计账簿。

对公司资产，不得以任何个人名义开立账户存储。

第九章　公司合并、分立、增资、减资

第一百七十三条 公司合并可以采取吸收合并或者新设合并。

一个公司吸收其他公司为吸收合并，被吸收的公司解散。两个以上公司合并设立一个新的公司为新设合并，合并各方解散。

第一百七十四条 公司合并，应当由合并各方签订合并协议，并编制资产负债表及财产清单。公司应当自作出合并决议之日起十日内通知债权人，并于三十日内在报纸上公告。债权人自接到通知书之日起三十日内，未接到通知书的自公告之日起四十五日内，可以要求公司清偿债务或者提供相应的担保。

第一百七十五条 公司合并时，合并各方的债权、债务，应当由合并后存续的公司或者新设的公司承继。

第一百七十六条 公司分立，其财产作相应的分割。

公司分立，应当编制资产负债表及财产清单。公司应当自作出分立决议之日起十日内通知债权人，并于三十日内在报纸上公告。

第一百七十七条 公司分立前的债务由分立后的公司承担连带责任。但是，公司在分立前与债权人就债务清偿达成的书面协议另有约定的除外。

第一百七十八条 公司需要减少注册资本时，必须编制资产负债表及财产清单。

公司应当自作出减少注册资本决议之日起十日内通知债权人，并于三十日内在报纸上公告。债权人自接到通知书之日起三十日内，未接到通知书的自公告之日起四十五日内，有权要求公司清偿债务或者提供相应的担保。

公司减资后的注册资本不得低于法定的最低限额。

第一百七十九条 有限责任公司增加注册资本时，股东认缴新增资本的出资，依照本法设立有限责任公司缴纳出资的有关规定执行。

股份有限公司为增加注册资本发行新股时，股东认购新股，依照本法设立股份有限公司缴纳股款的有关规定执行。

第一百八十条 公司合并或者分立，登记事项发生变更的，应当依法向公司登记机关办理变更登记；公司解散的，应当依法办理公司注销登记；设立新公司的，应当依法办理公司设立登记。

公司增加或者减少注册资本，应当依法向公司登记机关办理变更登记。

第十章　公司解散和清算

第一百八十一条 公司因下列原因解散：

（一）公司章程规定的营业期限届满或者公司章程规定的其他解散事由出现；

（二）股东会或者股东大会决议解散；

（三）因公司合并或者分立需要解散；

（四）依法被吊销营业执照、责令关闭或者被撤销；

（五）人民法院依照本法第一百八十三条的规定予以解散。

第一百八十二条 公司有本法第一百八十一条第（一）项情形的，可以通过修改公司章程而存续。

依照前款规定修改公司章程，有限责任公司须经持有三分之二以上表决权的股东通过，股份有限公司须经出席股东大会会议的股东所持表决权的三分之二以上通过。

第一百八十三条 公司经营管理发生严重困难，继续存续会使股东利益受到重大损失，通过其他途径不能解决的，持有公司全部股东表决权百分之十以上的股东，可以请求人民法院解散公司。

第一百八十四条 公司因本法第一百八十一条第（一）项、第（二）项、第（四）项、第（五）项规定而解散的，应当在解散事由出现之日起十五日内成立清算组，开始清算。有限责任公司的清算组由股东组成，股份有限公司的清算组由董事或者股东大会确定的人员组成。逾期不成立清算组进行清算的，债权人可以申请人民法院指定有关人员组成清算组进行清算。人民法院应当受理该申请，并及时组织清算组进行清算。

第一百八十五条 清算组在清算期间行使下列职权：

（一）清理公司财产，分别编制资产负债表和财产清单；

（二）通知、公告债权人；

（三）处理与清算有关的公司未了结的业务；

（四）清缴所欠税款以及清算过程中产生的税款；

（五）清理债权、债务；

（六）处理公司清偿债务后的剩余财产；

（七）代表公司参与民事诉讼活动。

第一百八十六条 清算组应当自成立之日起十日内通知债权人，并于六十日内在报纸上公告。债权人应当自接到通知书之日起三十日内，未接到通知书的自公告之日起四十五日内，向清算组申报其债权。

债权人申报债权，应当说明债权的有关事项，并提供证明材料。清算组应当对债权进行登记。

在申报债权期间，清算组不得对债权人进行清偿。

第一百八十七条 清算组在清理公司财产、编制资产负债表和财产清单后，应当制定清算方案，并报股东会、股东大会或者人民法院确认。

公司财产在分别支付清算费用、职工的工资、社会保险费用和法定补偿金，缴纳所欠税款，清偿公司债务后的剩余财产，有限责任公司按照股东的出资比例分配，股份有限公司按照股东持有的股份比例分配。

清算期间，公司存续，但不得开展与清算无关的经营活动。公司财产在未依照前款规定清偿前，不得分配给股东。

第一百八十八条 清算组在清理公司财产、编制资产负债表和财产清单后，发现公司财产不足清偿债务的，应当依法向人民法院申请宣告破产。

公司经人民法院裁定宣告破产后，清算组应当将清算事务移交给人民法院。

第一百八十九条 公司清算结束后，清算组应当制作清算报告，报股东会、股东大会或者人民法院确认，并报送公司登记机关，申请注销公司登记，公告公司终止。

第一百九十条 清算组成员应当忠于职守，依法履行清算义务。

清算组成员不得利用职权收受贿赂或者其他非法收入，不得侵占公司财产。

清算组成员因故意或者重大过失给公司或者债权人造成损失的，应当承担赔偿责任。

第一百九十一条 公司被依法宣告破产的，依照有关企业破产的法律实施破产清算。

第十一章　外国公司的分支机构

第一百九十二条　本法所称外国公司是指依照外国法律在中国境外设立的公司。

第一百九十三条　外国公司在中国境内设立分支机构，必须向中国主管机关提出申请，并提交其公司章程、所属国的公司登记证书等有关文件，经批准后，向公司登记机关依法办理登记，领取营业执照。

外国公司分支机构的审批办法由国务院另行规定。

第一百九十四条　外国公司在中国境内设立分支机构，必须在中国境内指定负责该分支机构的代表人或者代理人，并向该分支机构拨付与其所从事的经营活动相适应的资金。

对外国公司分支机构的经营资金需要规定最低限额的，由国务院另行规定。

第一百九十五条　外国公司的分支机构应当在其名称中标明该外国公司的国籍及责任形式。

外国公司的分支机构应当在本机构中置备该外国公司章程。

第一百九十六条　外国公司在中国境内设立的分支机构不具有中国法人资格。

外国公司对其分支机构在中国境内进行经营活动承担民事责任。

第一百九十七条　经批准设立的外国公司分支机构，在中国境内从事业务活动，必须遵守中国的法律，不得损害中国的社会公共利益，其合法权益受中国法律保护。

第一百九十八条　外国公司撤销其在中国境内的分支机构时，必须依法清偿债务，依照本法有关公司清算程序的规定进行清算。未清偿债务之前，不得将其分支机构的财产移至中国境外。

第十二章　法律责任

第一百九十九条　违反本法规定，虚报注册资本、提交虚假材料或者采取其他欺诈手段隐瞒重要事实取得公司登记的，由公司登记机关责令改正，对虚报注册资本的公司，处以虚报注册资本金额百分之五以上百分之十五以下的罚款；对提交虚假材料或者采取其他欺诈手段隐瞒重要事实的公司，处以五万元以上五十万元以下的罚款；情节严重的，撤销公司登记或者吊销营业执照。

第二百条　公司的发起人、股东虚假出资，未交付或者未按期交付作为出资的货币或者非货币财产的，由公司登记机关责令改正，处以虚假出资金额百分之五以上百分之十五以下的罚款。

第二百零一条　公司的发起人、股东在公司成立后，抽逃其出资的，由公司登记机关责令改正，处以所抽逃出资金额百分之五以上百分之十五以下的罚款。

第二百零二条　公司违反本法规定，在法定的会计账簿以外另立会计账簿的，由县级以上人民政府财政部门责令改正，处以五万元以上五十万元以下的罚款。

第二百零三条　公司在依法向有关主管部门提供的财务会计报告等材料上作虚假记载或者隐瞒重要事实的，由有关主管部门对直接负责的主管人员和其他直接责任人员处以三万元以上三十万元以下的罚款。

第二百零四条　公司不依照本法规定提取法定公积金的，由县级以上人民政府财政部门责令如数补足应当提取的金额，可以对公司处以二十万元以下的罚款。

第二百零五条　公司在合并、分立、减少注册资本或者进行清算时，不依照本法规定通知或者公告债权人的，由公司登记机关责令改正，对公司处以一万元以上十万元以下的罚款。

公司在进行清算时，隐匿财产，对资产负债表或者财产清单作虚假记载或者在未清偿债务前分配公司财产的，由公司登记机关责令改正，对公司处以隐匿财产或者未清偿债务前分配公司财产金额百分之五以上百分之十以下的罚款；对直接负责的主管人员和其他直接责任人员处以一万元以上十万元以下的罚款。

第二百零六条 公司在清算期间开展与清算无关的经营活动的，由公司登记机关予以警告，没收违法所得。

第二百零七条 清算组不依照本法规定向公司登记机关报送清算报告，或者报送清算报告隐瞒重要事实或者有重大遗漏的，由公司登记机关责令改正。

清算组成员利用职权徇私舞弊、谋取非法收入或者侵占公司财产的，由公司登记机关责令退还公司财产，没收违法所得，并可以处以违法所得一倍以上五倍以下的罚款。

第二百零八条 承担资产评估、验资或者验证的机构提供虚假材料的，由公司登记机关没收违法所得，处以违法所得一倍以上五倍以下的罚款，并可以由有关主管部门依法责令该机构停业、吊销直接责任人员的资格证书，吊销营业执照。

承担资产评估、验资或者验证的机构因过失提供有重大遗漏的报告的，由公司登记机关责令改正，情节较重的，处以所得收入一倍以上五倍以下的罚款，并可以由有关主管部门依法责令该机构停业、吊销直接责任人员的资格证书，吊销营业执照。

承担资产评估、验资或者验证的机构因其出具的评估结果、验资或者验证证明不实，给公司债权人造成损失的，除能够证明自己没有过错的外，在其评估或者证明不实的金额范围内承担赔偿责任。

第二百零九条 公司登记机关对不符合本法规定条件的登记申请予以登记，或者对符合本法规定条件的登记申请不予登记的，对直接负责的主管人员和其他直接责任人员，依法给予行政处分。

第二百一十条 公司登记机关的上级部门强令公司登记机关对不符合本法规定条件的登记申请予以登记，或者对符合本法规定条件的登记申请不予登记的，或者对违法登记进行包庇的，对直接负责的主管人员和其他直接责任人员依法给予行政处分。

第二百一十一条 未依法登记为有限责任公司或者股份有限公司，而冒用有限责任公司或者股份有限公司名义的，或者未依法登记为有限责任公司或者股份有限公司的分公司，而冒用有限责任公司或者股份有限公司的分公司名义的，由公司登记机关责令改正或者予以取缔，可以并处十万元以下的罚款。

第二百一十二条 公司成立后无正当理由超过六个月未开业的，或者开业后自行停业连续六个月以上的，可以由公司登记机关吊销营业执照。

公司登记事项发生变更时，未依照本法规定办理有关变更登记的，由公司登记机关责令限期登记；逾期不登记的，处以一万元以上十万元以下的罚款。

第二百一十三条 外国公司违反本法规定，擅自在中国境内设立分支机构的，由公司登记机关责令改正或者关闭，可以并处五万元以上二十万元以下的罚款。

第二百一十四条 利用公司名义从事危害国家安全、社会公共利益的严重违法行为的，吊销营业执照。

第二百一十五条 公司违反本法规定，应当承担民事赔偿责任和缴纳罚款、罚金的，其财产不足以支付时，先承担民事赔偿责任。

第二百一十六条 违反本法规定，构成犯罪的，依法追究刑事责任。

第十三章 附 则

第二百一十七条 本法下列用语的含义：

（一）高级管理人员，是指公司的经理、副经理、财务负责人，上市公司董事会秘书和公司章程规定的其他人员。

（二）控股股东，是指其出资额占有限责任公司资本总额百分之五十以上或者其持有的股份占股份有限公司股本总额百分之五十以上的股东；出资额或者持有股份的比例虽然不足百分之五十，但依其出资额或者持有的股份所享有的表决权已足以对股东会、股东大会的决议产生重大影响的股东。

（三）实际控制人，是指虽不是公司的股东，但通过投资关系、协议或者其他安排，能够实际支配公司行为的人。

（四）关联关系，是指公司控股股东、实际控制人、董事、监事、高级管理人员与其直接或者间接控制的企业之间的关系，以及可能导致公司利益转移的其他关系。但是，国家控股的企业之间不仅因为同受国家控股而具有关联关系。

第二百一十八条 外商投资的有限责任公司和股份有限公司适用本法；有关外商投资的法律另有规定的，适用其规定。

第二百一十九条 本法自二〇〇六年一月一日起施行。

中华人民共和国公司登记管理条例

1994 年 6 月 24 日中华人民共和国国务院令第 156 号发布　根据 2005 年 12 月 18 日《国务院关于修改〈中华人民共和国公司登记管理条例〉的决定》修订

第一章　总　则

第一条　为了确认公司的企业法人资格，规范公司登记行为，依据《中华人民共和国公司法》（以下简称《公司法》），制定本条例。

第二条　有限责任公司和股份有限公司（以下统称公司）设立、变更、终止，应当依照本条例办理公司登记。

申请办理公司登记，申请人应当对申请文件、材料的真实性负责。

第三条　公司经公司登记机关依法登记，领取《企业法人营业执照》，方取得企业法人资格。

自本条例施行之日起设立公司，未经公司登记机关登记的，不得以公司名义从事经营活动。

第四条　工商行政管理机关是公司登记机关。

下级公司登记机关在上级公司登记机关的领导下开展公司登记工作。

公司登记机关依法履行职责，不受非法干预。

第五条　国家工商行政管理总局主管全国的公司登记工作。

第二章　登记管辖

第六条　国家工商行政管理总局负责下列公司的登记：

（一）国务院国有资产监督管理机构履行出资人职责的公司以及该公司投资设立并持有百分之五十以上股份的公司；

（二）外商投资的公司；

（三）依照法律、行政法规或者国务院决定的规定，应当由国家工商行政管理总局登记的公司；

（四）国家工商行政管理总局规定应当由其登记的其他公司。

第七条　省、自治区、直辖市工商行政管理局负责本辖区内下列公司的登记：

（一）省、自治区、直辖市人民政府国有资产监督管理机构履行出资人职责的公司以及该公司投资设立并持有百分之五十以上股份的公司；

（二）省、自治区、直辖市工商行政管理局规定由其登记的自然人投资设立的公司；

（三）依照法律、行政法规或者国务院决定的规定，应当由省、自治区、直辖市工商行政管理局登记的公司；

（四）国家工商行政管理总局授权登记的其他公司。

第八条 设区的市（地区）工商行政管理局、县工商行政管理局，以及直辖市的工商行政管理分局、设区的市工商行政管理局的区分局，负责本辖区内下列公司的登记：

（一）本条例第六条和第七条所列公司以外的其他公司；

（二）国家工商行政管理总局和省、自治区、直辖市工商行政管理局授权登记的公司。

前款规定的具体登记管辖由省、自治区、直辖市工商行政管理局规定。但是，其中的股份有限公司由设区的市（地区）工商行政管理局负责登记。

第三章 登记事项

第九条 公司的登记事项包括：

（一）名称；

（二）住所；

（三）法定代表人姓名；

（四）注册资本；

（五）实收资本；

（六）公司类型；

（七）经营范围；

（八）营业期限；

（九）有限责任公司股东或者股份有限公司发起人的姓名或者名称，以及认缴和实缴的出资额、出资时间、出资方式。

第十条 公司的登记事项应当符合法律、行政法规的规定。不符合法律、行政法规规定的，公司登记机关不予登记。

第十一条 公司名称应当符合国家有关规定。公司只能使用一个名称。经公司登记机关核准登记的公司名称受法律保护。

第十二条 公司的住所是公司主要办事机构所在地。经公司登记机关登记的公司的住所只能有一个。公司的住所应当在其公司登记机关辖区内。

第十三条 公司的注册资本和实收资本应当以人民币表示，法律、行政法规另有规定的除外。

第十四条 股东的出资方式应当符合《公司法》第二十七条的规定。股东以货币、实物、知识产权、土地使用权以外的其他财产出资的，其登记办法由国家工商行政管理总局会同国务院有关部门规定。

股东不得以劳务、信用、自然人姓名、商誉、特许经营权或者设定担保的财产等作价出资。

第十五条 公司的经营范围由公司章程规定，并依法登记。

公司的经营范围用语应当参照国民经济行业分类标准。

第十六条 公司类型包括有限责任公司和股份有限公司。

一人有限责任公司应当在公司登记中注明自然人独资或者法人独资，并在公司营业执照中载明。

第四章 设立登记

第十七条 设立公司应当申请名称预先核准。

法律、行政法规或者国务院决定规定设立公司必须报经批准，或者公司经营范围中属于法律、行政法规或者国务院决定规定在登记前须经批准的项目的，应当在报送批准前办理公司名称预先核准，并以公司登记机关核准的公司名称报送批准。

第十八条　设立有限责任公司，应当由全体股东指定的代表或者共同委托的代理人向公司登记机关申请名称预先核准；设立股份有限公司，应当由全体发起人指定的代表或者共同委托的代理人向公司登记机关申请名称预先核准。

申请名称预先核准，应当提交下列文件：

（一）有限责任公司的全体股东或者股份有限公司的全体发起人签署的公司名称预先核准申请书；

（二）全体股东或者发起人指定代表或者共同委托代理人的证明；

（三）国家工商行政管理总局规定要求提交的其他文件。

第十九条　预先核准的公司名称保留期为六个月。预先核准的公司名称在保留期内，不得用于从事经营活动，不得转让。

第二十条　设立有限责任公司，应当由全体股东指定的代表或者共同委托的代理人向公司登记机关申请设立登记。设立国有独资公司，应当由国务院或者地方人民政府授权的本级人民政府国有资产监督管理机构作为申请人，申请设立登记。法律、行政法规或者国务院决定规定设立有限责任公司必须报经批准的，应当自批准之日起九十日内向公司登记机关申请设立登记；逾期申请设立登记的，申请人应当报批准机关确认原批准文件的效力或者另行报批。

申请设立有限责任公司，应当向公司登记机关提交下列文件：

（一）公司法定代表人签署的设立登记申请书；

（二）全体股东指定代表或者共同委托代理人的证明；

（三）公司章程；

（四）依法设立的验资机构出具的验资证明，法律、行政法规另有规定的除外；

（五）股东首次出资是非货币财产的，应当在公司设立登记时提交已办理其财产权转移手续的证明文件；

（六）股东的主体资格证明或者自然人身份证明；

（七）载明公司董事、监事、经理的姓名、住所的文件以及有关委派、选举或者聘用的证明；

（八）公司法定代表人任职文件和身份证明；

（九）企业名称预先核准通知书；

（十）公司住所证明；

（十一）国家工商行政管理总局规定要求提交的其他文件。

外商投资的有限责任公司的股东首次出资额应当符合法律、行政法规的规定，其余部分应当自公司成立之日起二年内缴足，其中，投资公司可以在五年内缴足。

法律、行政法规或者国务院决定规定设立有限责任公司必须报经批准的，还应当提交有关批准文件。

第二十一条　设立股份有限公司，应当由董事会向公司登记机关申请设立登记。以募集方式设立股份有限公司的，应当于创立大会结束后三十日内向公司登记机关申请设立登记。

申请设立股份有限公司，应当向公司登记机关提交下列文件：

（一）公司法定代表人签署的设立登记申请书；

（二）董事会指定代表或者共同委托代理人的证明；

（三）公司章程；

（四）依法设立的验资机构出具的验资证明；

（五）发起人首次出资是非货币财产的，应当在公司设立登记时提交已办理其财产权转移手续的证明文件；

（六）发起人的主体资格证明或者自然人身份证明；

（七）载明公司董事、监事、经理姓名、住所的文件以及有关委派、选举或者聘用的证明；

（八）公司法定代表人任职文件和身份证明；

（九）企业名称预先核准通知书；

（十）公司住所证明；

（十一）国家工商行政管理总局规定要求提交的其他文件。

以募集方式设立股份有限公司的，还应当提交创立大会的会议记录；以募集方式设立股份有限公司公开发行股票的，还应当提交国务院证券监督管理机构的核准文件。

法律、行政法规或者国务院决定规定设立股份有限公司必须报经批准的，还应当提交有关批准文件。

第二十二条 公司申请登记的经营范围中属于法律、行政法规或者国务院决定规定在登记前须经批准的项目的，应当在申请登记前报经国家有关部门批准，并向公司登记机关提交有关批准文件。

第二十三条 公司章程有违反法律、行政法规的内容的，公司登记机关有权要求公司作相应修改。

第二十四条 公司住所证明是指能够证明公司对其住所享有使用权的文件。

第二十五条 依法设立的公司，由公司登记机关发给《企业法人营业执照》。公司营业执照签发日期为公司成立日期。公司凭公司登记机关核发的《企业法人营业执照》刻制印章，开立银行账户，申请纳税登记。

第五章　变更登记

第二十六条 公司变更登记事项，应当向原公司登记机关申请变更登记。

未经变更登记，公司不得擅自改变登记事项。

第二十七条 公司申请变更登记，应当向公司登记机关提交下列文件：

（一）公司法定代表人签署的变更登记申请书；

（二）依照《公司法》作出的变更决议或者决定；

（三）国家工商行政管理总局规定要求提交的其他文件。

公司变更登记事项涉及修改公司章程的，应当提交由公司法定代表人签署的修改后的公司章程或者公司章程修正案。

变更登记事项依照法律、行政法规或者国务院决定规定在登记前须经批准的，还应当向公司登记机关提交有关批准文件。

第二十八条 公司变更名称的，应当自变更决议或者决定作出之日起三十日内申请变更登记。

第二十九条 公司变更住所的，应当在迁入新住所前申请变更登记，并提交新住所使用证明。

公司变更住所跨公司登记机关辖区的，应当在迁入新住所前向迁入地公司登记机关申请变更登记；迁入地公司登记机关受理的，由原公司登记机关将公司登记档案移送迁入地公司登记机关。

第三十条 公司变更法定代表人的，应当自变更决议或者决定作出之日起三十日内申请变更登记。

第三十一条 公司变更注册资本的，应当提交依法设立的验资机构出具的验资证明。

公司增加注册资本的，有限责任公司股东认缴新增资本的出资和股份有限公司的股东认购新股，应当分别依照《公司法》设立有限责任公司缴纳出资和设立股份有限公司缴纳股款的有关规定执行。股份有限公司以公开发行新股方式或者上市公司以非公开发行新股方式增加注册资本的，还应当提交国务院证券监督管理机构的核准文件。

公司法定公积金转增为注册资本的，验资证明应当载明留存的该项公积金不少于转增前公司注册资本的百分之二十五。

公司减少注册资本的，应当自公告之日起四十五日后申请变更登记，并应当提交公司在报纸上登载公司减少注册资本公告的有关证明和公司债务清偿或者债务担保情况的说明。

公司减资后的注册资本不得低于法定的最低限额。

第三十二条 公司变更实收资本的，应当提交依法设立的验资机构出具的验资证明，并应当按照公司章程载明的出资时间、出资方式缴纳出资。公司应当自足额缴纳出资或者股款之日起三十日内申请变更登记。

第三十三条 公司变更经营范围的，应当自变更决议或者决定作出之日起三十日内申请变更登记；变更经营范围涉及法律、行政法规或者国务院决定规定在登记前须经批准的项目的，应当自国家有关部门批准之日起三十日内申请变更登记。

公司的经营范围中属于法律、行政法规或者国务院决定规定须经批准的项目被吊销、撤销许可证或者其他批准文件，或者许可证、其他批准文件有效期届满的，应当自吊销、撤销许可证、其他批准文件或者许可证、其他批准文件有效期届满之日起三十日内申请变更登记或者依照本条例第六章的规定办理注销登记。

第三十四条 公司变更类型的，应当按照拟变更的公司类型的设立条件，在规定的期限内向公司登记机关申请变更登记，并提交有关文件。

第三十五条 有限责任公司股东转让股权的，应当自转让股权之日起三十日内申请变更登记，并应当提交新股东的主体资格证明或者自然人身份证明。

有限责任公司的自然人股东死亡后，其合法继承人继承股东资格的，公司应当依照前款规定申请变更登记。

有限责任公司的股东或者股份有限公司的发起人改变姓名或者名称的，应当自改变姓名或者名称之日起三十日内申请变更登记。

第三十六条 公司登记事项变更涉及分公司登记事项变更的，应当自公司变更登记之日起三十日内申请分公司变更登记。

第三十七条 公司章程修改未涉及登记事项的，公司应当将修改后的公司章程或者公司章程修正案送原公司登记机关备案。

第三十八条 公司董事、监事、经理发生变动的，应当向原公司登记机关备案。

第三十九条 因合并、分立而存续的公司，其登记事项发生变化的，应当申请变更登记；因合并、分立而解散的公司，应当申请注销登记；因合并、分立而新设立的公司，应当申请设立登记。

公司合并、分立的，应当自公告之日起四十五日后申请登记，提交合并协议和合并、分立决议或者决定以及公司在报纸上登载公司合并、分立公告的有关证明和债务清偿或者债务担保情况的说明。法律、行政法规或者国务院决定规定公司合并、分立必须报经批准的，还应当提交有关批准文件。

第四十条 变更登记事项涉及《企业法人营业执照》载明事项的，公司登记机关应当换发营业执照。

第四十一条 公司依照《公司法》第二十二条规定向公司登记机关申请撤销变更登记的，应当提交下列文件：

（一）公司法定代表人签署的申请书；

（二）人民法院的裁判文书。

第六章　注销登记

第四十二条 公司解散，依法应当清算的，清算组应当自成立之日起十日内将清算组成员、清算组负责人名单向公司登记机关备案。

第四十三条 有下列情形之一的，公司清算组应当自公司清算结束之日起三十日内向原公司登记机关申请注销登记：

（一）公司被依法宣告破产；

（二）公司章程规定的营业期限届满或者公司章程规定的其他解散事由出现，但公司通过修改公司章程而存续的除外；

（三）股东会、股东大会决议解散或者一人有限责任公司的股东、外商投资的公司董事会决议解散；

（四）依法被吊销营业执照、责令关闭或者被撤销；

（五）人民法院依法予以解散；

（六）法律、行政法规规定的其他解散情形。

第四十四条 公司申请注销登记，应当提交下列文件：

（一）公司清算组负责人签署的注销登记申请书；

（二）人民法院的破产裁定、解散裁判文书，公司依照《公司法》作出的决议或者决定，行政机关责令关闭或者公司被撤销的文件；

（三）股东会、股东大会、一人有限责任公司的股东、外商投资的公司董事会或者人民法院、公司批准机关备案、确认的清算报告；

（四）《企业法人营业执照》；

（五）法律、行政法规规定应当提交的其他文件。

国有独资公司申请注销登记，还应当提交国有资产监督管理机构的决定，其中，国务院确定的重要的国有独资公司，还应当提交本级人民政府的批准文件。

有分公司的公司申请注销登记，还应当提交分公司的注销登记证明。

第四十五条 经公司登记机关注销登记，公司终止。

第七章 分公司的登记

第四十六条 分公司是指公司在其住所以外设立的从事经营活动的机构。分公司不具有企业法人资格。

第四十七条 分公司的登记事项包括：名称、营业场所、负责人、经营范围。

分公司的名称应当符合国家有关规定。

分公司的经营范围不得超出公司的经营范围。

第四十八条 公司设立分公司的，应当自决定作出之日起三十日内向分公司所在地的公司登记机关申请登记；法律、行政法规或者国务院决定规定必须报经有关部门批准的，应当自批准之日起三十日内向公司登记机关申请登记。

设立分公司，应当向公司登记机关提交下列文件：

（一）公司法定代表人签署的设立分公司的登记申请书；

（二）公司章程以及加盖公司印章的《企业法人营业执照》复印件；

（三）营业场所使用证明；

（四）分公司负责人任职文件和身份证明；

（五）国家工商行政管理总局规定要求提交的其他文件。

法律、行政法规或者国务院决定规定设立分公司必须报经批准，或者分公司经营范围中属于法律、行政法规或者国务院决定规定在登记前须经批准的项目的，还应当提交有关批准文件。

分公司的公司登记机关准予登记的，发给《营业执照》。公司应当自分公司登记之日起三十日内，持分公司的《营业执照》到公司登记机关办理备案。

第四十九条 分公司变更登记事项的，应当向公司登记机关申请变更登记。

申请变更登记,应当提交公司法定代表人签署的变更登记申请书。变更名称、经营范围的,应当提交加盖公司印章的《企业法人营业执照》复印件,分公司经营范围中属于法律、行政法规或者国务院决定规定在登记前须经批准的项目的,还应当提交有关批准文件。变更营业场所的,应当提交新的营业场所使用证明。变更负责人的,应当提交公司的任免文件以及其身份证明。

公司登记机关准予变更登记的,换发《营业执照》。

第五十条 分公司被公司撤销、依法责令关闭、吊销营业执照的,公司应当自决定作出之日起三十日内向该分公司的公司登记机关申请注销登记。申请注销登记应当提交公司法定代表人签署的注销登记申请书和分公司的《营业执照》。公司登记机关准予注销登记后,应当收缴分公司的《营业执照》。

第八章 登记程序

第五十一条 申请公司、分公司登记,申请人可以到公司登记机关提交申请,也可以通过信函、电报、电传、传真、电子数据交换和电子邮件等方式提出申请。

通过电报、电传、传真、电子数据交换和电子邮件等方式提出申请的,应当提供申请人的联系方式以及通讯地址。

第五十二条 公司登记机关应当根据下列情况分别作出是否受理的决定:

(一)申请文件、材料齐全,符合法定形式的,或者申请人按照公司登记机关的要求提交全部补正申请文件、材料的,应当决定予以受理。

(二)申请文件、材料齐全,符合法定形式,但公司登记机关认为申请文件、材料需要核实的,应当决定予以受理,同时书面告知申请人需要核实的事项、理由以及时间。

(三)申请文件、材料存在可以当场更正的错误的,应当允许申请人当场予以更正,由申请人在更正处签名或者盖章,注明更正日期;经确认申请文件、材料齐全,符合法定形式的,应当决定予以受理。

(四)申请文件、材料不齐全或者不符合法定形式的,应当当场或者在五日内一次告知申请人需要补正的全部内容;当场告知时,应当将申请文件、材料退回申请人;属于五日内告知的,应当收取申请文件、材料并出具收到申请文件、材料的凭据,逾期不告知的,自收到申请文件、材料之日起即为受理。

(五)不属于公司登记范畴或者不属于本机关登记管辖范围的事项,应当即时决定不予受理,并告知申请人向有关行政机关申请。

公司登记机关对通过信函、电报、电传、传真、电子数据交换和电子邮件等方式提出申请的,应当自收到申请文件、材料之日起五日内作出是否受理的决定。

第五十三条 除依照本条例第五十四条第一款第(一)项作出准予登记决定的外,公司登记机关决定予以受理的,应当出具《受理通知书》;决定不予受理的,应当出具《不予受理通知书》,说明不予受理的理由,并告知申请人享有依法申请行政复议或者提起行政诉讼的权利。

第五十四条 公司登记机关对决定予以受理的登记申请,应当分别情况在规定的期限内作出是否准予登记的决定:

(一)对申请人到公司登记机关提出的申请予以受理的,应当当场作出准予登记的决定。

(二)对申请人通过信函方式提交的申请予以受理的,应当自受理之日起十五日内作出准予登记的决定。

(三)通过电报、电传、传真、电子数据交换和电子邮件等方式提交申请的,申请人应当自收到《受理通知书》之日起十五日内,提交与电报、电传、传真、电子数据交换和电子邮件等内容一致并符合法定形式的申请文件、材料原件；申请人到公司登记机关提交申请文件、材料原件的，应当当场作出准予登记的决定；申请人通过信函方式提交申请文件、材料原件的，应当自受理之日起十五日内作出准予登记的决定。

（四）公司登记机关自发出《受理通知书》之日起六十日内，未收到申请文件、材料原件，或者申请文件、材料原件与公司登记机关所受理的申请文件、材料不一致的，应当作出不予登记的决定。

公司登记机关需要对申请文件、材料核实的，应当自受理之日起十五日内作出是否准予登记的决定。

第五十五条 公司登记机关作出准予公司名称预先核准决定的，应当出具《企业名称预先核准通知书》；作出准予公司设立登记决定的，应当出具《准予设立登记通知书》，告知申请人自决定之日起十日内，领取营业执照；作出准予公司变更登记决定的，应当出具《准予变更登记通知书》，告知申请人自决定之日起十日内，换发营业执照；作出准予公司注销登记决定的，应当出具《准予注销登记通知书》，收缴营业执照。

公司登记机关作出不予名称预先核准、不予登记决定的，应当出具《企业名称驳回通知书》、《登记驳回通知书》，说明不予核准、登记的理由，并告知申请人享有依法申请行政复议或者提起行政诉讼的权利。

第五十六条 公司办理设立登记、变更登记，应当按照规定向公司登记机关缴纳登记费。

领取《企业法人营业执照》的，设立登记费按注册资本总额的千分之零点八缴纳；注册资本超过一千万元的，超过部分按千分之零点四缴纳；注册资本超过一亿元的，超过部分不再缴纳。

领取《营业执照》的，设立登记费为三百元。

变更登记事项的，变更登记费为一百元。

第五十七条 公司登记机关应当将登记的公司登记事项记载于公司登记簿上，供社会公众查阅、复制。

第五十八条 吊销《企业法人营业执照》和《营业执照》的公告由公司登记机关发布。

第九章　年度检验

第五十九条 每年三月一日至六月三十日，公司登记机关对公司进行年度检验。

第六十条 公司应当按照公司登记机关的要求，在规定的时间内接受年度检验，并提交年度检验报告书、年度资产负债表和损益表、《企业法人营业执照》副本。

设立分公司的公司在其提交的年度检验材料中，应当明确反映分公司的有关情况，并提交《营业执照》的复印件。

第六十一条 公司登记机关应当根据公司提交的年度检验材料，对与公司登记事项有关的情况进行审查。

第六十二条 公司应当向公司登记机关缴纳年度检验费。年度检验费为五十元。

第十章　证照和档案管理

第六十三条 《企业法人营业执照》、《营业执照》分为正本和副本，正本和副本具有同等法律效力。

《企业法人营业执照》正本或者《营业执照》正本应当置于公司住所或者分公司营业场所的醒目位置。

公司可以根据业务需要向公司登记机关申请核发营业执照若干副本。

第六十四条 任何单位和个人不得伪造、涂改、出租、出借、转让营业执照。

营业执照遗失或者毁坏的，公司应当在公司登记机关指定的报刊上声明作废，申请补领。

公司登记机关依法作出变更登记、注销登记、撤销变更登记决定，公司拒不缴回或者无法缴回营业执照的，由公司登记机关公告营业执照作废。

第六十五条 公司登记机关对需要认定的营业执照，可以临时扣留，扣留期限不得超过十天。

第六十六条 借阅、抄录、携带、复制公司登记档案资料的，应当按照规定的权限和程序办理。

任何单位和个人不得修改、涂抹、标注、损毁公司登记档案资料。

第六十七条 营业执照正本、副本样式以及公司登记的有关重要文书格式或者表式，由国家工商行政管理总局统一制定。

第十一章　法律责任

第六十八条 虚报注册资本，取得公司登记的，由公司登记机关责令改正，处以虚报注册资本金额百分之五以上百分之十五以下的罚款；情节严重的，撤销公司登记或者吊销营业执照。

第六十九条 提交虚假材料或者采取其他欺诈手段隐瞒重要事实，取得公司登记的，由公司登记机关责令改正，处以五万元以上五十万元以下的罚款；情节严重的，撤销公司登记或者吊销营业执照。

第七十条 公司的发起人、股东虚假出资，未交付或者未按期交付作为出资的货币或者非货币财产的，由公司登记机关责令改正，处以虚假出资金额百分之五以上百分之十五以下的罚款。

第七十一条 公司的发起人、股东在公司成立后，抽逃出资的，由公司登记机关责令改正，处以所抽逃出资金额百分之五以上百分之十五以下的罚款。

第七十二条 公司成立后无正当理由超过六个月未开业的，或者开业后自行停业连续六个月以上的，可以由公司登记机关吊销营业执照。

第七十三条 公司登记事项发生变更时，未依照本条例规定办理有关变更登记的，由公司登记机关责令限期登记；逾期不登记的，处以一万元以上十万元以下的罚款。其中，变更经营范围涉及法律、行政法规或者国务院决定规定须经批准的项目而未取得批准，擅自从事相关经营活动，情节严重的，吊销营业执照。

公司未依照本条例规定办理有关备案的，由公司登记机关责令限期办理；逾期未办理的，处以三万元以下的罚款。

第七十四条 公司在合并、分立、减少注册资本或者进行清算时，不按照规定通知或者公告债权人的，由公司登记机关责令改正，处以一万元以上十万元以下的罚款。

公司在进行清算时，隐匿财产，对资产负债表或者财产清单作虚假记载或者在未清偿债务前分配公司财产的，由公司登记机关责令改正，对公司处以隐匿财产或者未清偿债务前分配公司财产金额百分之五以上百分之十以下的罚款；对直接负责的主管人员和其他直接责任人员处以一万元以上十万元以下的罚款。

公司在清算期间开展与清算无关的经营活动的，由公司登记机关予以警告，没收违法所得。

第七十五条 清算组不按照规定向公司登记机关报送清算报告，或者报送清算报告隐瞒重要事实或者有重大遗漏的，由公司登记机关责令改正。

清算组成员利用职权徇私舞弊、谋取非法收入或者侵占公司财产的，由公司登记机关责令退还公司财产，没收违法所得，并可以处以违法所得一倍以上五倍以下的罚款。

第七十六条 公司不按照规定接受年度检验的，由公司登记机关处以一万元以上十万元以下的罚款，并限期接受年度检验；逾期仍不接受年度检验的，吊销营业执照。年度检验中隐瞒真实情况、弄虚作假的，由公司登记机关处以一万元以上五万元以下的罚款，并限期改正；情节严重的，吊销营业执照。

第七十七条 伪造、涂改、出租、出借、转让营业执照的，由公司登记机关处以一万元以上十万元以下的罚款；情节严重的，吊销营业执照。

第七十八条 未将营业执照置于住所或者营业场所醒目位置的，由公司登记机关责令改正；拒不改正的，处以一千元以上五千元以下的罚款。

第七十九条 承担资产评估、验资或者验证的机构提供虚假材料的，由公司登记机关没收违法所得，处以违法所得一倍以上五倍以下的罚款，并可以由有关主管部门依法责令该机构停业、吊销直接责任人员的资格证书，吊销营业执照。

承担资产评估、验资或者验证的机构因过失提供有重大遗漏的报告的，由公司登记机关责令改正，情节较重的，处以所得收入一倍以上五倍以下的罚款，并可以由有关主管部门依法责令该机构停业、吊销直接责任人员的资格证书，吊销营业执照。

第八十条 未依法登记为有限责任公司或者股份有限公司，而冒用有限责任公司或者股份有限公司名义的，或者未依法登记为有限责任公司或者股份有限公司的分公司，而冒用有限责任公司或者股份有限公司的分公司名义的，由公司登记机关责令改正或者予以取缔，可以并处十万元以下的罚款。

第八十一条 公司登记机关对不符合规定条件的公司登记申请予以登记，或者对符合规定条件的登记申请不予登记的，对直接负责的主管人员和其他直接责任人员，依法给予行政处分。

第八十二条 公司登记机关的上级部门强令公司登记机关对不符合规定条件的登记申请予以登记，或者对符合规定条件的登记申请不予登记的，或者对违法登记进行包庇的，对直接负责的主管人员和其他直接责任人员依法给予行政处分。

第八十三条 外国公司违反《公司法》规定，擅自在中国境内设立分支机构的，由公司登记机关责令改正或者关闭，可以并处五万元以上二十万元以下的罚款。

第八十四条 利用公司名义从事危害国家安全、社会公共利益的严重违法行为的，吊销营业执照。

第八十五条 分公司有本章规定的违法行为的，适用本章规定。

第八十六条 违反本条例规定，构成犯罪的，依法追究刑事责任。

第十二章 附 则

第八十七条 外商投资的公司的登记适用本条例。有关外商投资企业的法律对其登记另有规定的，适用其规定。

第八十八条 法律、行政法规或者国务院决定规定设立公司必须报经批准，或者公司经营范围中属于法律、行政法规或者国务院决定规定在登记前须经批准的项目的，由国家工商行政管理总局依照法律、行政法规或者国务院决定规定编制企业登记前置行政许可目录并公布。

第八十九条 本条例自一九九四年七月一日起施行。

图书在版编目（CIP）数据

公司法教程/刘远景主编.—北京：中国政法大学出版社，2008.8

ISBN 978-7-5620-3254-0

Ⅰ.公...　Ⅱ.刘...　Ⅲ. 公司法—中国—教材　Ⅳ. D922.291.91

中国版本图书馆CIP数据核字(2008)第123042号

出版发行　中国政法大学出版社

经　　销　全国各地新华书店

承　　印　固安华明印刷厂

787×1092　　16开本　　15.75印张　　355千字

2008年8月第1版　　2008年8月第1次印刷

ISBN 978- 7-5620-3254-0/D · 3214

定　价：22.00元

社　　址　北京市海淀区西土城路25号

电　　话　(010)58908325（发行部）　58908285（总编室）　58908334（邮购部）

通信地址　北京100088信箱8034分箱　　邮政编码　100088

电子信箱　zf5620@263.net

网　　址　http://www.cuplpress.com　　（网络实名：中国政法大学出版社)

本社法律顾问　北京地平线律师事务所